CONTENTS

K
i
L
F
S
f
the section in the Module

1 BONJOUR! BIENVENUE!   page 17

A. On se présente
    Nom; âge; alphabet i1, L2
    Domicile i3, L4, L5, R6
    Dossier: Je me présente S7, S8
    Apprends: Comment ça s'écrit? S9

B. On se décrit
    La famille i10, L11, L12
    Il est comment? i13, R14, R15, R16
    Dossier: Mes cheveux et mes yeux S17, S18
    Dossier: Ma famille S19, S20

C. À la maison
    La maison i21, L22. i23, R24
    Les meubles i25, R26, R27
    Des affaires i28, L29, R30
    Dossier: Ma maison S31, S32
    Dossier: Ma chambre S33, S34
    Apprends: Objets trouvés S35

D. En visite
    Salut! i36, R37, R38
    La routine i39, L40, L41, R42
    Apprends: Meilleurs vœux S43
    Apprends: En visite S44
    Apprends: Ma journée typique S45, S46
    Dossier: Mes travaux de ménage S47, S48
    Révision: À toi de jouer S49, S50

E. À ton stylo!, 51–58

Grammar

Gender, number, adjectives
un, une, 11
possessives: mon ma mes, ton ta
    tes, 11
feminines: né, née, 7; regular, 12;
    -x/-se, -f/-ve, irregular, 13;
    silent -e, 14; bon, bonne, 46
comparatives, 12
plurals, 17
position of adjectives, 31

Pronouns
le, la l', 29; it is, 31

Questions
comment? quelle heure? quelle
    couleur?, 52

Months, numbers, 7

Verbs
être, avoir, s'appeler, 11
present: tu . . . s, 51
reflexives: passive meaning, 1;
    reflexive pronouns, 42
imperfect, 'used to', recognition, 41

Negatives
pas, pas de, 12

2 AMUSE-TOI BIEN!   page 49

A. Le sport
    Vocabulaire sportif i1, L2, R3
    Les jours i4, L5, R6
    Combien de temps? i7, L8
    Dossier: Mes sports S9, S10

B. Les passe-temps
    Des activités i11, L12
    Des loisirs i13, R14, R15
    Avec qui? i16, L17, R18
    Dossier: Mes loisirs S19, S20

C. Qu'en penses-tu?
    Des opinions i21, L22, R23
    La télé et la radio i24, L25–27, R28
    Comment est le film? i29, L30, R31
    Dossier: Mes programmes préférés S32, S33
    Dossier: Nos préférences S34

D. On y va?
    Rendez-vous i35, R36, L37
    Si on sortait? S38

E. À ton stylo!, 39–41

Grammar

Gender, number, articles
le + days/times, 4
je fais du . . ./j'aime le . . ., 8
plurals, al → aux, 3

Pronoun
on, 16

Prepositions
beaucoup/un peu de, 1
jouer à/jouer de, 19

Verbs
faire, 1; aller, 11; écrire, 13
lire, 13
present, je, regular and irregular,
    19
infinitive, I like . . .ing, 19
conditional, -rait = -ould, 35
imperfect, si on . . .ait, 38

Grammar
Gender, number and adjectives
feminines, add -e, 1
position of adjectives, 7
24-hour clock, 9
tout, 10
a, the, to the, it, 34

Pronouns
il, elle, 'it', 12

Prepositions
beaucoup de, 7
compound, eg en face de, 35
à, away, 35
with means of transport, 40

Verbs
venir, venir de, 1
present, vous, 24
commands, -ez, 24
future, -ra, -ront, 18

Grammar
Gender and number
quel, 26
plurals: œil, yeux, 70

Preposition
avoir mal au/à la/à l'/aux, 70

Verbs
partir, 1
avoir phrases, 70
infinitive after 'want', 'may',
  'should', 'must', 15, 44
perfect and imperfect, recognition,
  51

Grammar
Articles
omission after avec/sans, 24
use with names of seasons, 37

Pronoun
y, 14

Prepositions
chez, 3
'to'/'in' towns/countries, 15, 46
with seasons: in spring etc, 37

Verbs
aller, 7; apprendre, 13
present, nous, 1
aller + infinitive, 7;
future: -ras, 14; -ra, -ront, 43
perfect: j'ai . . . or je suis . . ., 14,
   18; feminine agreement, 18;
   tu as/tu es . . ., 19
imperfect, 'used to', 10
perfect or imperfect, recognition of
   usage 13

Negatives
pas, jamais, que, plus, 14

Grammar
Articles
'some', 10
'the', 21

Adjectives
feminine, -n > -nne, 25

Pronouns
use of tu/vous, 31

Verbs
prendre 1; vouloir, 31
avoir soif/faim/envie, 31

Grammar
Gender and number
un livre/une livre, 1
clothes, singular or plural?, 32

Adjectives
'-er', '-est', 26
colours, 32
ce, 34

Prepositions
à + flavour, weight, value, 23
quantities + de, 25
de > d', 26
quelque chose de, 35

Grammar
Articles
Use of le etc, 12
omission of un/une, 29

Feminine nouns
-teur > -trice, 1; -ier > -ière, 4;
   add -e, 11; -eur > -euse, 24;
   -n > -nne, 32

Verbs
aller, 16
infinitive to express future, **22**
verb + de + infinitive, **22**
conditional, je · · · rais, **32**

GUIDE TO USING THIS BOOK

What this book is for

Dans la poche is a book to help you

- understand real French when you hear it or read it
- speak and/or write French simply but adequately

It covers the requirements for

- GCSE: **Higher** Listening and Reading
  Basic Speaking and Writing
- Scottish Standard Grade: **Foundation** and **General** levels

It's for use in class, or for practising with on your own, in the year or so before the exam. It covers all the topics on the syllabus, including revision of familiar material from a new angle.

How the book is arranged

There are eight Modules, which can be studied in any order. Tasks in later Modules don't test knowledge of earlier Modules, and the book doesn't get harder as it goes on.

However, within any Module, it's best to take the sections in order, because information given in an early section may be needed again later in the same Module.

Each Module contains:

[i] **Information** sections about a topic, each followed by

◯◯ **Listening** and

▢ **Reading** texts to practise each [i] section, then

≈ **Speaking** on the same topic, and finally

\# **Writing** tasks at the end of each Module

Grammar explanations and other help appear in the right-hand column from time to time.

Explanations and tasks are usually in English, so that you can be sure of understanding even if you are working on your own, and so that you have practice in exam-type questions. In class, of course, teachers may use French throughout.

[i] Information

The [i] sections contain background information about a topic, with words and phrases which you need to understand when you hear or see them.

You'll need to understand *all* of them to carry out the tasks that follow.

The meaning of many words and phrases will be obvious, or familiar, or guessable. Concentrate on those which *aren't* – and they'll be different for each learner.

Learn the meanings by whatever learning methods suit you best. For example, you might

- try to memorise new information in [i]
- write down new information in [i]
- glance briefly at [i], try the tasks that follow, then return to [i] if you get stuck
- any mixture of these

You don't have to learn to say or spell all these words unless they concern you particularly. For instance, one ⓘ mentions **le pays de Galles**, Wales. Everybody needs to know that *meaning*. If you are a resident or holidaymaker in Wales, learn the *pronunciation* or *spelling* too, so that you can tell a French speaker where you live or go on holiday.

The information in ⓘ isn't set out in lists for you to learn by heart, because your course aims to produce THINKERS and DOERS, not PARROTS. Certainly there *is* a body of knowledge which you need to learn, and it's all here. But that's just a starting-point.

Look out for these symbols in ⓘ:

◊ points out a pattern to help you understand unknown words. Example: **intéressant** interesting (◊ -ant/-ing). This means that when you meet a new French word ending in **-ant**, it may well end in '-ing' in English.

↔ means 'connected with, related to'. Example: **arrêt d'autobus** bus stop ↔ **s'arrêter** to stop.

→ means 'leads to, hence'. Example: **fiancé** engaged → **les fiançailles** engagement.

← means 'derived from'. Example: **les mots croisés** crosswords ← **un mot** word.

[!] means 'watch out': the French word doesn't mean the same as its English lookalike. Example: **large** [!] wide.

Make vocabulary learning easier by noticing these connections, patterns and differences. Even more important: watch out for similar examples which aren't marked in the book. There are plenty of them.

Grammar

Grammar explanations are given in *Dans la poche* to help with what you're doing.

Grammar can help you *understand* what you read or hear more precisely. Example: in French, **-e** can indicate a female: **une Française** is a Frenchwoman, **un Français** is a Frenchman.

Grammar can also help you to *say* or *write* correctly sentences that you may never have produced before. Example: having learnt how to use the rule of **-e** for females, an English-speaking girl or boy will know how to say **je suis anglaise** or **je suis anglais** without making her/himself the wrong sex.

DEVELOPING YOUR SKILLS

◖◗ Listening and ☐ Reading

The tasks

The exercises let you test your understanding of what's in ⌊i⌋. Most are exam-type tasks, in English. Most can be answered very briefly: just copy a letter, a number or a name, or supply a word or two. Full sentences aren't needed – less writing time leaves you more learning time. Sometimes there are discussion tasks, where everybody's answer is valid provided it's based on understanding of the text. The exercises are suitable for homework or for individual practice (though you'll need the tape for the Listening texts).

When you use the Listening or Reading texts in class, teachers may prefer to exploit them in other ways, using French only.

Listening

What you'll hear

Ordinary people saying ordinary things. Some of them knew they were going to be heard by overseas learners. Others didn't. Being a random group of people, there are naturally some who speak more slowly and simply than others. The recordings are grouped by topic, not in order of difficulty.

What to do

○ Check that you remember what the French in the last ⌊i⌋ means
○ Look through the extra vocabulary given, if any
○ Read the questions, so that you know what to listen out for
○ Listen to the recording. DON'T panic when you don't understand every word: you don't need to. Latch on to those you *do* recognise
○ Answer what you can
○ Rewind the tape and listen again
○ Complete your answers

Listen as often as you need to. In the exam, you usually hear everything twice and twice only. But this isn't the exam.

Sometimes, when the speakers say the sort of thing which *you* may need to say, the recording is printed out, with gaps (– – –). Write down the missing words in your notebook.

Reading

What you'll see

All sorts of texts written by French speakers for French speakers. Not a word has been changed. Texts are arranged by topic, not by difficulty, so you'll find easy texts mingled with material needing more thought.

What to do

- ○ Check the French in the last $\boxed{i}$
- ○ Look through any extra vocabulary
- ○ If the text is longish, read the questions first, so that you know what to look out for
- ○ Glance through the text to get an idea which parts answer the questions
- ○ Read each question again, and study the relevant part of the text very carefully to find the answer

Improving understanding

Use familiar words as clues for unfamiliar ones

Suppose your exam includes this:

> You are camping in France. The local supermarket is advertising big reductions on **VIANDE POUR VOTRE CONGÉLATEUR**.
> Is this useful to you? Why or why not?

Unthinking candidate:

> But I don't know congélateur. Help! Panic!

Successful candidate:

> I know viande is 'meat'.

> Aha! I remember - il gèle is 'It's freezing'.

> I've noticed that -eur on the end is often 'or' or 'eur' in English

> ooo

> It could mean 'freezer'?!!

> check: does that make sense?

> Yes! (smile)

> So my answer is: 'NO, because campers don't have freezers'

If you know the meanings of the vital words in the $\boxed{i}$ sections, you can use them to *deduce* the meanings of other words you meet.

Use your knowledge of French customs and culture

Suppose the examiner asks you to imagine you are travelling in France, and you see signs saying

STATION SERVICE

STATION TAXIS

You've got to decide which to follow. It's not enough to have learnt by heart that **gare** = station. You need to be aware that what we call a 'station' might be **une gare** or **une station** to a French speaker, depending on its type, and that **station** has a variety of other meanings.

Spot short cuts to understanding

Take time to think about English words which look similar to the French: are the meanings the same, partly the same, or different? For instance,

un bus = bus (same)
une station: sometimes = station (partly the same)
un car = coach (different)

The English lookalike often seems somewhat quaint; that doesn't matter, if it helps you remember the meaning of the French.

fatigué tired, fatigued
enchanté enchanted (to make someone's acquaintance)

Notice handy short cuts; in the last two examples, for instance, **-é** was English -ed. Often **ê** represents s in English; how does the meaning of **s'arrêter** fit in with 'arrest'?
Get in the habit of spotting such pattern and connections.

≈ Speaking

Most of the Speaking sections are headed **Dossier, Interview, Apprends** or **À toi de jouer.**

Dossier

Here you complete sentences about yourself by choosing what is true for you from each column of a sentence-building box. This gives you a correct sentence. Maybe write it down. Certainly aim to remember it. If you need extra vocabulary, consult your teacher.
There's no need to practise writing or saying the parts of the box which *don't* apply to you. But you should understand them, in case you read or hear somebody else using them.

Interview

These sections contain questions asking for the information you have just completed. If possible, practise asking and answering with a partner whom you don't yet know very well; getting to know someone new is more interesting than pretending to exchange information with your mum or your best friend. But whether you talk to a friend, to a stranger, to a tape recorder or to yourself, practise answering until you're fluent.

Apprends

These sections prepare you for survival in French-speaking countries and for the role-play part of the Speaking test. You need to be able to produce all the French in the sentence-building boxes here (not just remember the meanings as in the ⓘ sections, and not just learn to say selected parts as in the **Dossier** sections). Test yourself: cover over the French, and try the exercises under the sentence-building boxes.

À toi de jouer

These sections are role-play revision. Use them to see if you really do know all the material headed **Apprends** so far in the Module. You are told where in the Module it was all taught, so that you can check back if you want.

Writing

One good way to practise writing is to note down your answers to the Speaking tasks, especially those header **Dossier**.

For extra practice, including letter-writing and exam-type tasks, try **À ton stylo!** at the very end of each Module. These exercises help you revise the Module by reminding you whereabouts you'll find the necessary words and phrases.

LETTER WRITING

Writing to a friend

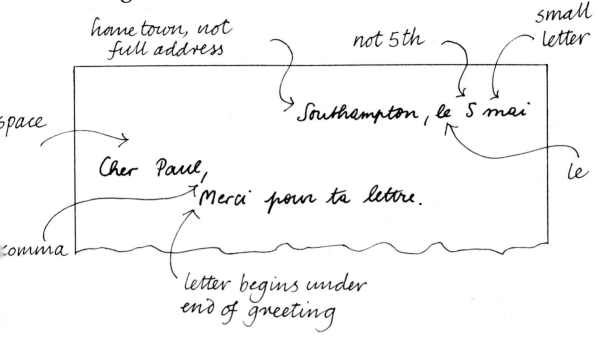

Dear . . .

Chère . . .,	Dear . . ., (writing to a girl)
Cher . . .,	Dear . . ., (writing to a boy)

Thanking

Merci pour		Thanks for	
	ta dernière lettre.		your last letter.
	ta gentille lettre.		your nice letter.
	la carte postale.		the postcard.
	la photo.		the photo.
	l'invitation.		the invitation.

Apologising

Je m'excuse	I apologise
de ne pas avoir écrit plus tôt.	for not writing sooner.
Je regrette, mais . . .	I'm sorry, but . . .

Signing off

Écris-moi bientôt.	Write to me soon.
À bientôt!	See you soon.
Amitiés	Best wishes
Ton ami,	Your friend (if you're a boy)
Ton amie,	Your friend (if you're a girl)

Writing to an adult or a stranger

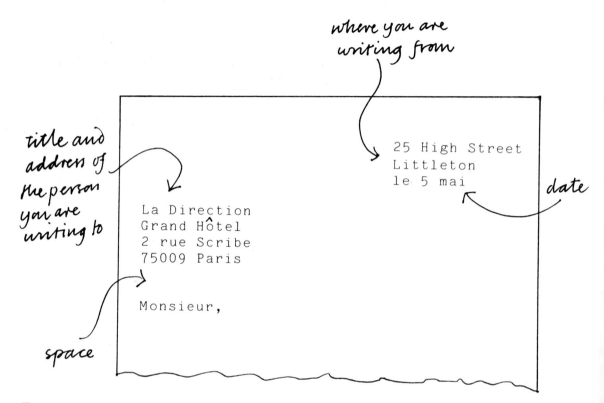

where you are writing from

25 High Street
Littleton
le 5 mai

date

title and address of the person you are writing to

La Direction
Grand Hôtel
2 rue Scribe
75009 Paris

Monsieur,

space

Dear . . .

Madame, *or* Monsieur,   Dear . . ., (to a stranger)
Chère Madame, *or* Cher Monsieur,   Dear . . ., (to someone you know)

Thanking

Je vous remercie de votre | lettre.   Thank you for | your letter.
                          | hospitalité. | having me.
                          | invitation. | your invitation.

Explaining

J'écris pour vous demander | si je peux . . .   I'm writing to ask you | if I can . . .
Voulez-vous bien me dire | vos prix.   Would you kindly tell me | your prices.
            m'envoyer | une liste de . . .   send me | a list of . . .
                      | des renseigne- | information
                      | ments sur . . . | about . . .

Ending

Je vous remercie d'avance.   Thank you in advance.
Veuillez agréer, madame/monsieur,   Your sincerely,
  l'expression de mes sentiments distingués.

Writing a letter for the exam

○ Carry out *all* the instructions. There are marks for each. Any that you don't do score 0.

○ Make it sound like a real letter. Carry out the instructions in whatever order makes your letter flow better. The instructions may be numbered, but don't include 1, 2, 3 or a, b, c in your answer.

○ When you use the phrases given on the previous two pages, spell them correctly. Learn the spelling by covering the French, and testing yourself.

S.O.S.

Some useful phrases when you're stuck for words:

Sorry	Pardon	monsieur
Excuse me	Excusez-moi	madame
		mademoiselle

Can you	help me	please?	Pouvez-vous	m'aider	s'il vous plaît?
Would you	speak more slowly		Voulez-vous	parler moins vite	
	repeat			répéter	
	explain			expliquer	

I don't know.
I don't know the word for . . .
I've forgotten the word for . . .

I don't understand.
I don't understand the word . . .
I don't understand the question.

Je ne sais pas.
Comment dit-on . . .?
Je ne sais plus comment on dit . . .

Je ne comprends pas.
Je ne comprends pas le mot . . .
Je ne comprends pas la question.

If you use this book properly, then you'll be sure of success – the exam will be 'in your pocket', *dans la poche* in fact.

Bonne chance!

Gillian Taylor

MODULE 1

BONJOUR! BIENVENUE!

A. ON SE PRÉSENTE

[i] 1. Nom; âge; alphabet

- ○ **nom** name or surname → **mon nom de famille** also surname; **mon prénom** my first name, forename

- ○ **avoir . . . ans: j'ai 16 ans** I'm 16; **je vais avoir 16 ans** I'm nearly 16

- ○ **s'appeler** to be called: **je m'appelle** my name is . . . **il s'appelle** his name is . . .

- ○ **s'écrire** to be written: **ça s'écrit** that is written . . .

- ○ **s'épeler** to be spelt: **ça s'épelle** that is spelt . . .

◯◯ L'alphabet français

des lettres faciles:	**F L M N S Z**
des lettres assez faciles:	**B C D P T V X**
des voyelles:	**A E É I O U**
des lettres intéressantes:	**H K Q R W Y**
Attention!	**G J**

◯◯ 2. Je m'appelle . . .

Écoute, et complète les prénoms et les noms:

a.
Prénom: T – I – R – Y
Nom:　　O – M – N – Y

b.
Prénom: I – A – E – L –
Nom:　　C – M – E –

c.
Prénom: E – I –
Nom:　　L – U – E – G – A –

d.
Prénom: E – M – N – E – L –
Nom:　　J – L – E –

---

1. reflexive verbs
appeler to call **s'appeler** to be called 　Il s'appelle Paul.
écrire to write **s'écrire** to be written 　Ça s'écrit . . .
épeler to spell **s'épeler** to be spelt 　Ça s'épelle . . .
trouver to find **se trouver** to be situated 　Troyes se trouve au nord-est
prononcer to pronounce **se prononcer** to be pronounced 　Ça se prononce . . .

---

deux R double R

The phrase **nom de famille** is run together in speaking, so that the **e** in the middle isn't heard.

$\boxed{i}$ 3. Domicile

- **domicile** is a formal word for **adresse** ([!] spelling)

- **habiter** to live: **j'habite à Troyes**; **dans la rue...** in ... Street; **dans une maison/un appartement/un immeuble** in a house/flat/block of flats

- **ça se trouve** it's situated; **au nord-est** in the north-east; **à environ ... kilomètres de ...** about ... km from; **près de** near; **loin de** far from; **juste à côté de ...** right next to ...; **dans le département de ...** in the **département** (roughly 'county') of ...

- **c'est une ville/un village** town/village.

- **la naissance** birth ← **naître** to be born, **né** born; **date et lieu de naissance** date and place of birth. (**un lieu** place)

- **un anniversaire** [!] birthday ↔ **an** year ↔ annual

→ = leads to
← = comes from
↔ = connected with

4. J'habite à . . .

★ Ces jeunes gens habitent près de Troyes. (Attention: 'Troyes' se prononce comme 'trois').

J'habite à Lusigny. Ce n'est pas - - - de Troyes.

Prénom:
Astrid

Nom:
L – P – L – R –

a.

J'habite à Villepart; c'est - - - Bréviandes. J'ai - - - ans.

J'habite à Sainte-Savine; c'est juste - - - de Troyes. C'est une - - - aussi.

Prénom:
Christophe

Nom:
N – I – O –

b.

Prénom:
Armelle

Nom:
C – A – E – L –

c.

5. Quelle rue?

Écoute d'autres jeunes gens de la région de Troyes dans le département de l'Aube. Complète ces fiches avec leur nom de famille, et la rue où ils habitent. Voici les noms des rues:

RUE DES TILLEULS • VILLAS DE LA MISSONS • RUE TURENNE • RUE DU FORT-CHEUVREUSE

a.
Prénom: Frédéric
Nom: B – D – U – T
Adresse: 5, - - -
Âge: - - -

c.
Prénom: Carole
Nom: B – U – I –
Rue: - - -

You'll hear many of our interviewees saying **bon ben**, or **ben** or **bon** or **alors** for 'er', 'um'.

b.
Prénom: Jean-Louis
Nom: P – N – O – S – A –
Adresse: 3, - - -

d.
Prénom: Laurent
Nom: B – T – O Ï –
Rue: - - -

trait d'union hyphen

I tréma Ï

□ 6. Un permis de conduire

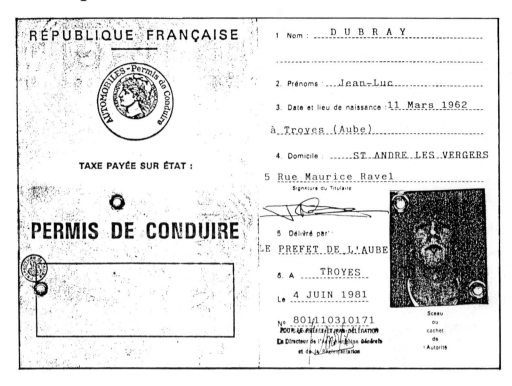

a. L'homme sur la photo s'appelle ––– –––.
b. Il habite dans la ville de –––.
c. Son adresse est –––.
d. Il est né dans la ville de –––.
e. Il est né en l'an 19–––.
f. Son anniversaire est le –––.

≈ 7. Dossier: Je me présente

a. Bonjour! Je m'appelle . . .

b. Mon | nom de famille, | c'est . . .   Ça | s'épelle | . . .
       | prénom, | | s'écrit |

c. J'habite à . . .

d. C'est

une ville	près de . . .	dans le nord	de l'Écosse
une cité		le sud	de l'Irlande
un village	à . . . km	l'est	du pays de
un port	de . . .	l'ouest	Galles
			de l'Angleterre
un quartier de . . . *district*		au centre	
la capitale			

e. Mon adresse est . . .

f. Je suis né(e) à . . . en dix-neuf cent soixante-. . .

g. Mon anniversaire est le . . .

janvier	juillet
février	août
mars	septembre
avril	octobre
mai	novembre
juin	décembre

h.

J'ai
Je vais avoir

. . . ans.

≈ 8. Interview

a. Bonjour! Comment tu t'appelles?
b. Comment ça s'écrit?
c. Où habites-tu?
d. C'est une ville?
e. Quelle est ton adresse?
f. Où es-tu né(e)? Et quand es-tu né(e)?
g. Quelle est la date de ton anniversaire?
h. Tu as quel âge?

≈ 9. Apprends: Comment ça s'écrit?

Comment ça

s'écrit?
se prononce?
s'appelle en français?

Complete these conversations with one of the questions above:

a.

b.

c.

7. né born	
feminine	*masculine*
je suis née	je suis né
elle est née	il est né

7. les numéros

1	un	11	onze
2	deux	12	douze
3	trois	13	treize
4	quatre	14	quatorze
5	cinq	15	quinze
6	six	16	seize
7	sept	17	dix-sept
8	huit	18	dix-huit
9	neuf	19	dix-neuf
10	dix	20	vingt

30	trente
40	quarante
50	cinquante
60	soixante
70	soixante-dix
71	soixante et onze
72	soixante-douze
73	soixante-treize
73	soixante-quatorze
75	soixante-quinze
76	soixante-seize
77	soixante-dix-sept
78	soixante-dix-huit
79	soixante-dix-neuf
80	quatre-vingts
81	quatre-vingt-un
90	quatre-vingt-dix
91	quatre-vingt-onze
92	quatre-vingt-douze
93	quatre-vingt-treize
94	quatre-vingt-quatorze
95	quatre-vingt-quinze
96	quatre-vingt-seize
97	quatre-vingt-dix-sept
98	quatre-vingt-dix-huit
99	quatre-vingt-dix-neuf

100 cent		**1000** mille	

[!] **200** deux cents
[!] **201** deux cent et un

1970 dix-neuf cent soixante-dix

21, 31, 41, 51, 61, 71 have **et**: vingt
et un, trente **et** un.
Other numbers from 22 to 99
have hyphens: vingt-deux,
vingt-trois.

MODULE 1

B. ON SE DÉCRIT

[i] 10. La famille

- **Les gens** people: **ma famille; mes parents – mon père (papa)**, **ma mère (maman); ma sœur** sister, **mon frère** brother; **je suis fille/fils unique** I'm an only child ← **une fille** daughter **un fils** son; **ma correspondante** penfriend

- **Les animaux: mon chien, mon chat, mon hamster**

- **Caractère: assez** quite, rather; **jeune** young; **vieux** old → **vieux-jeu** old-fashioned; **très bien** very nice; **sympathique** = **sympa [!]** nice; **méchant** nasty, bad; **moderne; sévère** strict; **pareil** the same

- **Description** ↔ **se décrire** to describe oneself: **grand** tall; **petit** short; **de taille moyenne** of medium height ← **moyen** medium; **ils ont . . . ans; les yeux bleus/marron** blue/brown eyes; **fort** strong; **gros** fat; **anglais, américain**

- **Entente** understanding: **on (ne) s'entend (pas) très bien** we (don't) get on very well; **ça va** it's all right; **il comprend les personnes étrangères** he understands foreigners

- **Profession: s'occuper de la maison** to run the house; **travailler** to work; **il est au service entretien** he's a maintenance worker; **à l'armée; au chômage** unemployed; **employé de banque; décorateur; médecin** doctor

11. En famille (1)

- First check your understanding: answer the questions in English.
- Listen again – and use the grammar boxes – to complete the French sentences. They are extracts from what was said.
- Then learn any sentences which happen to apply to *your* family.

a. Frédéric says that his parents are quite ---.

b. Frédéric also says that he and his sister ---.

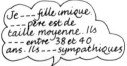

c. How does Isabelle get on with her parents?

11a. my, your
When the next word is masculine: mon   eg mon père   ton   ton frère
When the next word is feminine: ma   eg ma mère   ta   ta sœur
When the next word is plural: mes   eg mes parents   tes   tes sœurs

11b. être to be
je **suis** fille unique   I am   tu **es** fort   you are   mon frère **est** à l'armée **is**   mes parents **sont** jeunes **are**

11c. avoir to have
j'**ai**   I have, I've got   tu **as**   you have, you've got   il **a**   he has, he's got   ils **ont**   they have, they've got   *avoir is also used to express age:*   j'**ai** 16 ans   I **am** 16   tu **as** 16 ans   you **are** 16   ils **ont** 16 ans   they **are** 16

entre between   **laisser** to leave, to let   **entier, entière** complete, entire   **liberté** freedom, liberty

J'ai --- frère de 20 ans. --- père travaille. --- mère est au chômage.

Il y a --- parents, --- père, --- mère. Il y a --- petit frère. Il --- 7 ans.

Il --- assez grand. J'ai --- chien; il --- Nigord.

11d. un, une a	
males and most animals:	**un**
females:	**une**

11e. s'appeler to be called

je **m'appelle** . . . my name is . . .
Comment tu **t'appelles?**
  What's your name?
. . . s'appelle . . .
  . . .'s name is . . .

d. Emmanuelle has --- dogs.

e. Jean-Louis has a --- called Romuald.

f. Laurent's brother has --- hair and --- eyes. His parents work as ---. The family lives in a --- in Troyes.

12. En famille (2)

○ Find out about the people you would meet if you visited the next four speakers.

○ As with Section 11, first answer the English questions; then fill in the gaps in French; then learn any useful phrases.

a. Are Astrid's penfriends

  a. both boys?
  b. both girls?
  c. one of each?

Does she say her parents are

  a. nasty?
  b. old-fashioned?
  c. modern?
  d. strict?

b. Isabelle's pets are ---. She says her parents are

  a. strict
  b. old-fashioned
  c. modern

The family lives in a ---.

12a. feminines (1)
Feminine endings which can be seen and heard:

correspondante	←correspondant
américaine	←américain
anglaise	←anglais
petite	←petit
grande	←grand
blonde	←blond
élégante	←élégant

bientôt soon
ni . . . ni neither . . . nor

12b. not
je n'ai **pas** . . .   I haven't got . . . Je ne pense **pas**   I don't think so
Ils ne sont **pas** sévères They aren't strict
ne or **n'**, which goes with **pas** in these sentences, is often left out in conversation. It makes no difference to the meaning of **pas**.
'Some' or 'any' when there aren't any is **de** (**d'** before a vowel): je n'ai **pas de** sœurs je n'ai **pas d'**animaux

Il --- décorateur. --- mère aussi.

--- père est médecin. --- mère s'occupe de la maison. Je n'ai pas --- petits frères ni --- petites sœurs.

c. In appearance,
Frédéric's brother is – – –.
Frédéric's eyes are – – –.

d. Armelle's father,
Yves, is – – – and – – –.
Her parents – – – foreigners.
Her pet is a – – –.

12c. comparatives
plus (more) or **moins** (not as) are used to make comparisons: Il est **plus** intelligent **que** moi. He's **more** intelligent **than** me. Il est **plus** grand **que** moi. He's taller **than** me. Il est **moins** grand **que** moi. He's **not as** tall **as** me.

Ma mère, elle est – – –.
Mon père – – – Jean-Claude.
Je n'ai pas – – – animaux.
Je – – – grand. Mon frère
est – – – gros que moi. Il
est – – – grand que moi.

J'ai une sœur qui – – –
17 ans. Elle – – – assez
sympathique. J'ai
– – – animal. Il – – –
Lara.

[i] 13. Il est comment?

○ **Les gens: un garçon** boy; **une fille** = **une jeune fille** girl; **un compagnon** companion; **un homme** man; **une dame** lady; **une femme** wife, woman

○ **Caractère: affectueux** affectionate; **intelligent; timide** shy; **normal; heureux** happy → **malheureux** unhappy; **gentil** [!] nice; **désolé** sorry; **en colère** angry; **sportif**

○ **Description: je mesure** ... **mètres; je pèse** ... **kilos** I weigh ...; **joli** [!] pretty; **mince** [!] thin; **blond; cheveux longs** long hair; **visage ravissant** lovely face; **beau** handsome

○ **Profession: retraité** retired; **fonctionnaire** government worker; **gendarme** policeman; **coiffeuse** hairdresser; **secrétaire; infirmière** nurse

○ **Situation familiale** marital status: ◊ **-é**/ed: **séparé; divorcé; fiancé** engaged → **les fiançailles** engagement; **marié** ↔ **se marier** to get married; **un mariage** [!] spelling; **un mari** husband; **veuf** widowed; **célibataire** unmarried. **Un époux** husband; **une épouse** wife; **épouser** to marry ↔ spouse

13. feminines (2)	
Describing a female:	*Describing a male:*
-se	**-x**
heureuse	heureux
malheureuse	malheureux
merveilleuse	merveilleux
affectueuse	affectueux
courageuse	courageux
généreuse	généreux
sérieuse	sérieux
une épouse	un époux
-ve	**-f**
sportive	sportif
une veuve	un veuf
Special:	
grosse	gros
belle	beau

□ 14. Courrier

In this extract from the letters page of a magazine (**courrier**, mail),
the first two letters are from readers, and the rest are the
magazine's replies to other letters.

---

courrier

J'ai 13 ans, je mesure 1,51 m et pèse 54 kg. Les garçons et les filles se moquent beaucoup de moi, m'appellent « la grosse ».
Colette M., Tunisie.

J'ai 11 ans, je suis très jolie et je travaille très bien. Pourrais-tu m'envoyer une photo de toi avec ton adresse et ton numéro de téléphone ?
Cathy, Fille de baron.

Catherine d'Alfortville : Pourquoi n'as-tu pas d'amies ? Ecris tes impressions dans un journal en attendant de découvrir l'amitié.

Béatrice (Américaine) : Merci pour ta lettre, très sympathique — Si je ne la publie pas, c'est que nous avons déjà tout dit sur ce sujet

Véronique J. : Je te conseille un « cairn terrier irlandais » — C'est un chien petit, très affectueux et intelligent

Martine, de Brest : Ta timidité est normale à ton âge

Béatrice, de Marseille : Merci pour ta très gentille lettre. Je suis heureux d'avoir pu t'aider.

C. de Nangis : Je suis désolé pour toi J'aime les jeunes — J'ai eu une enfance difficile et j'essaie de les aider a être plus heureux que je ne l'ai été.

Marie-Christine, de Paris : Nous ne cessons de parler de la timidité dans ce journal — Certains garçons préfèrent les timides aux effrontées — Patience.

---

a. Who makes fun of Colette?
b. What do they do to her?
c. What does Cathy say she looks like?
d. What is Catherine's problem?
e. What kind of letter has Béatrice from America sent?
f. What is a **cairn terrier irlandais**, and what is it like?
g. What is Marie-Christine's problem?
h. Martine has the same problem. Why should she not worry about it?
i. How does the journalist feel about having helped Béatrice from Marseille?
j. Is the journalist a man or a woman? What word tells you so?
k. How does the journalist feel towards 'C. de Nangis'?

◊ ami   → ami**tié**
    timide → timid**ité**
    beau   → beau**té**
    gai   → gaie**té**

enfance childhood ← **enfant**
se moquer de to make fun of ↔ mock
conseiller to advise ↔ counsellor
cesser to stop ↔ cease
aider to help ↔ aid

---

14. feminines (3)

Feminine endings seen but not heard:

une ami**e** ← un ami
gentil**le** ← gentil
divorcé**e** ← divorcé
joli**e** ← joli

□ 15. L'adolescence

Read Marie-Jeanne's question published in a magazine, and the replies to it from other teenagers (**adolescents**).

DANS CHAQUE NUMÉRO, L'UN DE VOUS POSE UNE QUESTION ET VOUS Y RÉPONDEZ.

L'ADOLESCENCE

❝MARIE-JEANNE❞

J'aimerais poser une question sur ce qui change dans notre tête pendant la période d'adolescence. Pourquoi est-on tout d'un coup en colère ? Pourquoi a-t-on brusquement envie d'être riche, d'aimer, de détester, d'être beau, de mourir ?

❝CHRISTOPHE❞

Marie-Jeanne, tu as bien fait de poser cette question, car moi aussi je me demande pourquoi il y a tous ces changements à notre âge. Nous nous croyons des adultes, et nous voulons déjà avoir notre petit coin personnel, avec nos disques, nos souvenirs, C'est la période la plus importante de la vie.

❝RAMI❞

Je crois que pendant cette période, on est en train de mourir puis de renaître, notre pensée change, on a une autre opinion sur le monde. Si l'on s'asseoit avec les adultes, on s'ennuie, et si on joue avec les petits, on s'ennuie aussi.

❝CLAIRE❞

C'est la période la plus difficile. C'est pour ça qu'on fait des trucs interdits.

❝COLETTE❞

Tu es malheureuse quelquefois, tu pleures même des fois pour des problèmes que tu découvres. Mais tu es heureuse aussi - parce que tu penses Moi je trouve merveilleux ces hauts et ces bas.

❝JOELLE❞

Eh bien moi, il me semble que l'on a envie de se révolter, de faire le contraire de ce que nous disent les parents, de prouver qu'on existe, de se faire remarquer. Souvent j'essaie d'avoir une bonne discussion avec mes parents, d'être sympa, mais, à la moindre contradiction, je me mets en colère.

Who thinks that teenagers . . .
a. lose their tempers easily?
b. experience wonderful ups and downs?
c. want a place and possessions of their own?
d. disobey? (2 readers)
e. are unhappy and happy in turn?
f. are bored whether they sit with adults or play with children?
g. are in the most important phase of their lives?
h. are going through the hardest time of their lives?

Guessable: **poser une question** to ask a question ↔ pose; **je me demande** I wonder; **mourir** to die → **mort**; **eh bien** well now; **remarquer** to notice ↔ remarkable

To learn: **tout d'un coup = brusquement** suddenly; **s'asseoir** to sit; **s'ennuyer** to get bored; **des trucs interdits** forbidden things; **pleurer** to cry; **haut** high; **bas** low; **il me semble** it seems to me

[!] **un coin** corner

☐ 16. Mariages

These ads were placed in lonely-hearts columns. Copy the grid,
leaving room to write, and fill it in in French or English with
information the people give about themselves.

MARIAGES

a.
● Veuf retraité sportif cherche sur Annecy dame soixant. libre

b. Bons revenus, bon job COIFFEUSE INSTALLEE, 29 ans (cél.), blonde aux jolis yeux bleus

c.
● Dame 39 ans, divorcée, ayant gds enfants, rech. M. sérieux, 35-45 ans,

d. Grand et mince, fonctionnaire, célibataire, trentaine, aime beaucoup nature, épouserait J.F.

e. Jolie brune aux yeux bleus aimerait rencont. M.

f. Que de gaieté, de sympathie, donne envie d'être près d'elle VEUVE, 61 ans. Recherche compagnon

g. JEUNE homme 27 ans beau blond ch. jeune fille pour compagnie vue mariage

h. ● Secrétaire 24 ans, blonde cendrée, cheveux longs, visage ravissant, bien faite, mais solitaire car timide, rencontrerait garçon

i. ● Gendarme 24 ans, beau brun, aux yeux bleus, sympa, équilibré, sens de la famille, promotion prochaine, aimerait fonder foyer avec J.F. aimant l'uniforme et la vie de famille.

j. ● Elève infirmière 20 ans, courageuse aimerait se marier avec garçon stable 20/30 ans.

	sexe (M? F?)	profession	caractère	description	*situation familiale
a.					
b.					
c.					
d.					
e.					
f.					
g.					
h.					
i.					
j.					

une trentaine about 30
(◊ -aine/about)
cherche, recherche seeks
soixant. = soixantaine
cél. = célibataire
JF = jeune fille
M. = monsieur

*marié(e)? divorcé(e)? célibataire? veuf(ve)?

≈ 17. Dossier: Mes cheveux et mes yeux

a. J'ai les cheveux

longs	et blonds
courts *short*	noirs
ni longs ni courts	bruns
	gris
	châtains *auburn*

17. plurals

'Eyes' and 'hair' are plural – you have more than one – so words describing them usually have to end in silent -s

b. J'ai les yeux

bleus	gris
noirs	verts *green*
marron	noisette *hazel*

≈ 18. Interview

a. Comment sont tes cheveux?
b. De quelle couleur sont tes yeux?

≈ 19. Dossier: Ma famille

a. Je suis | fils | unique
         | fille |

or | J'ai un frère | et une sœur |
     | ... frères | ... sœurs |
     | Je n'ai pas de frères sœurs | |

You might want to mention:	
un mon	père beau-père *step-father* frère jumeau *twin brother* demi-frère *half brother* grand-père *grandfather*
une ma	mère belle-mère *step-mother* sœur jumelle *twin sister* demi-sœur *half sister* grand-mère *grandmother*

b.

Mon frère   s'appelle ...
   grand frère
   frère aîné *elder*
   petit frère
   frère cadet *younger*

Ma   sœur
   sœur aînée
   grande sœur
   petite sœur
   sœur cadette

c. | Il *he* | a ... ans
       | Elle *she* |

d.

Il est Elle	très *very* assez *quite* vraiment *really*	bête *stupid* aimable *friendly* charmant(e) *charming* élégant(e) *smart* paresseux(se) *lazy* poli(e) *polite*	
	plus moins	impoli(e) *impolite* laid(e) *ugly* sage *well behaved* *	que moi

*Or any other descriptions, eg from Sections 10 or 13.

≈ 20. Interview

a. Est-ce que tu as des frères ou des sœurs?
b. Comment s'appelle ton frère/ta sœur?
c. Il/elle a quel âge?
d. Il/elle est comment?

MODULE 1

C. À LA MAISON

[i] 21. La maison (1)

○ **les étages** floors: **au premier/deuxième étage** on the 1st/2nd floor; **au dernier étage** on the top floor; **au rez-de-chaussée** on the ground floor

○ **une pièce** room: **une pièce utilitaire** utility room

○ **une salle**, another word for 'room', as in **salle à manger** dining room (**manger** to eat); **salle de bains** bathroom (**prendre un bain** to have a bath; **une baignoire** a bath tub); **salle de séjour** living room (also called **le séjour** for short, or **le salon**). But bedroom = **une chambre**

○ [!] **la cave** cellar, wine cellar. ('Cave' is **une caverne**)

○ **la laverie** laundry room ← **laver** to wash; **laver le linge** to do (NORMALLY SAY
the laundry; **sécher** to dry ← **sec, sèche** dry   FAIRE LE LINGE) DO THE WASHING

○ **la cuisine** kitchen → **une cuisinière** cooker; **un cuisinier** cook; **faire la cuisine** to cook

○ **un jardin** garden; **une pelouse** lawn

○○ 22. La maison des Blouin

a. Listen to Mademoiselle Blouin describing the appearance and the ground floor of her home.
What are each of the two ground floor rooms used for?

b. Now listen to her describing the upstairs and the garden. Where is everything? Complete these extracts from what she says with one of the words or phrases on the right.

◊ **-ier/. . .** tree:
un cerisier cherry tree ← **cerise**
un poirier pear tree ← **poire**

In everyday speech **il y a** often sounds like **y a**.

Au premier étage, il y a la
cuisine. Il y a donc une cuisine,
une salle à manger, et un salon.
Donc, – – – il y a la cuisine,
et – – – la cuisine un petit bureau.
Et – – – du couloir il y a la salle à
   manger.
Il y a une salle de bain – – – les
   toits.
Il y a un cerisier – – –.
Il y a des poiriers – – – des murs.

au milieu in the middle
sous under
derrière behind
de l'autre côté on the other side
le long all along
sur la gauche on the left

⌐i⌐ 23. La maison (2)

○ *Guessable:* **un état** state (◊ **ét-/** st-); **une cheminée** chimney, fireplace; **un wc** toilet, pronounced 'vé-cé' or 'double-vé-cé'; **le sous-sol** basement ← **sous** + **sol** ground, soil

○ **le chauffage** heating ← **chaud** hot. **Un chauffeur** driver, originally meant the stoker who heated the engine

○ **entrer** to come in → **une entrée** entrance hall; **rentrer** to come back in, to return

○ *To learn:* **un grenier** attic; **une fenêtre** window; **un pavillon** detached house

○ **les meubles** furniture → **ameublement** furnishing; **meublé** furnished

○ **louer** to hire, to rent ↔ **le loyer** rent

Also Location

□ 24. Immobilier

These property advertisements are from various newspapers.

a. Which is an ad . . .
   for a block of flats with an underground car park?
   for a detached house with a hall/study?
   for a furnished flat?
   for a top-floor 3-bedroom flat?
   looking for a furnished room at a low rent?

b. ◊ **aménagé** = planned, fitted out. Find three other words ending **-é** (or **-ée**, **-és**, **-ées**) for -ed. (Careful: there are also some which *don't* end in -ed in English.)

c. ◊ **eux, -euse/-ous:** try to find three examples here.

d. Find the French for:
   two paces from the school
   a few minutes from Annecy
   the beach 50 metres away
   shopping arcade 5 minutes away
   What do all the French phrases have in common?

Une maison construite avec des matériaux traditionnels. Une maison solide et un jardin.

412 000f le 4 pièces + cuisine

beaucoup d'espaces,
un garage pour votre voiture

Le village de Champvert est juste en face de l'arrêt de bus, à deux pas de l'école et du C.E.S., tout près du centre commercial et **surtout à quelques minutes d'Annecy.**

2. Entre Deauville et Cabourg. La plage à 50 mètres. Galerie marchande à 5 minutes. Petit immeuble dans la tradition normande. Salle de bains, et cuisine (avec fenêtre) tout installées. Chauffage électrique à réglage individue. Loggia, balcon. Parking en sous-sol.

IMMOBILIER

3.
PAVILLON
Entrée/bureau, cuisine, salle 28 m2 (cheminée) 4 chambres, s. bains, sur 200 m2 terrain

4.
AVENUE de Bassens en dernier étage appartement de 4 pièces plus cuisine tout confort (3 chambres)

5.
BELLE MAISON, séjour, cuisine équipée, 3 chambres, salle de bains, garage, jardin aménagé

6.
● Cherche chambre meublée ou non dans vieille ville loyer modéré tél. 23.30.39

7.
ANNECY LE VIEUX, appartement 96 m², rez-de-chaussée, séjour avec balcon, 3 chambres bains, wc, grande cave, chauffage individuel au gaz

8. **— A VENDRE —**
CALAIS : 12 Rue Paul Bert - Maison avec cour - tt. confort - chambres spacieuses

9.
Somptueux
avec cave et grenier, et possibilité de garage, cuisine équipée, grands balcons,

10.
Belle villa récente
séjour salon avec cheminée, 4 chambres, vaste sous-sol, nombreux suppléments

11.
A LOUER appartement meublé 3 pièces + garage

[i] 25. Les meubles

o **un congélateur** freezer ↔ **il gèle** it's freezing

o **un aspirateur** vacuum cleaner; **passer l'aspirateur** to hoover

o **laver** → **une machine à laver** washing machine. (Similarly,
machine à écrire typewriter ← **écrire**; **machine à coudre** sewing
machine ← **coudre** to sew.) **Un lave-vaisselle** dishwasher ←
la vaisselle washing-up; **faire la vaisselle** to wash up

o **un couvert** place-setting at table; **mettre le couvert** to lay the
table. In a restaurant, **couvert** is an extra charge for each
place-setting, the 'cover charge'

o **une couverture**, or **un couvre-lit**, is a bedcover ← **lit** bed;
un canapé-lit sofa-bed ← **un canapé** settee

o **un électrophone** record player → **un magnétophone** tape
recorder → **un magnétoscope** video recorder

o *To learn:* **un placard** cupboard; **une armoire** wardrobe;
un fauteuil armchair; **un matelas** mattress; **une chaîne stéréo**
stereo system; **un évier** sink; **un robinet** tap

o [!] **une caméra** movie camera; an ordinary camera is
un appareil photo; [!] **une casserole** saucepan

> ◊ **-eur**/-or:
> **un réfrigérateur** refrigerator
>   (= **un frigo** fridge)
> **un radiateur** radiator
> **un projecteur** projector

[□] 26. Achetez par correspondance

This is a form for ordering goods from a mail-order catalogue:

BON DE COMMANDE		
nom D.E.S.P.R.E.S		
prénom H.E.L.E.N.E		
adresse 2.2. A.V.E.N.U.E. D.E.S		
E.L.F.E.S		
code postal 7.5.0.0.6 ville P.A.R.I.S		

DÉSIGNATION DES ARTICLES	PRIX UNITAIRE	MONTANT
Magnétophone		
Electrophone		
Baignoire		
Casserole		
Evier		
Robinet		
MONTANT DE LA COMMANDE		
Port et emballage 6 F		
TOTAL		

On the right are what the mail-order firm
delivered. What did the firm forget to send?

□ 27. Ventes

You'd also like to buy these items in the catalogue:

But as you can't afford new ones, you look in the 'for sale' small-ads (**Ventes**) in the newspaper. Which of the catalogue items is *not* available in the paper?

[i] 28. Des affaires

○ **objets trouvés** lost property, might be found **à la mairie** or **au commissariat de police** or **au bureau des objets trouvés** in a station or store. **Perdu** lost; **trouvé** found; **volé** stolen

○ **la forme** [!] shape ('a form' is **une fiche**); **large** [!] wide; **rond** round; **carré** square; **étroit** narrow

○ **la couleur: foncé** dark; **clair** light; **rose** [!] pink; **doré** golden ← **or** gold

○ **en ...** made of: **en plastique**; **en cuir** leather; **en velours** velour, velvet

○ **un sac: sac à main** handbag ← **main** hand; **sac à dos** rucksack ← **dos** back; **sac de couchage** sleeping-bag ← **se coucher** to go to bed

○ **un porte-monnaie** purse ← **porter** to carry + **monnaie** coinage. **Un portefeuille** wallet ← **une feuille** leaf (of paper or plant)

○ [!] **un collier** necklace or dog's collar (but not collar)

○ **papiers d'identité**: **une carte d'identité** should be carried by adult French citizens

○ **dedans** inside: **j'avais ... dedans** I had ... in it; **Qu'est-ce qu'il y avait dedans?** What was inside?

○ **Ça c'est dommage!** What a shame! Annoyance: **Zut alors! vraiment bête!** Annoyance or surprise: **Dis donc! Oh là là!**

○ *To learn:* **un gant** glove→gauntlet; **un manteau** coat→mantle; **une montre** watch; **une récompense** reward, recompense; **réclamer** to reclaim

○○ 29. J'ai dû le perdre!

Listen to two women who have just got back from buying Christmas presents (**cadeaux de Noël**) in the Printemps store in Paris. You will hear their conversation all through first, then divided into parts **a–d**.

a. What has been lost? Describe it.

b. Where did they leave it? In Printemps? In the tea rooms (**salon de thé**)? In the underground (**métro**)? In the station café (**buffet de la gare**)? In the train?

---

fatigué tired
marcher to walk
complètement épuisé
  absolutely exhausted
une fleur flower

---

une tasse de thé cup of tea
peut-être perhaps
je me souviens I remember ←
  un souvenir memento

c. What size, or colour, or shape, were:
  the boxes of Dior perfume?
  the box of Lego for Sébastien?
  the box of Rocher chocolates?

d. What is in the Rue des Morillons in Paris?
  What information will be asked for there, according to the speaker?

> **un paquet** box
> **emballé** wrapped
> **une bouteille de parfum** bottle of perfume

> **29. le, la, l'** it
>
> Phrases heard on the cassette:
>
> tu **l'**as perdu/laissé . . . ?
> Have you lost/left **it**?
>
> j'ai dû **le** perdre/laisser . . .
> I must have lost/left **it** . . .
>
> je **l'**avais I had **it**
>
> je ne me souviens pas de **l'**avoir dans le train/de **l'**avoir vu.
> I don't remember having **it** in the train/having seen **it**.

☐ 30. Perdu – trouvé

Look at these small-ads from local papers.

PERDUS ET TROUVES

1. PERDU : sac à main, cuir beige. T. (33) 49.38.09.

2.
PERDU
Début juillet, dans une rue de PARAMÉ, un paquet contenant en particulier **1 collier** et un **bracelet de perles**.
Forte récompense à qui le rapportera.
Téléphone : **56.40.61**

3. PERDU secteur Satolas 3 déc. petit chien blanc T (74) 94.19.11

4.
VOITURE R 20 TS
bleu foncé
volée le 17/3/80
Téléphoner H.B. (79) 33.28.81
Récompense

5. **Chien perdu.** — Perdu dimanche 8 décembre sur la commune de Ferreux, EPAGNEUL français, marron et blanc, répondant au nom de « Norma », sans collier, tatoué à l'oreille. Prévenir au 25.21.51.09. Récompense.

6.
Toute personne ayant trouvé sac à main contenant papiers identité et carnets d'adresses est priée de le rapporter au commissariat de police. Récompense.

7. **SOIRÉE POULE AU RIZ**
Par erreur 2 manteaux bleu marine velours (dames) ont été échangés. Prière s'adresser tél. 55.01.77

8. AVIS DE LA MAIRIE
Il a été trouvé un porte-monnaie contenant une petite somme d'argent. — Le réclamer à la mairie

9. **Objet trouvé.** — Une clé de voiture BMW à réclamer au secrétariat de mairie.

10. **Objet trouvé.** — une montre sur le parking de l'école. La réclamer en mairie.

11. **Objets trouvés.** — Un gant beige, un gant marine à réclamer en mairie.

Which was placed by somebody who . . .

a. has had a dark blue car stolen?
b. has lost a leather handbag?
c. has taken the wrong velvet coat home?
d. has mislaid some jewellery in the street?

What should you do if it's you who has . . .

e. found the handbag containing papers?
f. lost the watch?

Find the French for:

g. a black glove
h. French spaniel, brown and white
i. little white dog
j. 2 navy-blue coats

≈ 31. Dossier: Ma maison

a.

J'habite dans	une maison ferme
	un appartement

b.

Elle est	assez trop très	grande petite vieille moderne
Il est		grand petit vieux moderne

31a,b. it is	
a, my **une** maison ⎫ **ma** valise ⎬ (feminine)	it is **elle** est . . .
un appartement ⎫ **mon** sac à main ⎬ il est . . . (masculine)	
(neither masculine nor feminine)	**C'**est dommage! (**It'**s a pity)

c. Nous avons

. . . chambres		
une grande petite belle jolie	salle de séjour salle de bains salle à manger cuisine	confortable pratique moderne

31c. position of adjectives
A few short adjectives like **grand, petit, beau, joli** come *before* whatever they are describing; most, like **confortable, pratique, moderne**, come *after*.

d.

Il y a un grand petit	jardin de devant *front garden* jardin de derrière *back garden*	avec des fleurs des légumes une pelouse des arbres
Il n'y a pas de jardin		

≈ 32. Interview

a. Est-ce que tu habites dans une maison ou dans un appartement?
b. Comment est ta maison/ton appartement?
c. Quelles sont les pièces chez toi?
d. Est-ce qu'il y a un jardin chez toi?

≈ **33.** Dossier: Ma chambre

a. Ma chambre est

assez très trop	grande petite jolie moderne confortable

b. Les murs sont
walls

c.. Les rideaux sont
curtains

noirs bleus roses verts	jaunes blancs rouges oranges

d.

Dans ma chambre Dans Sur Sous	mon ...* ma ...** mes ...***	j'ai un ...* une ...** des ...***

* eg: un lit mon poster de ... miroir tableau *picture* placard bureau *desk* fauteuil magnétophone maquillage *make-up*	** eg: une chaise ma table lampe radio cage à hamsters commode *dressing table* pendule *clock* poupée *doll* collection de ...	*** eg: des cassettes *f* mes disques *m* livres *m* magazines *m* vêtements *clothes* jouets *m toys* jeux *m games* affaires *f* photos *f* de ... bijoux *m jewels*

≈ **34.** Interview

a. Comment est ta chambre?
b. De quelle couleur sont les murs?
c. De quelle couleur sont les rideaux?
d. Qu'est-ce que tu as dans ta chambre?

≈ 35. Apprends: Objets trouvés

J'ai perdu laissé	ma clé *key* mon parapluie mon billet mon argent mon appareil photo mon transistor	quelque part *somewhere* dans le restaurant dans le cinéma dans le zoo à l'hôtel dans le café	aujourd'hui ce matin hier *yesterday* avant-hier *the day before yesterday* vers . . . heures

Je cherche	mon sac.
	    portefeuille.
	    porte-monnaie.
	    gant.
	    manteau.
	    chapeau.
	 ma valise *case*
	    montre.
	    bague *ring*.
	    calculatrice.
	    serviette *towel*

Il est	énorme épais, épaisse carré(e) rond(e) rectangulaire étroit(e)	et en métal en argent *silver* en plastique en or en nylon en laine *wool*
Elle est	large vide *empty* usé(e) *worn* neuf(ve) *new* vieux, vieille petit(e) grand(e)	en paille *straw* en cuir en coton en bois *wood*

Il y avait	mes papiers mon argent mon passeport ma carte de crédit mes vêtements mon nom	dedans

Explain these situations in French:

a. You left your camera in the café yesterday. (**J'ai laissé . . .**)
b. You lost your ticket at the zoo this morning.
c. You left your umbrella behind at the cinema today.
d. You lost your transistor radio somewhere the day before yesterday.
e. You left your key in the restaurant at about 9 o'clock.
f. You're looking for your bag. It's old, made of leather, and your passport was in it.
g. You're looking for your new plastic case. It had your clothes in.
h. You're looking for your great big cotton towel.
i. You've lost your round straw hat.
j. You're looking for your money. You left your wallet at the hotel, with your money and credit card in, and now (**maintenant**) it's empty.

MODULE 1

D. EN VISITE

i 36. Salut!

- **Salut!** Hello! ↔ **saluer** to greet

- **s'excuser** to apologise; **je m'excuse** or **je suis désolé** I'm sorry; **se serrer la main** to shake hands; **s'embrasser** to kiss

- **présenter** [!] to introduce; **je vous présente . . .** may I introduce . . .; **une présentation** introduction to someone

- **inviter: vous êtes invité** you've been invited; **un(e) invité(e)** guest; **je vous remercie de l'invitation** thanks for the invitation

- **maître/maîtresse de maison** host/hostess ↔ master/mistress; ⟡ î/s

- **la santé** health: **à votre santé!** or **à ta santé!** (or **à la vôtre!** or **à la tienne!**) cheers!

- **complimenter:** to congratulate someone on their cooking: **mes compliments!** To congratulate someone on their birthday, engagement, marriage, etc: **féliciter: Félicitations! Une fête** holiday, festival, especially a person's name-day; **fêter = célébrer une fête**

- **connaître, faire la connaissance** to get to know someone

⟡ ass-/sit	
s'asseoir	to sit
asseyez-vous	do sit down
assieds-toi	
vous vous assiérez	you'll sit
il est assis	he's sitting down
But: **une assiette** a plate	

□ 37. Les bonnes manières

These extracts (on the page opposite) from a book about French manners and customs explain how to behave at a family meal or celebration. Do you think rules **a–i** would be *usual* in Britain (or any other country which you know well), *unusual*, or *possible* but only in some families? For instance **a.** apologizing for late arrival, is usual in most countries, but what about **b**?

attendre to wait
tout le monde everybody
habituel usual
d'abord first
c'est-à-dire that is
⟡ **-emment, -amment/-ently:**
couramment fluently
suffisamment sufficiently +
fréquemment, évidemment, récemment, apparemment

Invitations, Fêtes

***a*. L'arrivée, l'accueil**

Si vous arrivez en retard, vous devrez vous excuser. Vous pourrez dire :

— Excusez-moi de ce retard, mais...
— Je suis désolé, mais...

***b*. Vous vous serrez la main**

En France, **on se serre très fréquemment la main**

***c*. Vous vous embrassez**

Il est fréquent en France que deux amies s'embrassent ; chez les hommes c'est beaucoup plus rare.

***d*. Les présentations**

Après être entré, vous saluerez la maîtresse de maison.

S'il y a d'autres invités, vous attendrez qu'on vous les présente, puis vous vous assiérez, sur l'invitation du maître ou de la maîtresse de maison.

— Asseyez-vous donc.

***e*. On offre à boire**

On attend que tout le monde soit servi avant de boire.

C'est à ce moment que peuvent être prononcées les formules habituelles :
— A la vôtre[1] (à la tienne).
— A votre santé (à ta santé).

***f*. Les invités partent**

En partant, saluez tout le monde, les dames d'abord, puis la maîtresse de maison.

Ce sera le moment de la remercier et de *la complimenter* pour son repas.
— C'était excellent !

***g*. Les fiançailles**

Si vous êtes invité à des fiançailles, vous pouvez offrir un cadeau aux fiancés, sinon vous attendrez le mariage.

***h*. Le mariage**

Il est habituel, à la fin de la cérémonie elle-même, de féliciter les mariés.

***i*. La fête**

Célébrer la fête de quelqu'un, c'est le féliciter et lui offrir un cadeau le jour du calendrier marqué par un saint. S'il s'appelle Jean, on le fêtera le jour de la Saint-Jean, c'est-à-dire le 24 juin.

☐ 38. À mon avis

Read Anne's problem published in a teenage magazine, and the readers' replies.

DANS CHAQUE NUMÉRO, L'UN DE VOUS POSE UNE QUESTION, ET VOUS Y RÉPONDEZ.

J'AI HÂTE DE NE PLUS ETRE TIMIDE...

❝ ANNE ❞

Je voudrais savoir comment faire pour ne plus être timide.

❝ KARINE ❞

J'ai été dans le même cas. Et puis je me suis dit que j'étais bête et que, si les autres n'étaient pas timides, pourquoi moi je l'étais ? Maintenant, quand je fais de nouvelles connaissances, tout se passe merveilleusement.

❝ BÉRENGERE ❞

Mon amie était si timide qu'elle restait presque toujours dans son coin. Je lui ai dit de s'engager dans la conversation, et maintenant ça va beaucoup mieux. N'hésite pas à sourire, à rire ou à demander l'heure. Après, peut-être que ça ira mieux.

il ne parle pas. il est timide...

❝ SERVANE ❞

C'est un peu mon cas, mais j'essaie de réagir. Pose-toi la question : «Qu'est-ce qui me fait peur ?» Tu t'apercevras alors qu'il n'y a aucune raison d'avoir peur. Moi j'ai essayé, et je me sens plus à l'aise.

❝ SOPHIE ❞

Tu sais, j'étais comme toi. Et c'était très gênant à mes cours de danse. Alors j'ai décidé d'en parler à mes parents. Ils m'ont dit de me relaxer au maximum. Ça a marché ! Bonne chance !

❝ MARTINE ❞

*Je te conseille de t'inscrire pour faire du théâtre.
Bien sûr tu dis :
«Mais je n'arriverai jamais à prononcer un seul son !»
Mais si !
Tu verras que, petit à petit, tu seras moins timide et que tu oseras parler aux gens...*

❝ GUY ❞

A mon avis la timidité n'est pas un défaut.

---

a. Whose reply gives the most useful advice, in your opinion? Why do you think so?

b. Find the French for these phrases which might be useful on a visit to a family:

... now its a lot better

I feel more at ease

everything's going marvellously

It worked!

in my opinion

Good luck!

Guessable: **hésiter**; **un défaut** defect, fault; **à l'aise** at ease; **un cas** situation, case; **réagir** to react; **je me sens** I feel ↔ sense; **merveilleusement** marvellously (◊ **-ment**/-ly)

To learn: **rire** to laugh →**sourire** to smile; **mieux** better; **avis** opinion; **essayer** to try; **aucune raison** no reason; **la peur** fear; **gênant** awkward; **marcher** to work; **s'inscrire** to enrol; **mais si!** Oh yes! **oser** to dare; **pourquoi** why

[!] **la chance** luck

$\boxed{i}$ 39. La routine

- Que faire?
  se réveiller to wake up ↔ **un réveil** alarm clock
  se lever to get up ↔ levitation
  se raser to shave ↔ **un rasoir** razor
  s'habiller to get dressed → **se déshabiller** to get undressed
  faire le ménage/les courses to do the housework/shopping
  ranger to clear up ↔ arrange; **les rangements** tidying up
  les devoirs homework ← **devoir** to have to
  il faut que je . . . I must . . .

- À quelle heure?
  heure = hour: **toutes les deux heures** every two hours
  ___ = time: **heure d'ouverture** opening time
  ___ = o'clock: **il est deux heures** it's 2 o'clock
  et demie half past; **et quart** quarter past
  moins, literally, 'minus': **à 7 heures moins le quart** at a quarter
  to 7; **8 heures moins dix** 10 to 8

- *To learn:* **tôt** early; **tard** late; **avant** before; **après** after
  (**après-midi** afternoon ← **midi** midday)

<table>
<tr><td colspan="2">39. reflexives</td></tr>
<tr><td colspan="2">reflexives are verbs which need
me or **m'** after **je**
te or **t'** after **tu**
se or **s'** with 'he', 'she', 'they', or
the infinitive ('to . . .')
nous after **nous**</td></tr>
<tr><td colspan="2">Examples in Sections to come:
40: on se lève; je me lève
41: papa se levait; nous nous
levions; nous nous lavions
45: je me réveille; je me couche
46: tu te réveilles; tu te lèves;
tu te couches.</td></tr>
<tr><td colspan="2">Find three more in Section 39</td></tr>
</table>

∞ 40. La vie familiale

Three young people are talking about rules and routines in their family. Would you understand what to do if you stayed with them?

a. Jean-Louis has to – – – and – – –.

b. The only rule Frédéric has to stick to, is to – – – at a particular time.

c. Isabelle gets up at – – –,
gets the bus to school at – – –,
has free time between – – – and – – –.
She then watches TV or else – – –.

41. Chez les Blouin

Mlle Blouin is talking about the daily routine in her family when she was a child. Many French families still follow this traditional routine. Listen all through first, then to the same account divided into parts a-h.

a. Dad got up at about – – –.
b. While dad had breakfast, the children – – –.
c. The children left for school shortly before – – – o'clock.
d. Mum did the housework and the – – –.
e. At midday, – – –.
f. The children got back at about – – –.
g. After a snack, they – – – before dinner.
h. Dad got back at – – – or – – –.

42. Une journée

The text below is from an up-to-date book about French life, but many of the details are very similar to Mlle Blouin's account. The main change is that the midday meal at home is becoming less common. Compare this account with your own family routine. Are there many differences? Consider for instance:

a. the waking-up time
b. who uses the bathroom first
c. the time school starts
d. where the midday meal is eaten
e. what time adults come home
f. what children and adults do when they get home
g. the time of the evening meal

---

une entreprise firm; **chef d'entreprise** boss
terminer to finish ↔ terminus

---

41. imperfect

Mlle Blouin uses many verbs ending in **-ais, -ait, ions**, to mean 'used to', eg:
Papa se lev**ait** tôt
Dad **used to** get up early

What do you think she meant by these:
nous nous **levions** vers 7 heures
nous **partions** à l'école
elle **préparait** le déjeuner
nous **rentrions** à la maison
papa **rentrait** tous les midis
nous **avions** des devoirs
nous **dînions** sans notre père
mon père **arrivait** assez tard

Notice the meaning of these:
il **buvait**
he **used to drink**

on **prenait** le petit déjeuner
we **used to have** breakfast

l'école **était** très près
the school **was** very near

elle **faisait** le ménage
she **used to do** the housework

---

faire la grasse matinée to lie in
debout up
une usine factory

---

7 heures : quelquefois une demi-heure avant, rarement une demi-heure après, le réveil sonne... Sauf le mercredi pour les enfants bien sûr : jour sans école où ils peuvent faire la grasse matinée jusqu'à 8 h, 9 h ou plus. C'est souvent le père qui est debout le premier : il aime bien avoir la salle de bains à lui tout seul pour se raser.

8 heures, 8 heures et demie : heure d'ouverture des écoles, des collèges et des lycées.

Midi, 13 heures : le système de la journée continue est fréquemment appliqué aujourd'hui dans les villes, et les enfants déjeunent à la "cantine" de l'école, les parents au "restaurant d'entreprise."

18 h - 19 h : tout le monde, le plus souvent, est rentré du bureau, de l'usine, de l'école, etc. Les enfants ont des devoirs à faire, les parents du courrier ou des rangements... On dîne en général, vers 20 heures

≈ 43. Apprends: Meilleurs vœux

Fit one of the phrases (on the right) to each picture:

Have a good . . .	
Bonjour	Bonne chance!
Bonsoir	Bonne année!
Bon voyage!	Bonne nuit!
Bon weekend!	Bonne fête!
Bon appétit!	Bonne route!
Bon anniversaire!	

43. bon, bonne good

bon → bonne before feminine (une) nouns:

Bonjour	← **un** jour
Bon weekend	← **un** weekend
Bonne fête	← **une** fête
Bonne route	← **une** route

≈ 44. Apprends: En visite

Match the French to the English. Learn any phrases you didn't know.

a. Au revoir.
b. Ça va?
c. C'est dommage.
d. C'est gentil.
e. De rien.
f. Enchanté!
g. Je me suis bien amusé.
h. Je regrette, mais je dois partir.
i. Je vous présente ma mère.
j. Je vous remercie de votre hospitalité.
k. J'en suis content.
l. Oui, ça va.
m. Puis-je vous aider?

1. Fine.
2. Goodbye.
3. How are you?
4. I'm afraid I must go.
5. I've had a good time.
6. I'm so pleased.
7. May I introduce my mother.
8. May I help you?
9. Pleased to meet you.
10. Thank you for your hospitality.
11. That's a pity.
12. That's kind of you.
13. Think nothing of it.

Choose a phrase from **a–m** to complete the conversations between guest and host:

≈ 45. Dossier: Ma journée typique

a. Je me réveille
b. Je me lève
c. Je prends le petit déjeuner
d. Je quitte la maison
e. J'arrive au collège
f. Je rentre à la maison
g. Je fais mes devoirs
h. Je me couche

à	une heure	. . .
vers	. . . heures	et . . .
about	midi	moins . . .
vite		
lentement		
tôt		
tard		
. . . minutes plus tard		

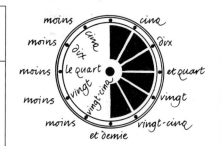

≈ 46. Interview

a. À quelle heure est-ce que tu te réveilles?
b. Tu te lèves tout de suite?
c. Est-ce que tu prends le petit déjeuner?
d. Tu quittes la maison à quelle heure?
e. À quelle heure est-ce que tu arrives au collège?
f. Tu rentres à la maison à quelle heure?
g. Est-ce que tu fais tes devoirs?
h. Tu te couches vers quelle heure?

≈ 47. Dossier: Mes travaux de ménage

Je fais mon lit	le matin
Je fais la lessive *washing*	le soir
Je fais la cuisine	le weekend
Je fais la vaisselle	chaque jour
Je fais des courses	en général
Je fais le jardinage	des fois
Je fais des réparations *repairs*	
Je prépare le petit déjeuner	
Je passe l'aspirateur	
Je mets le couvert	
Je repasse (*iron*) les vêtements	
Je range ma chambre	
Je nettoie (*clean*) la voiture	
Je vide les poubelles *bins*	
Je répare mes vêtements	
Je donne à manger aux animaux	

Je fais des réparations.

≈ 48. Interview

Qu'est que tu fais comme travaux de ménage?

≈ 49. À toi de jouer

You've returned to a cinema where you accidentally left your coat.

Revision: Sections 35, 44, 9

CAISSIER: Vous désirez?

a. Explain that you left your coat in the cinema.

Say it's thick and woollen, and had your name in. `⌐ - - - ⌐`

CAISSIER: Nous avons tout envoyé au Bureau des Objets Trouvés.

b. They no longer have it. Say that's a pity. `⌐ - - - .`

CAISSIER: Il faut aller à la rue des Morillons.

c. Ask how it's spelt. `⌐ - - -?`

CAISSIER: Tenez, je vous l'écris.

≈ 50. À toi de jouer

It's the end of your evening with your French hosts, and they are ready to clear up.

Revision: Sections 44, 9, 35, 43

MONSIEUR: Il faut que je range un peu, hein!

a. Offer to help. `⌐ - - -?`

MONSIEUR: C'est gentil, mais je vais tout mettre dans la machine.

b. Point to the dishwasher and ask what it's called in French. `⌐ - - -?`

MONSIEUR: Ça, c'est le lave-vaisselle . . . . Encore du café?

c. Say you're sorry but you must go now, and thank them for their hospitality. `⌐ - - - .`

MONSIEUR: Oh, c'est dommage . . . . Il y a un problème?

d. Say you're looking for your glove. It's a leather one. `⌐ - - - .`

MONSIEUR: Tiens, le voilà.

e. Say thank you and good night. `⌐ - - - .`

MODULE 1

E. À TON STYLO!

Revision: Sections 8, 20, 32, 47

51. Un questionnaire

Prepare some questions to ask young French-speaking visitors. Write in French how you would ask each of them . . .

a. her or his name
b. her/his age
c. where she/he lives
d. whether she/he has any brothers or sisters
e. whether she/he lives in a house or a flat
f. what time she/he gets to school in the morning
g. what time she/he gets home again

Begin:

QUESTIONNAIRE

Comment tu t'appelles?

Quel...

---

51. present tense: tu . . . s

Notice the silent **s** ending of present tense verbs after **tu**, you:
tu habites
tu quittes
tu arrives
tu rentres
tu as

Reflexive verbs need **te** or **t'** as well:
tu **te** réveilles
tu **te** couches
tu **t'**appelles

---

51. asking questions

Comment . . .?   What is . . . like?
Comment est ta maison/ton jardin? ton frère/ ta sœur?
sont tes cheveux?
Also:
Comment tu t'appelles?
Comment s'appelle ton frère?

À quelle heure?
À/Vers quelle heure est-ce que tu . . . s?
= Tu . . . s à/vers quelle heure?
Question words at the beginning of a sentence are often followed by **est-ce que**.

De quelle couleur?
De quelle couleur sont les murs?
tes yeux?

---

52. Ma journée

Your French visitor can't get used to the daily routine in your house. So make a list in French of ten things which happen every weekday – eg meal times, school routine, jobs around the house – and their times (in figures).

Revision: Sections 45, 47

Exemple:

7.30 Je me réveille.

7.45 Je prépare le petit déjeuner.

53. Ma maison

Prepare a sketch or plan of your home labelled in French to send a French penfriend.

Revision: Sections 21, 23, 31

54. Ma chambre

Prepare a similar sketch or plan of your bedroom.

Revision: Sections 25, 33

55. Portraits

Write descriptions of some of your friends and relations, to let your penfriend know about them before he or she meets them. If possible, use a sketch or photo.

Revision: Sections 10, 13, 19

Exemple:

Voici mon frère aîné.
Il s'appelle Andrew, et
il est assez sympa.

56. Première lettre à Marc

You've received a letter from Marc in Dinan. All he knows about you is your surname and address. He asks you your first name, your age and your birthday.

a. Answer his three questions.
b. Ask how old he is.
c. Ask when his birthday is.
d. Describe yourself a little: your hair and eyes.
e. Ask for the same information about him.
f. Ask if he could send you a photo of himself.

Letter writing
How to write letters: p. 13.
Revision: Sections 7 and 17 to write about yourself; 8 and 18 to ask Marc about himself; 14 to request a photo.

57. Deuxième lettre à Marc

Here is Marc's answer.to your first letter:

Salut !

Merci pour ta lettre. Voici une photo de moi avec ma sœur devant notre maison à Dinan, une petite ville dans le nord de la France. Est-ce que tu habites dans une ville aussi ? Est-ce que ta famille a une maison ou un appartement?

Je vais avoir 16 ans le 13 Juin. Comme tu vois, je suis assez grand et j'ai les cheveux blonds. Et toi, tu es comment ?
Écris-moi bientôt,
Ton ami,
          Marc

Now reply:
a. Thank him for the photo.
b. Answer all his questions.
c. Ask his sister's name and age.
d. Ask him what his house is like.
e. Ask if there's a garden.

> Revision: thanking: page 13.
> Sections 7, 17 and 31 to write about yourself; 20 and 32 to ask questions.

58. Je vous remercie

While staying in France, you get a note from a lady you know asking you to visit her, as you did last Saturday (**samedi dernier**). But you're just about to leave for home. Write a quick note in French to explain.

Points to include:
Thank for hospitality last Saturday – you enjoyed yourself – apologise for not having written sooner.
Thank for the invitation – it's kind of her – you're sorry, but you have to leave.

> Revision: page 13, Sections 36, 44

✿ MODULE 2

AMUSE-TOI BIEN!

A. LE SPORT

⌐i⌐ 1. Vocabulaire sportif

○ **le sport → sportif, sportive: un centre sportif** sports centre; **une union sportive** sports association

○ *Lookalikes:* A lot of sporting terms are taken from English: **le tennis; le golf; le judo; le ping-pong; le club; le match;** etc. **Le foot = le football.** Similar short forms: **le volley; le hand; le basket** (but **le footing = le jogging**)

○ *Guessable:* **les loisirs** leisure activities; **un tournoi** tournament; **une régate** regatta; **un championnat** championship ← **un champion; une coupe** cup, eg **la coupe du monde; un stade** stadium; **l'athlétisme** athletics; **la gymnastique; la danse; l'entraînement** training; but **pratiquer** [!] to play, *not* to practise

○ *To learn:* **une balade** a walk
la voile sailing → **la planche à voile** windsurfing
la natation swimming ← **nager** to swim
un vélo bike: **faire du vélo = faire du cyclisme**
un cheval horse: **faire du cheval = faire de l'équitation**
le tir shooting → **le tir à l'arc** archery
je suis fort = I'm good at it; **je suis nul** I'm useless at it ← **nul** nothing, nil. **Match nul** = goalless draw
la pêche fishing → **un pêcheur** fisherman
un concours competition

1. faire to do
faire is often followed by **du** **de la** ⎱ + leisure activity or **de l'** ⎰ But after **beaucoup** or **un peu**, **de** is used: Je fais **beaucoup de** gymnastique. Je fais **un peu de** tennis.

◯◯ 2. Quels sports?

Fill in the gaps with the sports these young people mention.

a.  *Je fais du _ _ _.*

b. *Je fais beaucoup de _ _ _ et de _ _ _.*

c. Delphine is talking about sports in Saint-Lô, the town named on this poster. She mentions two of the sports on the poster. *_ _ _ et _ _ _.*

Comité départemental Olympique et Sportif de la Manche

JEUX DE L'AVENIR

MINIMES

UNSS UGSEL

13 MARS 85

SAINT-LÔ

Handball · Salle omnisports · 14 h
Football · Stade Jean Berthelem · 14 h 30
Volley-ball · Salle St Ghislain · 14 h 45

CRÉDIT AGRICOLE ▷ NOUS PARTICIPONS!

☐ 3. Le sport à Saint-Brieuc

This extract is from a leaflet about Saint-Brieuc in Brittany.

a. What 11 sports does it say you could do there?
b. For which 5 of these are competitions organised?

plurals
-al *singular* → **-aux** *plural*
un cheval   des chev**aux**
un journal   des journ**aux**
un animal   des anim**aux**
des matchs internation**aux**
– international matches
des romans sentiment**aux**
– sentimental novels

*Pour votre prochain séjour de vacances ou de détente, en faisant le choix de la **Côte ouest de la baie de SAINT-BRIEUC**, vous pourrez :*

BRONZER ET NAGER
- 12 plages de sable fin, offrant toute sécurité
- 2 piscines
BARRER votre bateau et pratiquer la PLANCHE à voile
- 5 écoles de voile avec régates toute l'année
GALOPER et faire de belles promenades équestres
- 1 centre de location de chevaux
- concours hippique national en août
SMASHER
- 20 courts de tennis (dont 1 couvert)
- tournoi international en août et diverses compétitions de clubs
GOLFER
- golf public international de 18 trous (6230m. par 72)
PRATIQUER LA PECHE
- en mer (concours international en juin et national en septembre)
- en rivière et en étangs
VOUS ADONNER A VOTRE SPORT FAVORI
- judo - tir à l'arc - ping-pong - volley-ball (concours départemental)

☐ 4. Les jours

○ **un jour** or **une journée** day   (Similar pairs: **un soir, une soirée** evening; **un matin, une matinée** morning; **un an, une année** year.) **Un journal** originally meant 'daily' paper, but is now any newspaper or news bulletin

○ **les jours: lundi**, named from **la lune**, moon, as in English; **mardi; mercredi; jeudi; vendredi; samedi; dimanche** Sunday. **-di** is from an old word for day, also surviving in **midi**, midday. **L'après-midi** afternoon ← **après** after

○ **chaque** each, every: **chaque jeudi = tous les jeudis**

○○ 5. Quels jours?

If you stayed with these people, they'd be busy with sport some of the time. When? And what would they be doing?

5. le + days and times	
on Saturdays	le samedi
in the morning	le matin
at the weekend	le weekend
Days begin with a small letter.	

a.

Alors le --- je fais du sport.
On fait du ---, du ---,
du ---.

b.

> *Mes loisirs préférés sont la ---, le foot, les ordinateurs et le ---. Le foot, je le pratique à Avranches dans le club qui s'appelle l'USA, l'Union Sportive d'Avranches. L'entraînement a lieu tous les ---soir, et les matchs ont lieu le --- ou le ---, selon que l'on dispute des tournois ou des championnats.*

> **un ordinateur** computer
> **avoir lieu** to take place

□ 6. Loisirs . . . spectacles

Which four of these entertainments are on *every* weekend (Saturdays, Sundays, or both)?

a.
NOUVEAU
LE PALACE CLUB
est aussi ouvert **LE DIMANCHE SOIR**
COUTANCES, 104, rue Geoffroy de Montbray

b.
ERBRÉE
Le Libaret
Ce dimanche 25 à 21 h
DISCO-DANCE

c.
Ouvert tous les week-ends du vendredi soir au dimanche soir
"C'EST SUPER LE VER-CLUB"
entre copains et copines,
LE MOULIN DE VER

d.
LE JAOUEN
Ouvert tous les samedis et dimanches, à partir de 22 h, route de Rennes-Vannes

e.
Discothèque **LA TAVERNE**
SAINT-HILAIRE-DU-HARCOUËT
Ouvert tous les samedis à 22 heures

f.
AVRANCHES
salle polyvalente · 22 h.
SAMEDI 30 MARS
Grand BAL
Entrée : 30 F

g.
BRÉCEY
DIMANCHE 31 MARS, 15 h.
salle interjeunesse
disco
avec MUSIC-STORY
- Super ambiance -

[i] 7. Combien de temps?

o **le temps** time: **de temps en temps** from time to time; **quand j'ai du temps libre** when I've got some spare time; **un passe-temps** pastime ← **passer** to pass, spend

o **une fois** time in the sense of 'occasion': **une fois par semaine** once a week; **des fois** = **quelquefois** sometimes ← **quelque** some, as in **quelque chose** something; **quelqu'un** someone; **quelque part** somewhere

o **par**: **2 ou 3 heures par jour** 2 or 3 hours a day; **24 heures par semaine** ... a week; **deux fois par mois** ... a month

o *To learn*: **en général** = **généralement** usually
pendant during: **pendant les vacances** during the holidays
depuis for, since: **depuis un an** for the last year
à partir de from: **à partir de midi** starting at midday
jusqu'à until: **jusqu'à deux heures** until 2 o'clock
il y a ago: **j'ai commencé il y a deux ans** I started two years ago

8. Les moments de libre

How much time do these young people spend on sport?
Complete the French quotations in French, and the English summaries in English:

a.

Comme loisirs je fais de l'équitation - - - à Libourne, au club hippique.

b.

Comme - - -, je fais de la gymnastique au lycée. Je fais de la gymnastique - - -.

c.

Ahmed goes to Granville to play golf. He began - - - ago, but he says he's not much good:

Je ne suis pas - - -.

d.

Cyril plays football for two or three - - - a - - -. He plays from - - - until - - -. In the - - - he plays for fun.

---

8. Je fais du · · ·/J'aime le . . .

masculine: **le, du**
Je fais **du** sport.
J'aime regarder **le** sport.

Sports spelt the same as in English are masculine:
Je fais **du** golf et **du** tennis.

feminine: **la, de la**
Je fais **de la** boxe.
J'aime regarder **la** boxe.

before a vowel: **l', de l'**
Je fais **de l'**équitation.
J'aime regarder **l'**athlétisme.

The words in bold print can be left out in English but not in French:
Je fais **du** tennis – I play tennis.
J'aime regarder **la** gymnastique.
 – I like watching gymnastics.

≈ 9. Dossier: Mes sports

a.

Je fais du J'aime regarder le	canoë-kayak cricket cyclisme football hockey judo patinage *skating* rugby ski ski nautique *water skiing* sport tennis	chaque jour le soir le samedi matin le dimanche après-midi le weekend quelquefois de temps en temps une fois par mois deux fois par semaine très rarement	au collège à la piscine *pool* en mer *sea* en rivière au club au stade au centre sportif à la patinoire *rink* à la campagne au club hippique *riding club* à la montagne au bord de la mer à la maison au terrain de sports *sports ground* à la télé
Je fais de la J'aime regarder la	boxe danse gymnastique natation pêche lutte *wrestling*		
Je fais de l' J'aime regarder l'	alpinisme *climbing* équitation athlétisme		

b. Je suis membre d'une équipe
team

de cricket. de natation. d'athlétisme. de . . .

≈ 10. Interview

a. Quels sports est-ce que tu aimes?

b. Est-ce que tu es membre d'une équipe?

MODULE 2

B. LES PASSE-TEMPS

i 11. Des activités

- ○ **la musique**: j'écoute beaucoup de musique; j'écoute des hit parades
- ○ **la télé**: je regarde la télé
- ○ **aller** to go: **je vais à la piscine/en ville/en discothèque/au cinéma/au bal** dance
- ○ **lire** to read: **je lis des romans** novels, **des histoires d'aventures** adventure stories. **La lecture** reading
- ○ **le scoutisme: je fais du scoutisme** I'm a Scout/Guide; **une guide** Girl Guide. **Une réunion** meeting ↔ **se réunir** to meet

11. aller to go	
je **vais**	I go
on **va**	we go, one goes
On y **va**?	shall we go?
Allons!	let's go

On va au cinéma.

◌◌ 12. Que font-ils?

Listen to Valérie, Laurence and Sylvia talking about their interests, then complete the French transcript in French and the English summaries in English.

a.

Le weekend, quand j'ai du temps libre, je fais - - -, le matin. J'écoute beaucoup de - - -. Le soir je regarde quelquefois - - -.

Pendant les vacances je vais souvent - - - avec des copains et des copines.

b. Laurence likes reading – – – and watching – – –. Also:

Pendant le weekend, je fais du – – –. Il y a une – – – tous les samedis après-midi. Je fais aussi du – – –.

c. Sylvia has quite a bit of spare time, after school and on – – – and – – –.

Des fois, je vais en – – –. Je fais un – – – de tennis, mais je suis complètement nulle.

[i] 13. Des loisirs

○ **un centre d'intérêt** interest (◊ ê/es); ↔ **intéressant** (◊ -ant/-ing); **je m'intéresse à** · · · I'm interested in . . .

○ **dessiner** to draw; **un dessin** drawing → **dessin animé** cartoon film; **une bande dessinée** comic strip

○ **un film/roman** (novel) **d'espionnage/policier/de science-fiction**

○ **une pièce** has various meanings, eg **une pièce de monnaie** coin; **une pièce de théâtre** play

○ **la philatélie = collectionner des timbres** stamps; **un philatéliste** stamp collector, philatelist

○ **la météo = la météorologie** weather forecast

○ **les actualités** current events ↔ **actuellement** now

○ **on lit des récits** stories; **les petites annonces** small-ads; **un hebdomadaire** weekly magazine; **un quotidien** daily paper; **un titre** title; **une lettre** letter; **la poésie** poetry

○ **on regarde un feuilleton** serial, soap opera; **une série** series; **les informations** news; **un spectacle** show

○ **j'aime la cuisine** cooking; **la peinture** painting; **les mots croisés** crosswords ← **un mot** word

◊ esp-, ét-, éc-/sp-, st-, sc-	
l'espionnage	spying
l'Espagne	Spain
l'étoffe	stuff
l'Écosse	Scotland
étrange	strange
un état	state
les États-Unis	United States
Also:	
échanger	to exchange
éteindre	to extinguish
étonner	to astonish
les échecs	chess

13. lire to read	
j'aime **lire**	I like reading
je **lis**	I read
on **lit**	people read
Lisez	Read!
lisent	(they) read
j'ai **lu**	I have read
les livres les plus **lus**	the most widely read books

13. écrire to write	
j'**écris**	I write
écrit	written

□ 14. Qu'est-ce qu'on lit?

a. This is the page guide to a newspaper. Which pages should you turn to for:

tips on playing chess?	the weather forecast?
the serial story?	a crossword?
the news?	the small-ads?
letters to the editor?	details of shows on in town?

b. What is this magazine about?

c. How often does this magazine about car racing come out?

d. Who would be interested in 'Monde des Timbres'?

e. What is this magazine about?
How often does it come out?

a.

sommaire

BRIDGE (23) ■ CARNET DU JOUR (24) ■ COURSES (10) ■ ÉCHECS (23) ■ ÉCONOMIE (5, 6, 11 à 18) ■ ÉTRANGER (2, 3) ■ FEUILLETON (25) ■ INFORMATIONS GÉNÉRALES (8) ■ JOURNÉE (25) ■ LETTRES (23) ■ LOISIRS (21, 22, 23) ■ MÉTÉOROLOGIE (25) ■ MOTS CROISÉS (25) ■ NOTRE TEMPS (7) ■ PETITES ANNONCES (9, 20, 28) ■ POLITIQUE (3, 4) ■ RADIO-TÉLÉVISION (28, 29) ■ SOCIAL (6) ■ SPECTACLES (26, 27, 28) ■ SPORTS (19, 20).

d.

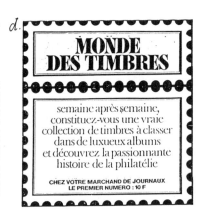

MONDE DES TIMBRES

semaine après semaine, constituez-vous une vraie collection de timbres à classer dans de luxueux albums et découvrez la passionnante histoire de la philatélie

CHEZ VOTRE MARCHAND DE JOURNAUX
LE PREMIER NUMERO : 10 F

b.

la pêche
et les poissons

... Le magazine des Pêcheurs en eau douce et en mer.

c.

sport·auto

Lisez chaque mois le premier magazine du Sport Automobile.

e.

Chaque semaine, des recettes variées, des idées originales, des conseils diététiques.

CUISINE

ou, comment faire facilement la cuisine d'aujourd'hui

Aujourd'hui sortie du numéro 3 : 6 F.

☐ 15. Lire

This extract is from a book about the French way of life.

a. How many French people read a local daily paper?
b. What is Paris-Match about, and how often does it appear?
c. Which are more popular in France, cartoon books or spy stories?

---

la presse

20 millions de Français environ lisent au moins un quotidien régional, 5 millions lisent au moins un quotidien national.

90 % des Français lisent au moins un périodique. C'est souvent un hebdomadaire d'actualité générale comme *Paris-Match*.

le livre

Les livres les plus lus sont, dans l'ordre : a) les romans, b) des récits historiques, des biographies, des mémoires, des souvenirs ou, à égalité, des romans policiers ou d'espionnage, c) des bandes dessinées (BD) ou de la science-fiction (SF).

---

[i] 16. Avec qui?

○ **la famille**: **un frère** brother; **une sœur** sister; **une tante** aunt; **les parents** parents or relatives

○ *Friends:* **un(e) ami(e)** close friend; **un copain/une copine** friend, mate; **un(e) camarade** classmate, workmate

○ **sortir**: **j'aime sortir le soir** I like going out in the evening; **je sors le chien** I take the dog out

○ **voir**: **je vais voir des amis** I go to see friends

○ **jouer**: **on joue au billard**; **un joueur** player ↔ **un jeu** game: **jeux de société** board games; **des jeux au micro-ordinateur** computer games (**un programme** computer program or radio/TV programme)

○ **s'amuser** to have fun: **je m'amuse avec mon frère** ↔ **amusant** amusing, funny (◊ **-ant**/-ing)

16. on
on often means 'we'. On the tape, speakers say: **on se réunit** – we meet   **on joue au billard** – we play billiards   **on s'amuse à . . .** – we have fun . . . ing

On joue au baby-foot avec des copains.

🎧 17. Avec qui?

Listen to some more extracts from the interviews, and fill in the
French transcript in French and the English summaries in English.

a.

*J'aime --- le soir.
Je vais souvent en ---,
au cinéma. voir
des ---.*

b.

*On se réunit, on joue
au ---, on joue à
des jeux et au
---.*

c.

*J'ai un ---.
Des fois, je ---
le chien.*

d.

*J'ai un petit ---.
Je m'amuse avec mon ---,
des jeux électroniques des
batailles spatiales. On fait des
jeux. On s'amuse aux jeux
de ---.*

e. Sylvia sometimes
goes --- in summer.
At other times she
invites her ---
round.

f.

Cyril plays --- for a
club in Avranches,
and on Sundays he
plays tennis with his
parents, his --- or
his ---.

☐ 18. Club de correspondance

These cuttings are from penpal columns of magazines. For each
person **a–f** on this page, find a suitable penpal from **1–6** on the
facing page. Say what they've got in common.

EXAMPLE:
a. **1** – reading and music.

a. Marie ████████████████, 48100 - Marvejols, s'intéresse à
la nature, au dessin, à la musique pop, à la photo et à toute poésie.
Quel(le)s sont les jeunes (15 à 20 ans) qui accepteraient de nouer
amitié avec elle ?

b. Serge ██████████████████████ 44000 - Nantes,
16 ans, lycéen, demande des correspondant(e)s de tous pays collec-
tionnant les timbres

c. BONS LIVRES. Isa-
belle, de Lille (59), aime
beaucoup la lecture, et souhaite échanger titres de
bons livres.

e. Francine, de Lorris
(45), recherche des pièces
de monnaie de tout pays,
pour compléter sa collec-
tion.

d. Laëtitia, d'Evrecy
(14), recherche documents
et photos concernant les
chevaux ou les poneys.

f. **● YANNIS** 93100.
Montreuil, passionné de voitures, cherche un autre passionné de voitures pour échanger des posters.

(The numbers in brackets are **département** numbers.)

chercher, rechercher to look for	
↻ -ant/-ing	
concern**ant**	
représent**ant**	
collectionn**ant**	

1. **Marieta** ████████████████████ (Roumanie), lycéen-ne, 17 ans, s'intéresse à la littérature, à la peinture et à la musique.

2. **Brigitte** ████████████████ - Angers, est sportive et philatéliste. Elle aimerait correspondre avec des Européens âgés de quelque 16 ans.

3. **Tshilombo** ████. 18 ans, ████████████████ ██. voudrait lier amitié avec des correspondant(e)s âgé(e)s de 15 à 25 ans. avec lesquel(le)s il pourrait échanger ses idées dans tout domaine politique. scientifique. commercial. économique... Tshilombo est un sportif ; il est grand amateur de romans policiers.

4. **VOITURES. Isabel-le, de Vineuil (41),** recher-che des images et des pos-ters représentant des voitu-res anciennes et récentes.

6. ● **GRÉGORY** 77410 Claye-Souilly, souhaiterait correspondre avec collectionneur de pièces de monnaie pour échanges.

5. **MONACO. Isabelle, de Fontaine-lès-Dijon (21),** cherche correspondante, 13 ans, habitant Monaco, ai-mant l'équitation.

CLUB de CORRESPONDANCE

≈ **19.** Dossier: Mes loisirs

Give details of any non-sporting hobbies.

a. J'aime lire.

Je lis	deux trois beaucoup de	livres magazines journaux	par semaine par mois
J'aime	les récits d'aventures les histoires d'amour *love* les romans policiers les romans historiques		la science-fiction les bandes dessinées la littérature la poésie

b. J'aime les animaux.

J'ai un grand petit	cheval poney canari lapin *rabbit* cochon d'Inde *guinea pig* chat chien hamster	blanc noir brun gris jaune roux *ginger*

19. I like ...ing	
I ... (Usually **-e**, sometimes **-s**)	*I like ...ing* (Usually **-er**, sometimes **-re** or **-ir**)
Examples: j'écoute je regarde je collectionne je joue	j'aime écout**er** j'aime regard**er** j'aime collectionn**er** j'aime jou**er**
Special *(irregular)*:	
read: je lis *go out:* je sors *go:* je vais *do:* je fais	j'aime lire j'aime sortir j'aime aller j'aime faire

c. J'aime la musique.

J'aime	la musique classique
	la musique pop
	le jazz
	le rock
	toutes sortes de musique

Je joue	du piano	de la trompette
	du violon	de la batterie *percussion*
	de la flûte	de la flûte à bec *recorder*
	du saxophone	de la clarinette
	de la guitare	du cor *French horn*

19c,e. jouer de/jouer à

Instruments:
Je joue **du** piano
    (← **le** piano, *masculine*)
Je joue **de la** flûte
    (← **la** flûte, *feminine*)

Games:
Je joue **au** babyfoot
    (← **le** babyfoot, *masculine*)
Je joue **aux** cartes
    (← **les** cartes, *plural*)

d. J'aime sortir.

Je vais	au café	au jardin public
	au club	au théâtre
	chez un ami	au bowling
	chez une amie	au zoo
	en ville	à l'église
	en discothèque	au cinéma

Je suis membre d'	un club
	une chorale *choir*
	un orchestre
	un groupe

e.

J'aime jouer	aux cartes
	aux jeux électroniques
	au babyfoot *bar football*
	aux fléchettes *darts*

J'aime faire	du bricolage *do-it-yourself, craft*
	du jardinage *gardening*
	des vêtements *clothes*
	de la photographie
	la cuisine
	des mots croisés
	de la peinture

J'aime collectionner	des photos de . . .
	des cartes postales
	des poupées régionales
	des timbres
	des autocollants *stickers*
	des pièces de monnaie
	des posters
	des autographes

≈ **20. Interview**

Parle-moi de ce qui t'intéresse. Par exemple,

a. Est-ce que tu aimes lire?
b. Est-ce que tu as un animal à la maison?
c. Qu'est-ce que tu aimes comme musique?
d. Où vas-tu quand tu sors?
e. Est-ce que tu as d'autres passe-temps?

MODULE 2

C. QU'EN PENSES-TU?

[i] 21. Des opinions

○ *approving:*

J'ai trouvé . . . très bien.	I thought . . . was very good.
Il y avait une bonne ambiance.	There was a good atmosphere.
Ça me plaît.	I like that.
J'aime beaucoup . . .	I like . . . very much.
J'aime surtout . . .	I especially like . . .
Bonne idée!	Good idea!
C'est intéressant.	It's interesting.

○ *disapproving:*

Il n'y a pas assez de . . .	There isn't enough . . . (assez de enough)
Les programmes sont assez pauvres.	The programmes are rather poor. (assez rather)
Pas tellement.	Not very much.
C'est moins intéressant.	It's not as interesting.
Ce n'est pas très bon.	It isn't very good.
Je n'étais pas d'accord.	I didn't agree.
Il y a très peu de . . .	There are very few . . .
Il y a trop de . . .	There's too much . . .
Je n'aime pas . . .	I don't like . . .
Ça ne m'intéresse pas.	I'm not interested in that.

○ *giving your opinion:*

Je trouve que . . . ⎤	
Je pense que . . . ⎬	I think that . . .
Je crois que . . . ⎦	
Mes loisirs préférés sont . . .	My favourite hobbies are . . .
À chacun son goût!	Everyone to his own taste.

22. Qu'en pensent-ils?

Listen to the teenagers on tape, then complete the French transcript in French and the English summaries in English.

a. Cyril used to go to a special football school near Avranches. He was there for – – –.

J'ai trouvé cette école – – –. Il y avait une très bonne – – – .

un pensionnaire boarder

b. Frédéric's favourite hobby is helping his father look after their – – –. Saturday nights he goes – – –, but he also helps at home because – – –.

ensemble together
parce que because

c. Valérie aime regarder 'Dallas'.
Ses copains ne sont pas d'accord.
Elle dit:

À chacun son goût
J'--- 'Dallas'.

à la mode = moderne

d. But Astrid isn't satisfied with French TV because there isn't ---.

Des fois, souvent
je --- Je regarde
beaucoup ---.
J'écoute beaucoup
de ---.

e. The only books Isabelle enjoys reading are ---.

Je lis, mais pas ---.

obligé forced

□ 23. Des livres

a. How are the books in the series 'Des livres dont vous êtes les héros' different from ordinary books?

b. The 'Haute tension' collection has two series. Which would you personally prefer to read? Why?

LIVRES
"DES LIVRES DONT VOUS ÊTES LES HÉROS"
Si vous aimez beaucoup jouer, et pas tellement lire, voici des livres écrits sur mesure pour vous : des livres-jeux ! Armé de deux dés, un crayon et une gomme, vous allez traverser mille dangers.

LIVRES
«Haute tension», c'est une nouvelle collection de romans écrits spécialement pour les adolescents. Deux séries : une pour le cœur, la série «Sweet dreams» avec des romans sentimentaux, et l'autre pour la peur, la série «Spectres» avec des romans de science-fiction.

un dé dice
un crayon pencil
une gomme rubber
le cœur heart
la peur fear
sur mesure pour vous especially for you

i 24. La telé et la radio

○ *Lookalikes:* **un programme de variétés; un documentaire; une comédie; une comédie musicale; un concert; la musique pop; le rock; un film d'aventures; la publicité** advertisements; **des agents secrets**

○ **les nouvelles = les informations = le journal** news

○ **une émission = un programme**

○ **une chaîne; la première chaîne, la deuxième chaîne** Channel 1, Channel 2

○ **chanter** to sing → **un chanteur** singer; **une chanson** song

○ **une histoire = un conte** story: **une histoire d'amour; un conte de fées** fairy story

25. La télévision française

Mlle Blouin is talking about her TV viewing when she was a child. Listen to the recording all through first, then divided into parts **a–d**. Complete the English summary.

a. She was only allowed to watch TV twice a week because her parents thought it wasn't – – – for children.
b. At the time, she didn't – – –, but now she thinks it's a – – –.
c. She says the French TV is not nearly as – – – as English TV.
d. The – – – programmes are rather poor, and there are very few interesting – – –.

> **j'avais le droit** I was allowed
> **à l'époque** at the time
> **maintenant** now
> **de toute façon** anyway
> **par rapport** compared

26. La radio française

Xavier is talking about listening to the radio. Listen to the recording all through first, then again to parts **a–d**. Complete the English summary.

a. He has heard that in England, Radio 1 only broadcasts – – – and – – –.
b. Most French radio stations have too much – – – and too many cultural programmes.
c. So young people prefer local radio, because it broadcasts – – – nearly 24 hours a day, and – – – only once a day.
d. Xavier thinks that music is – – –.

> **passer** to play records
> **que** only
> **plutôt** sooner, rather ← **tôt**
> **je me couche** I go to bed

27. Quelles émissions?

Look at this extract from the magazine 'Télé 7 jours'. Then listen to Xavier, who is talking about what is on Channel 1 and Channel 2 today, Saturday. Note down the times of the programmes that he likes.

28. À la télé

But you may want to watch something different from Régis. Which programme might you choose if you wanted to see . . .

a. a cartoon? **d.** the local news?

b. a quiz game? **e.** the big fight?

c. a serial? **f.** some singing?

8.00 BONJOUR LA FRANCE

13.00 LE JOURNAL

13.35 TÉLÉ-FOOT
COUPES EUROPÉENNES

16.00 DESSIN ANIMÉ

17.30 LES ANIMAUX DU MONDE

18.35 AUTO-MOTO 1
LE SAFARI RALLYE
(Formule 3, voitures de production et coupe de l'avenir)
MOTO

22.05 LES ENFANTS DU ROCK
JULIEN CLERC
Cette émission-portrait a été tournée à Londres.

MUSICALIFORNIA
Une émission qui se déroule sur le campus de Los Angeles.

12.00 LA PORTEUSE DE PAIN
Feuilleton en treize épisodes

16.35 STARTREK
Série américaine

17.25 LA CHANCE AUX CHANSONS
Rentrée à la télévision de **Marcel Amont**, qui chante ses succès et évoque ses trente ans de carrière.

19.15 ACTUALITÉS RÉGIONALES

20.05 LES JEUX DE 20 HEURES

22.40 SPORT
Volley ball : les États-Unis en France. ! **Cyclisme** : Paris-Roubaix. **Tennis** : le tournoi de Nice. **Basket** : le championnat. **Boxe** : avant le match de l'année entre Marvin Hagler et Thomas Hearns.

$\boxed{i}$ 29. Comment est le film?

◊ **-ique**/ic: **romantique, fantastique**

◊ **-eux**/ous: **mystérieux, merveilleux**

◊ **-aire**/-ary: **extraordinaire, contraire**

○ **drôle** funny; **beau** beautiful; **formidable** great

⌒⌒ 30. Au ciné

Listen to Valérie talking about going to the cinema. What three sorts of films does she say she likes?

□ 31. Films de la semaine

films de la semaine

1. **BOY MEETS GIRL.**
Une histoire d'amour mystérieuse et romantique rythmée par le rock.

2. **LA FORET D'EMERAUDE. The Emerald Forest.**
1985. 1h55. Film d'aventures américain
Un ingénieur retrouve son fils enlevé dix ans plus tôt par une tribu indienne dans la forêt amazonienne.

3. **GREYSTOKE LA LEGENDE DE TARZAN.**
Une adaptation fidèle du roman « Tarzan of the Apes »

4. **J'AI RENCONTRE LE PERE NOEL.**
Comédie musicale
Les mille et une aventures extraordinaires d'un garçon de 7 ans qui part dans le Grand Nord avec sa petite copine pour voir le père Noel et lui demander son cadeau : retrouver ses parents disparus en Afrique. Un merveilleux conte de fées

5. □ **MARATHON MAN.** 1976. 2h05. Film policier en couleurs
Un jeune étudiant est entraîné dans l'univers angoissant et terrifiant de l'espionnage. Un formidable thriller

6. **NEMO.**
Les aventures fantastiques et extraordinaires d'un petit garçon,

7. **SAUVAGE ET BEAU.** 1984. 1h30. Film à grand spectacle
Frédéric Rossif et son équipe sont allés aux quatre coins du monde, dans des lieux aussi différents que le Canada, l'Afrique, l'Argentine, pour surprendre des animaux. Un très beau film-document sur la création du monde,

According to these reviews,

a. which film is a screen version of a novel?
b. which film is beautiful?
c. which is a spy film?
d. which is a fairy story?
e. which is a love story?
f. which shows extraordinary adventures?
g. which *two* are about searches for missing relatives?

Which would you see if you had to choose? Why?

≈ **32.** Dossier: Mes programmes préférés

a. À la télé, j'aime les

b. À la radio, j'aime les

c. Au cinéma, j'aime les

sports	discussions	pièces de théâtre
westerns	dessins animés	comédies musicales
comédies	actualités	films d'espionnage
jeux	actualités régionales	films d'amour
concerts	programmes de disques	films d'épouvante
séries	programmes sur les	*horror*
variétés	animaux	films de gangsters
reportages	programmes de	films de guerre
feuilletons	science-fiction	films d'aventures
	programmes pour	documentaires
	les jeunes	

≈ **33.** Interview

a. Qu'est-ce que tu aimes comme programmes de télévision?
b. Qu'est-ce que tu écoutes à la radio?
c. Quelles sortes de films est-ce qu tu aimes?

≈ **34.** Dossier: Nos préférences

Discuss your favourite sport, programme and hobby with
someone whose opinions you don't yet know. Find out if you agree.

Quel est ton | sport / programme / passe-temps | préféré? Pourquoi?

Mon | sport / programme / passe-temps | préféré est | le ... / la ... / l'... / "..." | parce que c'est | chouette / sensass / extra / super } *great* / amusant / marrant / rigolo / drôle } *funny* | agréable *nice* / étonnant *amazing* / excellent / important / impressionnant / intéressant / très bon

Oui, | je suis d'accord avec toi. / moi aussi je trouve que c'est ....

Moi, je trouve que c'est | affreux *awful* / bête *stupid* / mauvais / ridicule / débile *crazy* | bizarre *peculiar* / ennuyeux *boring* / épouvantable *dreadful* / moche *rubbish*

À chacun son goût!

MODULE 2

D. ON Y VA?

[i] 35. Rendez-vous

○ **proposer:**
On va . . .: Où on va aller? Where shall we go? **on va aller à la foire/à l'exposition** we're going to the fair/exhibition.
On y va? Shall we go?

○ **Qu'est-ce que . . .?** What . . .? **Qu'est-ce que vous irez voir?** What will you go and see? **Qu'est-ce qu'il y a d'autre?** What else is there? **Qu'est-ce qu'on pourrait faire?** What could we do?

○ **inviter:**
veux want: **Tu veux venir?** Do you want to come? **je veux bien** I'd like to

○ **refuser:**
je ne suis pas d'accord I don't agree; **j'ai vu trop de . . .** I've seen too much/too many . . .; **j'ai horreur de = je déteste;**
pas du tout no way; **je ne peux pas** I can't; **je ne suis pas libre** I'm not free

○ **accepter:**
D'accord OK; **j'adore . . .; ça ne serait pas mal** that wouldn't be bad; **ça devrait faire plaisir à tout le monde** that should please everyone; **ça m'est égal** I don't mind

35. **-rait** would, should, could
Mon mari voud**rait** bien aller au théâtre, **would** like
Mon fils aime**rait** beaucoup ça, **would** like
Je pensais peut-être qu'on i**rait** au théâtre, we **would** go
Ça ne se**rait** pas mal, **would**n't be bad
Ça dev**rait** faire plaisir, **should** please
Qu'est-ce qu'on pour**rait** faire?, **could** we do?

Qu'est-ce qu'on pourrait faire?

□ 36. Où aller ce weekend?

While staying in Normandy, you hear of these forthcoming events in local towns:

a. a motorcycling competition
b. singing to piano accompaniment
c. a fair and exhibition with sideshows
d. an exhibition of children's drawings
e. a concert
f. a play

So you check this newspaper article for the details. Which town would you go to for each event?

---

où aller ce week-end ?

■ **A Saint-Lô,** au théâtre municipal, le mardi 16 avril à 20 h 45, la compagnie Sganarelle jouera le Cid de Corneille. Message émouvant qui nous parvient du 17e siècle, acteurs de grand talent.

■ **A Caen,** au Midi-Cafétéria Théâtre municipal, les 11, 12 et 13, Doudou jouera du piano, tandis que Murielle Bodin chantera.

■ **A Cerisy-la-Salle,** où les enfants sont des artistes. Près de 800 dessins et poésies provenant du CES et de toutes les écoles primaires du canton seront exposés dans l'enceinte du collège les 13, 14 et 21 avril.

■ **A Sourdeval,** le 14 avril, se déroulera une compétition d'endurance moto.

■ **A Villedieu,** les 13, 14 et 15 avril, se tiendra la grande foire-exposition sur une surface de 2.500 m2. Animation et spectacles en continu. Prix d'entrée : 10 F.

■ **A Carentan,** en l'église Notre Dame le 13 à 21 h, sera donné le concert d'ouverture du "Printemps Musical de Carentan".

◌◌ 37. Où on va aller?

Two friends, colleagues in the same school in Normandy, are hoping to go out together at the weekend, with their families. They are discussing the same list of events. Listen to their conversation all through first, then divided into parts a–f.

Which event do they decide to go to?

If possible, say what objections they raise to the other events.

> **Tiens!** Look!
> **se détendre** to relax
> **un bruit** noise

≈ 38. Si on sortait?

Work with a partner. One of you is person A, the other is B. Take turns saying something from each box until you reach an acceptable arrangement for going somewhere together. (You'll have to listen to each other carefully.)

A1

> Où on va aller ce weekend?
> Qu'est-ce qu'on pourrait faire?

B1

> Si on allait au cinéma?
> au club?
> à la piscine?
> au ballet?
> en disco?

Il y a un match de football. une exposition. un concert. une boum chez Marie. *party* un bon film.	On y va?

On va à la campagne. à la plage. à la pêche. en ville. au théâtre.	Tu veux venir?

38. How about ...?

Si on ...ait? How about ...ing?

Si on allait au cinéma?
How about going to the cinema?

Si on se rencontrait chez toi?
How about meeting at your house?

Si on regardait la télé?
How about watching TV?

A2

Je ne sais pas. Ça m'est égal. Je regrette, mais je ne peux pas. *can't* Je ne suis pas libre. Non, pas du tout. Non, j'ai horreur de ça.	Qu'est-ce qu'il y a d'autre? Qu'est-ce qu'il y a dimanche? (*back to B1*)
Oui, je veux bien. D'accord. Bonne idée! Oui, j'adore ça.	Rendez-vous où? *where shall we meet?* (*on to B2*)

B2

> Si on se rencontrait ...

dans une heure ce soir demain matin samedi après-midi dimanche soir	devant le cinéma? devant la Maison des Jeunes? devant la piscine? devant l'opéra? devant le stade? devant la discothèque? au café? au club? au bord de la mer? à la gare? à la rivière? à l'arrêt d'autobus? chez moi? chez Marie? chez toi?

A3

Non, si on se rencontrait ... (*back to B2*)
D'accord. Au revoir – à bientôt! à demain! à ce soir! à samedi! à dimanche!

MODULE 2

E. À TON STYLO!

39. À la télé et à la radio

Your French penfriend, who loves TV and radio, is coming to stay soon. Choose ten programmes – some of your favourites and also some which are best avoided – and prepare a list like this:

> Revision: Sections 21, 29, 32, 34

JOUR	PROGRAMME	MON OPINION
mercredi	Sportsnight	C'est très intéressant. J'aime regarder le foot.
jeudi	Top of the Pops	C'est bête mais c'est amusant

40. Un rendez-vous

You're planning an outing, and would like to include a French boy who is staying locally. He's out when you call to invite him, so you leave a note in French.

> Revision: Section 38

a. Say where you're going
b. Invite him along
c. Suggest when and where to meet

41. Chère Danielle

Your penfriend Danielle's last letter asked you what sport and music you enjoy, and what other interests you have.

Write a letter back, answering her three questions. Also ask her what sports she plays, what TV programmes she likes, and what her favourite hobby is.

> How to write letters: p. 13.
>
> Revision: Sections 9, 19 and 34 to write about yourself; Sections 10, 33 and 34 to ask Danielle about herself.

MODULE 3 ON VA EN VILLE

A. MA VILLE

i 1. Décrire une ville

- **la ville est . . .***
  grande; **petite**; **vieille** old; **historique**; **moderne**; **calme**;
  belle beautiful; **pittoresque** picturesque, quaint;
  jolie [!] pretty; **épouvantable** frightful; **riche**; **entourée de** . . .
  surrounded by . . . (← **un tour** a round trip); **touristique**

- **la ville se situe. . . = la ville est située** . . .
  sur la côte on the coast; **à la campagne** in the country;
  à 200 mètres de la mer 200m from the sea; **entre** in between;
  sur une colline on a hill

- **c'est** . . .
  une cité (◊ -té/ty); **une station de tourisme** [!] tourist resort;
  un beau site a beautiful spot

- **en ville: des industries**; **des monuments** [!] important
  buildings; **le musée** museum; **la cathédrale**; **le château**
  castle; **la basilique** church, basilica; **une abbaye** abbey;
  les remparts walls, ramparts

- **les distractions** amusements: **un club de voile** sailing club;
  la plage beach; **un port de plaisance** yacht harbour;
  le sable sand; **le tour de** . . . tour round . . .

- **les habitants** ← **habiter** to live: **il y a environ** . . . **mille
  habitants** there are about . . . thousand inhabitants

□ 2. Saint-Malo

Look at this leaflet about St-Malo in Brittany, and make a list of
things to see or do there. Try to find about six.

construit built ↔ constructed
un siècle century

Saint Malo

Centre touristique moderne et Cité historique

*Cité d'histoire, Saint-Malo est devenue une station de tourisme
moderne dans l'un des sites les plus beaux du monde.*

Le tour des remparts : merveilleux panorama.

La visite de la vieille ville

Le Musée de la ville au château : L'histoire d'une cité de la
mer (ouvert toute l'année).

La cathédrale Saint-Vincent : Construite du XIᵉ au XXᵉ siècle.

Ports de plaisance

Ecoles de voile et sports de mer

Plages : 10 km de plages de sable fin.

∞ 3. Je viens de Saint-Malo

Mlle Blouin spent her childhood at Saint-Malo. Below are *parts* of what she said to the interviewer; fill in the missing words and phrases in French.

a.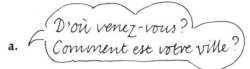

D'où venez-vous?
Comment est votre ville?

Je viens de Saint-Malo; c'est une ville très très – – –. C'est aussi une ville très très – – –, dû à son passé assez riche et aussi à une – – – très pittoresque de très très belles plages de – – – blond, très fin.

b. *Quelles distractions y a-t-il?*

Il y a énormément de – – – pour jeunes. Effectivement, la – – – est une attraction très grande en été.
En hiver, c'est beaucoup plus mort, beaucoup plus – – –.

c. *C'est quelle sorte de ville?*

Ce n'est pas une très – – – ville;
il y a environ 50 mille – – –,
et il n'y a pas tellement d'– – –

d. *Que pensez-vous de votre ville?*

J'aime beaucoup ma ville.
C'était très joli dans la – – – mais aussi à 200 mètres de la – – –.

3. venir to come
je **viens** de I come from
D'où **viens**-tu?   } Where do
D'où **venez**-vous? } you come from?
Special meaning:
Je **viens** d'arriver
I'**ve just** arrived

Look alike, sound different:
remparts; le nord; la jonction; riche; fin fine; **une attraction; tourisme; industries; mètres**

[i] 4. Au bord de la mer

○ *Guessable:* **la baie** bay; **monter** to rise, go up (↔ to mount; **un mont** a mount; **une montagne** mountain); **dangereux, dangereuse** dangerous; **rocheux** rocky ← **un rocher** rock

○ **la marée** tide: **la mer haute** high tide; **la mer basse** low tide

○ ◊ -ant/-ing: **mouvant** moving; **fatiguant** tiring ← **fatigué** tired

○ ◊ î/is: **une île** isle, island → **un îlot** islet, little island

ATTENTION

LA BAIE EST DANGEREUSE
VOUS ATTARDEZ PAS
LE RIVAGE
APRÈS
MER BASSE

∽ 5. Je commence par la baie . . .

Mlle Blouin is now talking about the Mont-St-Michel. Listen to her description all through, and then divided into parts **a–d**. Her first few words are difficult to catch, so here they are: **Alors, le Mont-St-Michel, bon ben, c'est une autre attraction . . . à cause de la baie.**

a. What's so special about the tides in the Baie du Mont-Saint-Michel?
b. Why have a lot of people died in the bay?
c. What is on the Mont-St-Michel?
d. Why is there a problem at the Mont-St-Michel in summer?

> *Look alike, sound different:*
> **une attraction**; **important**; **au galop** at the gallop; **rapide**; **splendide**; **le problème**; **principal** principal, main; **l'invasion**
>
> *Guessable:* **commencer** to begin ↔ commence
> **à cause de** because of
> **la vitesse** speed ← **vite** fast
> **mort** dead ↔ mortuary
> **des centaines** hundreds ← **cent**
> **tout autour** all around ← **tour**
> **briller** to shine ↔ brilliant
>
> *To learn:* **une marche** step
> **se promener** to go for a walk

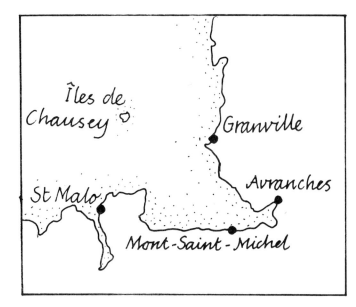

□ 6. Le Mont-Saint-Michel

Read this page from a brochure, then answer the questions as
fully as you can. (You may be able to add extra details from what
you heard on the tape.)

Une des principales curiosités monumentales et pittoresques de la
France, le Mont Saint-Michel se dresse au fond d'une baie comprise
entre Cancale et Granville. Cet îlot rocheux de près d'un kilomètre de
circonférence s'élève à 78 mètres

L'unique rue de la ville monte au flanc de la colline, depuis l'entrée
fortifiée de l'enceinte, jusqu'à la porte de l'abbaye.

a. Whereabouts in France is the Mont-St-Michel?
b. What is it?
c. What is there to see there?

≈ 7. Dossier: Ma ville

Give details about the nearest town to your home.

a. Je viens de . . .

b. C'est une

grande petite vieille jolie belle	ville cité	touristique pittoresque calme historique moderne célèbre active importante industrielle laide *ugly* commerciale intéressante	située sur la côte sur la rivière dans la campagne sur une colline entre . . . et . . .

7b. position of adjectives

C'est une **grande** ville **active**.

Notice that **grand, petit, vieux, joli, beau** come *before* the noun they describe (here **ville**) as in English, but most other adjectives (describing words) come *after* the noun.

c.

Il y a *There are* Il n'y a pas *There aren't*	beaucoup de distractions d'industries de monuments historiques de bâtiments importants *buildings* d'églises *churches* de magasins *shops*

7c. beaucoup

beaucoup is followed by **de** (**d'** before a vowel or h).

d. Il y a

un château une cathédrale un musée un parc un stade un hôtel de ville *town hall* un port	une piscine un zoo un théâtre une bibliothèque *library* un aéroport un marché une université

≈ 8. Interview

a. D'où viens-tu?
b. C'est quelle sorte de ville?
c. Est-ce qu'il y a beaucoup à faire ou à voir?
d. Qu'est-ce qu'il y a comme bâtiments importants?

MODULE 3

B. QUE VOIR ET QUE FAIRE?

[i] 9. Horaires d'ouverture

- ○ **un horaire** timetable ← **heure** hour, time. The 24-hour clock is used for all official times

- ○ **ouvrir** to open → **ouvert(e)** open: **ouvert en août** open in August; **l'ouverture** opening ↔ 'overture', opening movement of a musical work; **la réouverture** re-opening (↻ **ré-/re-**). **À quelle heure ouvre le/la . . .?** What time does the . . . open? Opposite: **fermer** to close → **fermé(e)** closed; **la fermeture** closure

- ○ **à partir de** from: **à partir de 10 francs**; **à partir de 22 heures**

- ○ **jusqu'à** until, as far as: **jusqu'à l'aube** till dawn; **jusqu'au carrefour** as far as the crossroads

- ○ **sauf** except: **tous les jours sauf le mardi** every day except Tuesday. Opposite: **même**: **même le dimanche** even Sundays. **Même** also means 'itself' (or 'myself, yourself', etc): **sur la place même** on the square itself

- ○ **un lieu** place; **des lieux** places: **le marché a lieu le mercredi matin** the market takes place . . .; **au lieu de** in place of, instead of: **à 15 heures au lieu de 14 heures**

- ○ **une fête** = **un jour férié** holiday; **la veille de fête** day before a holiday; **la fête nationale** the national holiday, July 14

☐ 10. Pariscope

These advertisements for places to eat, drink and dance in Paris appeared in August, when many businesses have their **fermeture annuelle**. Match these descriptions to the places:

a. A show staying open all summer – but closed on Mondays.
b. Tea rooms, open all year round until 10.30 pm – but closed on Tuesdays.
c. A restaurant normally open every day except Sunday – but closed during August.
d. A restaurant normally open every day until 11 pm – but it's closed for repairs.
e. A fish restaurant, just re-opened, which will welcome you any day until 1 am.
f. A disco open five days a week – but not until 10.30 pm.

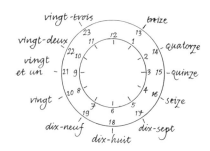

g. A restaurant open until 2 am, even Sundays – but not at lunch time.
h. A club open until 2 am – but not on Sundays or holidays.
i. A disco where you can dance till dawn, and ladies get in free – but not **on nights preceding** holidays.

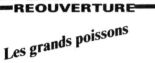

REOUVERTURE

Les grands poissons

CHARLOT 1ᵉʳ
T.L.J. - 522.47.08
Accueil jusqu'à 1 h du matin

BILITYS CLUB
de 15h à 2h du matin
T.l.j. sauf dim. et fêtes
705.87.32

une semaine de paris
pariscope

La plus belle discothèque du monde

EST OUVERT
LE
MERCREDI, JEUDI
VENDREDI, SAMEDI
DIMANCHE
A PARTIR DE 22 H 30

THEATRE LE PALACE
8, rue du Faubourg Montmartre 75009 Paris

AU PETIT RICHE, 25, rue Le Peletier, 770.68.68 et 86.50. F. Dim. Sce jsq 0h15. Etonnant menu à 105 F s.c. **Fermé jusqu'au 1ᵉʳ sept.**

RUC L'UNIVERS

toute l'année
«Salon de Thé»

ouvert
en août

Service continu de midi à 22h30
Fermé le mardi

MINISTERES (LES), 30, rue du Bac, 261.22.37. Tlj. Sce jsq. 23h. Dîner aux chandelles dans un décor 1900. **Fermeture pour travaux.**

Cuisine traditionnelle
Fermé à midi
325.00.53
LA CANNELLE
MENU - CARTE 115 F s.c.
22 sélections au choix
Tous les jours même dimanche jusq. 2h
53, quai des Grands-Augustins (6ᵉ)

TOUS LES SOIRS A 21 H (sauf lundi)
DINER-SPECTACLE 198 F vin et s.n.c.

Folies Folles
à Montmartre

OUVERT TOUT L'ETE

LA SCALA
188 bis, rue de Rivoli
(Mᵒ Palais-Royal)
261.64.00 - 260.45.64
Oscar de la discothèque - Vidéo géante et spectacle laser unique au monde
Tous les soirs de 22h30 à l'aube
GRATUIT POUR LES DAMES TOUS LES SOIRS
sauf le vendredi (50 F), le samedi 80 F et les veilles de fêtes

---

10. tout all, every

tout l'été all summer
toute l'année all year
tous les soirs every evening
toutes les soirées every evening

tout → toute before a feminine singular noun, **tous** before a masculine plural noun, and **toutes** before a feminine plural noun.

Attention!
une **vieille** fête
an **old** festival
une **veille** de fête
the **day before** a festival

---

tlj = tous les jours
dim. = dimanche
jusq., **jsq** = jusqu'à
f. = fermé
Names of days are on page 50.

[i] 11. Au Syndicat d'Initiative

○ **le Syndicat d'Initiative = le S.I. = l'office de tourisme** a free local information service in every French town

○ **Des questions à poser au Syndicat:**
Qu'est-ce qu'il y a . . .? What is there . . .? **Qu'est-ce qu'il y a à voir/d'intéressant?** What is there to see/of interest?

Est-ce que vous avez . . .? Have you got . . .? **Est-ce que vous avez un plan de la ville/une liste des hôtels?** have you got a street plan/a list of the hotels?

Est-ce qu'il y a . . .? Is there . . .? **Est-ce qu'il y a un marché/une auberge de jeunesse?** Is there a market/a youth hostel?

○ **Des réponses:**
d'accord all right; **bien sûr** of course; **voilà** here you are

○ **En ville:**
une place town square. Has other meanings: **je voudrais deux places** I'd like two seats; **sur place** on the spot
un hôtel hotel, but **un hôtel de ville** [!] town hall
une bibliothèque library, but **une librairie** [!] bookshop

◉◉ 12. Qu'est-ce qu'il y a à voir?

Écoute un touriste qui parle à l'employée du Syndicat d'Initiative d'Arras, une ville célèbre pour l'architecture de ses deux Places, et pour sa porcelaine et ses tapisseries médiévales.

Écoute toute la conversation d'abord, puis la même conversation divisée en **a–f**. Complète avec des mots ou des phrases des sections **9** et **11**.

12. **il, elle** it
un musée: **il** est ouvert (**musée** is *masculine*)
une auberge de jeunesse: **elle** est ouverte (**auberge** is *feminine*)

a. – Madame, je viens juste d'arriver à Arras.
– – – à voir ici d'intéressant?
– Oui, alors vous avez tout d'abord l'– – – à visiter, ainsi que les Places. Ensuite, bon, vous avez aussi la visite du – – –.

b. – Le musée, c'est quelle sorte de musée?
– Alors, c'est un musée de tapisserie et de porcelaine que vous avez ici.
– Il est – – – tous les jours?
– Il est ouvert tous les jours – – – le mardi.

c. – Ah oui, et il y a une – – – à midi?
– Oui, c'est ça, oui, il est ouvert de 10 h à 12 h et de 14 h à 17 h.
– D'accord. Et le dimanche?
– Le dimanche, pareil, sauf 15 h au – – – de 14 h.

d. – Ah, d'accord. Et – – – un marché?
– Oui, le marché a lieu le mercredi matin et le samedi matin, sur les Places.

e. – Et – – – un plan de la ville?
– Oui, bien sûr, monsieur.

f. – – – une auberge de jeunesse?
– Oui, elle se trouve sur la Grande Place.
– Sur la place même?
– Oui, alors elle est ouverte de 7 h à 10 h et de 17 h à 22 h – – –.
– D'accord. Merci.

☐ **13.** Une visite à Arras

Read this brochure about Arras.

Une visite à Arras

Toute visite d'ARRAS commencera, bien sûr, par les places, l'hôtel de ville et le circuit qui conduit à travers les caves et souterrains de la place des Héros. On continuera par l'abbaye Saint-Vaast, dans laquelle se trouvent le musée et la bibliothèque municipale.

Le musée

Le musée d'ARRAS est le plus important du département. Au rez-de-chaussée s'organisent les salles de sculptures médiévales :

Le musée possède également une importante collection de porcelaines de Tournai du XVIIIe siècle et un bel ensemble de porcelaines d'ARRAS, ainsi que quelques tapisseries

<u>Horaires d'ouverture :</u>
Tous les jours sauf le mardi, de 10 h à 12 h et de 14 h à 17 h (de 15 h à 17 h le dimanche).

a. What's the abbey used for now?

b. What's in the museum besides porcelain and tapestries?

c. Is the museum open every day?

d. When does it close in the evening?

$\boxed{i}$ 14. À faire en ville

○ **Que faire?**
vous pouvez you can ⎫ ⎧**aller** ... go
je vais I'm going to ⎬ ⎨**voir** ... see
j'aime I like ⎬ ⎨**regarder** ...
on peut people can ⎭ ⎩**visiter** ...

○ **Que voir?**
on peut aller: au cinéma; au théâtre; en discothèque;
à la patinoire skating rink; **au centre sportif**
on peut regarder: les monuments; les illuminations lights
on peut visiter: l'église; la cathédrale

○ **Où ça?**
à côté next door; **au centre-ville** in the town centre;
en face opposite; **là** there → **là-bas** over there; **loin** far;
plein centre = **tout à fait au centre** right in the middle;
quelque part somewhere

◯◯ 15. Je viens juste d'arriver

Maintenant, notre touriste est au Syndicat d'Initiative de Metz.
Écoute toute sa conversation d'abord, puis la même conversation
divisée en **a–d**.

a. Complète les questions du touriste en français, avec des mots de
la section 11.
Est-ce que vous avez une ––– des hôtels?
Qu'est-ce que je vais ––– à Metz?
Qu'est-ce qu'il y a d'–––?

b. Note down, in French or English, anything the **employée** said
there is to see or do in Metz. (She mentioned seven possibilities.)

c. C'est où? Complète en français avec des mots ou des phrases de
la section **14**.
— Je vois que ––– il y a une église.
— Oui, –––, là, c'est la cathédrale.
— Est-ce qu'il y a des centres sportifs –––?
— Beaucoup, mais tout dépend du sport que vous voulez faire. Il
y a énormément de clubs; on a un grand complexe Palais des
Sports où énormément de choses sont organisées.
— C'est au –––?
— Ce n'est pas –––, mais ce n'est pas non plus très ––– du
centre. Il y a une patinoire aussi, –––
— Ah bon!

d. Complète les heures d'ouverture de la patinoire.

> (◐ **-aine**/about ...)
> **une quinzaine** about 15
>
> **une salle** auditorium
> **un choix** choice ← **choisir** to
> choose

PATINOIRE

HEURES D'OUVERTURE

le matin	de 9h30 à –––
l'après-midi	de ––– à –––
le soir	de ––– à 23h

[i] 16. Passé; présent; futur

○ The following clue words indicate whether events happened in the *past*, happen *regularly now*, or will happen in the *future*:

Past: **dernier** last; **hier** yesterday; **était, étaient** (sound the same) was, were; **récemment** recently

Regularly, now: **actuellement** at present; **tous les...s = chaque ...** every...; **d'habitude** usually

Future: **prochain** next; **ce...** this; **demain** tomorrow; **dans quelques instants** in a few moments; **bientôt** soon; **sera** will be; **aura lieu** will take place

[i] 17. Où aller?

○ **des lieux: la mairie** town hall ← **le maire** mayor; **un tabac** tobacconist's; **un bar à café** coffee bar; **une banque** bank; **un bureau** office; **le métro** underground railway

○ **des événements** events: **un loto** bingo session; **une exposition (d'aquarelles)** (water-colour) exhibition; **un concert**; **une chorale** choir; **une fanfare** brass band; **un bal** dance; **une randonnée** hike, walk; **un défilé** procession; **un spectacle** show; **un feu d'artifice** firework display; **une classe de neige** ski class; **une sortie d'observation des oiseaux** bird-watching expedition

What's on in Russy?

☐ 18. Faits divers

These newspaper cuttings report *two* local events which have already happened, *three* which still happen regularly, and *five* planned for the future. For each cutting, decide

○ whether it refers to a past, present or future event
○ what word or words tell you so
○ very briefly, what it is about

EXAMPLE: **j.** future; demain; loan of skiing equipment

Guessable: **avec plaisir** with pleasure; **rappeler** to remind, recall ← **appeler**, to call

To learn: **faits divers** news items; **meilleurs vœux** best wishes; **souhaiter** to wish; **un prêt** loan ← **prêter** to lend; **emprunter** to borrow

[!] **assister** to be present

FAITS DIVERS

a. La vie locale

Nous apprenons avec plaisir le prochain mariage de M. Gérard Bruet, musicien à la batterie-fanfare de La Bâthie avec Mlle Nadine Choulay
Nos félicitations et nos meilleurs vœux.

b. Bar-tabac

Récemment, M. et Mme Bernard et Elisabeth Hugo ont ouvert à Roppentzwiller un tabac-bar à café.
Nous souhaitons plein succès à cette initiative.

c. MAIRIE

Bientôt (au mois d'août) la mairie sera fermée au public.

d.

Après-midi Loto. — Venez nombreux assister au Loto ce dimanche 15 décembre et passer un après-midi agréable
Le S.I. vous réserve le meilleur accueil et vous souhaite bonne chance.

e. BIBLIOTHEQUE.

Il est rappelé que la bibliothèque municipale qui se tient à la mairie, est ouverte tous les vendredis de 17 h. 30 à 18 h 30, et tous les samedis de 14 h. à 15 h.

f. Concert à Saint-James

Mardi dernier, en l'église de StJames, une chorale québécoise accompagnée de la chorale St-James Chante a donné un concert.

g. EXPOSITION D'AQUARELLES A LA MAIRIE

Actuellement, dans la salle des mariages de l'Hôtel-de-Ville, vous pouvez admirer des aquarelles de Pierre Favre, artiste peintre uginois.

L'entrée est gratuite. L'exposition est ouverte tous les jours de 8 heures à 12 heures et de 14 heures à 18 heures, tous les jours sauf le samedi après-midi et le dimanche.

h. Bal

Dimanche 22 octobre aura lieu une matinée dansante des jeunes.

i. Randonnées guidées

Comme chaque année, des sorties guidées d'observations des oiseaux sont
Parc Naturel

j. Demain après-midi: prêt de matériel ski

Pour les élèves qui vont partir en classe de neige en janvier prochain, l'école cherche à emprunter des équipements pour le ski : pantalons, anoracks, bonnets, gants, pull-overs, lunettes, chaussures, après-ski pour enfants de 9 à 12 ans).

---

18. -ra, -ront will

La mairie se**ra** fermée.
   will be closed
Un bal au**ra** lieu.
   will take place
Les banques ferme**ront**.
   will close
Le métro fonctionne**ra** normalement.
   will work
De nombreux musées reste**ront** ouverts.
   will stay open

19. Le 12 juillet

This midday news bulletin was broadcast on Friday 12th July. It tells people what disruptions to expect, with the **fête nationale**, **le 14 juillet**, falling at the weekend this year.

Listen to the item all through, then divided into **a–e**. Try to put these incorrect statements right:

a. Banks will stay open until 6.45 tonight.
b. Offices will be open all day Saturday as usual.
c. On Sunday morning, the métro will only run between Concorde and Étoile stations.
d. The Louvre museum will be closed, and so will many other museums.
e. Theatres will be closed on Sunday.

20. Le 14 juillet

If you were in Paris during the 13–14th July, what types of celebration might you see? (4 are mentioned here).

> **la Marseillaise** French national anthem
> **la joie** joy, merrymaking

Paris le 14 juillet

Fête nationale française traditionnelle avec défilés militaires et fanfares jouant la « Marseillaise »: le 14 juillet est avant tout une grande fête où l'on dansera au son de l'accordéon jusqu'à l'aube.

À minuit, des feux d'artifices illuminent les berges de la Seine.

Partout, toute la nuit, c'est de la joie.

21. Vous êtes à l'écoute de France Inter

Now here is part of the 9 am news broadcast on Sunday 14th July. You will hear it all through, then divided into parts **a** and **b**.

a. What entertainment is the reporter talking about?
b. What traditional event of the **fête nationale** is about to start?

> **Les champs Élysées** A grand avenue in Paris where important processions take place

≈ 22. Apprends: Au Syndicat d'Initiative

Est-ce que vous avez	un guide de Metz		?
Je voudrais	un plan de la ville		
	une carte routière *road map*		
	un horaire des autobus		
	un dépliant *leaflet*	sur Metz	
	des renseignements *information*	les musées	
		les monuments	
		la région	
	une liste des spectacles		
	campings		
	hôtels		
	des tickets d'autobus		
	des billets pour les excursions		
	le théâtre		

Qu'est-ce qu'il y a	à voir	ici?
	à faire	dans la région?
	d'intéressant	

Est-ce qu'il y a	une discothèque	près d'ici?
	une piscine	quelque part?
	un cinéma	ici?
	une auberge de jeunesse	

You're staying in Metz for four days, and each day you want different information from the Syndicat d'Initiative. Below are your plans. What do you ask? (Prepare at least three questions for each day.)

> Saturday – *choose* **accommodation** (and find out how to get to it).
>
> Sunday – sightseeing in town.
>
> Monday – a trip outside town.
>
> Tuesday – just have fun...

≈ 23. Apprends: les horaires

Est-ce que Quand est-ce que	le château l'office de tourisme le musée le parc	est ouvert tous les jours? le dimanche? le matin? aujourd'hui?

À quelle heure	commence finit ouvre	la séance *performance* la visite guidée le festival le film	la foire l'opéra le concert le cirque	?

a. You're going to the castle. Find out if it's open today, and when the guided tour starts.

b. There's a fair in the park. Ask whether the park is open every day, and when the fair begins.

c. You're hoping to fit in visits to the circus and the concert. Find out when the circus ends, and when the concert begins.

d. There's a forthcoming festival, tickets available from the Office de Tourisme. Ask when the festival starts, and when the Office de Tourisme opens in the morning.

MODULE 3

C. POUR ALLER À . . .?

[i] 24. C'est quelle direction?

○ **Pour aller à . . .?** What's the way to . . .?

○ **passer** to go past → **un passant** passer-by

○ **prendre** to take: **vous prenez la rue tout de suite à votre droite** you take the road immediately on your right; **il faut prendre cette rue** you must take this street

○ **droite/gauche**: **tournez à droite/gauche** turn right/left; **à votre droite/gauche** on your right/left; **sur la droite/gauche** on the right/left; **la première à droite/gauche** the first on the right/left

○ **tout droit** straight on: **vous remontez tout droit** you go straight on up. **Droite** and **droit** have different sounds, different spellings, different meanings

○ **après** after: **juste après un restaurant** just after a restaurant; **et après = et puis = et ensuite** and after that . . .

○ **De rien!** you're welcome, don't mention it. A useful reply when you've been thanked: **'Merci monsieur.' – 'De rien!'**

○ **un pied** foot: **à pied** on foot; → **un piéton** pedestrian → **une rue** (or **zone) piétonne** or **piétonnière**, or **un centre piétonnier** pedestrian precinct

○ **je ne suis pas d'ici** I don't come from here, I'm a stranger here myself

24. vous . . .ez	
vous passez	you go past
vous prenez	you take
vous tombez	you come upon, you fall
vous remontez	you go on up
vous arrivez	you arrive
But: **vous êtes**	you are

24. commands: . . .ez!
Without **vous**, the **-ez** ending is a command:
Pass**ez** l'arc de Triomphe.
Tourn**ez** à gauche après.
There are more examples opposite.

∞ 25. Pour aller à la vieille ville?

Un touriste à Nancy cherche la vieille ville. Il faut d'abord trouver la place Stanislas, qui est près de la vieille ville. Complète ses conversations avec deux passants, en français:

a. — Pour aller à la vieille ville, s'il vous plaît?
— Vieille ville? Vous passez place Stanislas, et vous y êtes, à la vieille ville.
— D'accord. Et pour y arriver?
— La rue St-Jean. Vous – – – la rue St-Jean tout de suite à votre – – –,
— Oui?
— Et puis, à votre – – –, vous tombez place Stanislas, et là vous n'êtes pas loin de la vieille ville.
— Bon, merci monsieur.
— – – –.

b. — Vous prenez la première à –_Gauche_,
— Oui?
— Et vous remontez –_Tout Droit_
— Oui?
— Et après, c'est la – – – à – – – juste après un restaurant chinois.
— Après un restaurant chinois, – – –.
— Je ne suis pas de Nancy, alors, mais c'est ça normalement.
— Bon, je vais essayer. Merci beaucoup.

a. MONTEZ VOIR PARIS D'EN HAUT 56ᵉ-59ᵉ étage

b. RESPECTEZ LE CALME ET LA PROPRETÉ DE CE LIEU

c. Passez S.V.P Par l'autre Porte Merci

d. Fermez La Porte S.V.P Henri

e. tirez

f. Achetez pour Noël, payez à Pâques! BUT

g. DÉPOSEZ VOS CIGARETTES ICI

☐ 26. C'est quelle direction?

Explain in English how to get to

a. the Intermarché supermarket
b. the ladies' toilets
c. Mᵉ Fisselier's new office in the Rue St-Pierre

> **le couloir** corridor
> **la caisse** cash desk
> **messieurs** gentlemen (plural of **monsieur**)

ⅰ 27. C'est loin?

○ **loin**: **loin d'ici** far from here; **c'est loin?** is it far? **ce n'est pas loin** it isn't far

○ **près**: **près d'ici** near here; **tout près** very near; **près de la place** near the square; ↔ **proche** and **proximité**: **l'hôpital le plus proche** the nearest hospital; **à proximité de la gare** close to the station

○ **un endroit** place: **il existe plusieurs endroits où on peut . . .** there are several places where you can . . .

○ **un quartier** part of town: **c'est un quartier bruyant** it's a noisy district ← **un bruit** noise

○ **il faut** it's necessary: **il faut prendre la rue Héré** you have to take the Rue Héré. **Comment faut-il que je fasse?** What do I have to do? → **il faudra** it will be necessary ◊ **-ra**/will: **il faudra prendre un bus**

○ **il vaut mieux** it's better: **il vaut mieux prendre un bus** it's better to get a bus

○ **juste**: **juste derrière la place** just behind the square; **juste entre** just between; **une rue juste à côté** just the next street; **juste là** just there

○ ◊ **-ant**/-ing: **en prenant une petite rue** taking a little street; **en sortant d'ici** going out of here; **en partant de cette place** leaving this square

○ **en dehors** outside ← **hors** out: **en dehors de la ville** outside the town. Outside the city is **la banlieue** the suburbs

Where is the nearest post office?

28. Est-ce que les hôtels sont loin d'ici?

The tourist in Nancy finally finds the Place Stanislas, and the Syndicat d'Initiative there.

| un avantage advantage
| *Opposite:*
| un inconvénient disadvantage
|
| trop: trop bruyant too noisy;
| pas trop not too much, not too many
|
| non plus either: pas loin de l'hôtel non plus not far from the hotel either

a. He asks the **employée** where the hotels are.
About how long does it take to get to the hotels from the Place Stanislas?
How? (by bus? by taxi? or what?)

b. He has just asked where there are restaurants. The **employée** says that one of the places for restaurants is the Rue des Maréchaux. Is the Rue des Maréchaux quiet or noisy? Why?

c. He asks the way to the Rue des Maréchaux.
Follow the route on this plan as the **employée** describes it.

d. About how long does it take to get from the tourist office to the Rue des Maréchaux?
What other building isn't far from the Rue des Maréchaux?

29. Où trouver un hôtel à Metz?

Most Offices de Tourisme will help travellers needing accommodation. Here is a tourist in the Metz office discussing this list of hotels with the **employée**.

Listen to their whole conversation first, then the same conversation divided into parts **a**, **b** and **c**. At the beginning, they are discussing the Hôtel Pergola at the bottom of the list.

HOTELS METZ

ENSEIGNE	CAT	ADRESSE	PRIX Mini 1 pers.	PRIX Maxi 2 pers.	Petit Déj.
CONCORDE ROYAL	XXX	23 av. Foch	135	670	36
CRINOUC	XXX	79-80 r Gal Metman	160	250	20
FRANTEL	XXX	29 Pl. St-Thiébault	255	380/490	33
MERCURE	XXX	r Fort Gambetta WOIPPY	265	310	30/33
SOFITEL	XXX	Centre St-Jacques	305	360	39
AIR	XX	54bis r Franiatte	100	140	16,20
BRISTOL	XX	7 r Lafayette	70	200	16,50
CENTRE	XX	14 r Dupont des Loges	65	150	15
GLOBE	XX	3 pl. Gal de Gaulle	83,50	167	14,50
IBIS	XX	47 r Chambière	174	198	19,10
METROPOLE	XX	5 pl. Gal de Gaulle	60,73	148	15,50
METZ	XX	3 r des Clercs	66	200	14,50
LAFAYETTE	X	24 r des Clercs	76	127	12,70
PERGOLA	X	13 Rte de Plappeville	70	145	14

a. What does the tourist find out about the hotel?
Where is Plappeville?
Is the hotel within easy walking distance?
What time do the buses stop running at night?

b. Next they discuss the Hôtel Lafayette.
Which do you think the **employée** means:
A. It's very quiet there, because it's in a pedestrian precinct.
B. It's not exactly quiet there, but at least there aren't any cars.
C. It's very noisy there, right in the city centre.

c. She points out that there are two hotels in the Rue des Clercs.
Whereabouts is the Rue des Clercs in relation to the tourist office?

☐ 30. Les hôteliers de Metz

This advertisement gives the addresses
of some hotels in Metz.
What *else* does it tell you about . . .

a. the Hôtels Bristol and Le Globe?
b. the Hôtel Bon Secours?
c. the Hôtel du Centre?
d. the Grand Hôtel de Metz?

> ## Les hôteliers de Metz sont heureux de vous accueillir :
>
> • **Hôtels quartier Gare :**
> - **HOTEL BRISTOL**
> 7, rue Lafayette
>
> - **HOTEL LE GLOBE**
> 3, pl. Général de Gaulle
>
> • **Hôtels du Centre Ville :**
> - **HOTEL BON SECOURS**
> 31, rue Pasteur (proximité hôpital Bon Secours)
>
> - **HOTEL DU CENTRE**
> 14, rue Dupont des Loges, centre piétonnier
>
> - **GRAND HOTEL DE METZ**
> 3, rue des Clercs
> *près de la Cathédrale, garage, calme*

ⓘ 31. Les transports

○ **une auto** = **une voiture** car. But **un car** = **un autocar** [!] coach
(or school bus). **Un autobus** = **un bus** bus

○ **une bicyclette** = **un vélo** bike → **un vélomoteur** =
une bicyclette à moteur moped ← **un moteur** engine; **une moto**
motorbike

⌕ 32. Comment aller au collège?

A headmaster is talking about how his pupils get to school.

How many different means of transport does he mention?
What form of transport is allowed to the over-14s?

> **un nombre** number
> **emmener** to give someone a lift

☐ 33. La Lorraine dans un fauteuil

Here is part of a pamphlet about sightseeing in Lorraine, the
region of France around Nancy.

a. What five means of transport are listed here?
b. Which transport does the pamphlet recommend? Why?

> ◊ **-ment**/ly
> **tranquillement** peacefully
>
> **un fauteuil** armchair
> **sans** without
> **un souci** care, worry
> **grâce à** thanks to

la Lorraine dans un fauteuil.

La Lorraine, on peut
la découvrir à pied, à cheval,
en voiture, à bicyclette. Et
tranquillement, sans fatigue,
sans souci, en autocar,
grâce aux excursions organisées par l'Office de tourisme de NANCY.

Office de Tourisme de NANCY
14, place Stanislas
Tél. 335.22.41.

$\boxed{i}$ 34. Des endroits

○ **un**

bureau de poste post office
camping
centre-ville
château
cinéma
cirque
commissariat police station
garage
hôpital
hôtel
hôtel de ville
marché
musée
office de tourisme
parc
parking car park
port
restaurant
théâtre

○ **une**

auberge de jeunesse
banque bank
cabine téléphonique
　phone box
cathédrale
église
exposition
fête
foire
gare
gare routière coach/bus
　station
gendarmerie police
　station
piscine swimming pool
plage
station-service petrol
　station

34. a, the, to the, it		
	masculine	*feminine*
a	**un**	**une**
the	**le** **l'***	**la** **l'***
to the	**au** **à l'***	**à la** **à l'***
it	**il**	**elle**

* before a vowel or h·

Est-ce qu'il y a **un** château ici?
Où est **le** château?
Pour aller **au** château?
Il est tout près.

Est-ce qu'il y a **une** banque ici?
Où est **la** banque?
Pour aller **à la** banque?
Elle est tout près.

Est-ce qu'il y a **un** hôtel ici?
Où est **l'**hôtel?
Pour aller **à l'**hôtel?
Il est tout près.

Est-ce qu'il y a **une** église ici?
Où est **l'**église?
Pour aller **à l'**église?
Elle est tout près.

≈ 35. Apprends: En ville

Un ...? Le ...? Une ...? La ...?	Il Elle	se situe dans la banlieue en dehors de la ville au centre-ville à ... minutes d'ici

Vous	tournez prenez la première 　　　la deuxième continuez tout droit,	à droite, gauche,	et puis	vous ... c'est sur votre gauche 　　　　　　droite juste en face à côté après un ... une ...

C'est tout près 　loin 　assez loin 　à ... minutes à pied 　　　　en voiture	(?)

Il faut Il vaut mieux	prendre un bus un taxi le métro	(?)
	aller à pied en voiture	

Je ne sais pas *I don't know* Je ne suis pas d'ici De rien

Imagine you meet French-speaking people in your street who ask you these questions. (Answer as helpfully as you can.)

a. Est-ce qu'il y a un parc près d'ici?
b. Où est la station-service la plus proche?
c. Pour aller à l'hôpital le plus proche, s'il vous plaît?
d. Le centre-ville, c'est loin?

35. en face de, etc.
en dehors, en face, à côté, près, loin, à . . . minutes are often followed by de. de → d' before a vowel or h de + le → du

en dehors en face à côté près loin à 20 minutes	de Dieppe d'ici du restaurant de la gare de l'hôtel de l'église

35. à away
à 5 minutes à pied 5 minutes walk away à deux kilomètres 2 km away

≈ 36. Dans les rues

a. You're *hoping* to see the signs below. But since you *don't* see them, you'll have to ask.

Revision: Sections 34, 35

EXEMPLE:

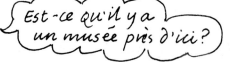

MUSEES — Est-ce qu'il y a un musée près d'ici?

1. Cinéma

2. HOTEL NN

3. LE MARCHÉ

4. Camping ★★★★

5. Piscine

b. Ask where these places are, and how to get there.
EXEMPLE:

Où est le port, s'il vous plaît? Il faut prendre un bus?

Port de Pêche-Criee

1. **La Gare**

2. **HOTEL DE VILLE**

3. *Office du Tourisme*

4. *Gendarmerie*

5. **GARE ROUTIERE**

c. Ask where the nearest one of these is:
EXEMPLE:

La plage

Où est la plage la plus proche?

1. **Commissariat de Police**

2. **Bureau de poste**

3. **BANQUE**

4. **Eglise**

5. **Parking**

d. You want to get to these, but you don't know how. Ask the way there, and if it's far.

EXEMPLE:

Pour aller au cirque, s'il vous plaît? C'est loin?

1.

2.

3.

4.

5.

≈ 37. À toi de jouer

You've just arrived in the town of St-Malo, so you go to the Syndicat d'Initiative by the main town gate.

Revision: Sections 22, 35

EMPLOYÉE: Puis-je vous aider?

a. Ask what there is to do here. ⌐ --- ?

EMPLOYÉE: Il y a beaucoup de monuments et de belles plages.

b. Ask if there's a swimming pool near here. ⌐ --- ?

EMPLOYÉE: Oui, il y en a une sur la plage même.

c. Find out if you need to take a bus. ⌐ --- ?

EMPLOYÉE: Mais non, c'est tout près. Voici un plan de la ville.

d. Thank the **employée**. ⌐ --- .

EMPLOYÉE: De rien.

≈ 38. À toi de jouer

The next day you go back to ask about entertainment.

Revision: Sections 22, 23, 34, 35

EMPLOYÉE: Bonjour!

a. Say you'd like a list of shows. ⌐ --- .

EMPLOYÉE: Voilà. Il y a un très beau spectacle au château ce soir.

b. Ask the way to the castle, and whether it's far. ⌐ --- ?

EMPLOYÉE: Non, c'est juste en face, là-bas.

c. Ask when the castle is open today. ⌐ --- ?

EMPLOYÉE: Toute la journée. Le spectacle est à 22 heures.

Ville de SAINT-MALO
Du 7 au 20 Août 1985
Cour du Château, à 22 heures

LES FONTAINES
lumineuses
dansantes
LA FÉÉRIE DES EAUX

**Le Plus Beau Ballet
du Monde**

Productions QUIRY · PARIS

Places assises
Nombre limité

PRIX 15 Frs
ENFANTS 10 Frs

≈ 39. À toi de jouer

You also enquire about films.

a. Ask where the nearest cinema is.

    EMPLOYÉE: 'Le Vauban', mais c'est un peu loin. Il vaut mieux prendre le bus.

b. Ask if they have a bus timetable.

    EMPLOYÉE: Non, demandez à la gare routière, à côté.

c. Ask what time the performance begins.

    EMPLOYÉE: À 20 h 30.

Revision: Sections 22, 23, 34, 36

≈ 40. Dossier: Pour aller au collège

a. Je vais au collège

à pied	par le train
en voiture	à velo
à vélomoteur	en car

b. C'est à . . . minutes.

Les transports

'by' + transport is usually **en**:
en voiture, en car, en bateau

But:
par le train by train
à pied; **à cheval** on horseback

à *or* **en** for other transport which the rider sits astride:
à vélomoteur or **en vélomoteur**;
à moto or **en moto** by motorbike

≈ 41. Interview

a. Comment est-ce que tu vas au collège?
b. Ton collège, c'est à quelle distance de chez toi?

MODULE 3

D. À TON STYLO!

42. Pour venir chez nous

French-speaking visitors are going to come to your house from the nearest station. They will have to make their own way, so write a few notes to guide them. You could include a sketch map.

Revision: Section 35

43. Cher Marc

Marc has written from Dinan to ask you to describe your local town and say what there is to see there. He also wonders how you get from your home to your school.

How to write letters: p. 13.

Revision: Sections 7 and 40 to write about yourself; Section 8 for asking questions.

a. Thank him for his letter, and apologise for not writing back sooner.
b. Answer his three questions.
c. Also ask him what sort of a town Dinan is, whether there is a lot to do and see there, and what important buildings there are.

44. Monsieur . . .

a. Address a letter to the Office de Tourisme at St-Malo (Port des Yachts, 35400 Saint-Malo).
b. Ask them to send you some information about St-Malo.
c. Say you'd like a plan of the town, a list of camp sites and a leaflet about the museums.
d. Also ask if the Office de Tourisme is open on Sundays.
e. Thank them in advance, and sign off formally.

Revision: formal letter writing, page 14; asking questions, Sections 22 and 23.

MODULE 4 BON VOYAGE!

A. ON SE RENSEIGNE

1. Renseignements (1)

○ **des renseignements** information: **un bureau de renseignements** = **bureau d'informations**; **se renseigner** to obtain information

○ **un départ** departure ← **partir** to leave, to depart. Opposite: **une arrivée** arrival ← **arriver** to arrive

○ **tard**: **aussi tard que possible** as late as possible; **plus tard** later → **en retard**: **le train est en retard** the train is late ↔ 'retarded', late in developing. Opposite: **tôt** early: **le plus tôt possible**

○ **correspondance** letter writing and [!] interchange station. If you change trains in Paris, you usually change station too, eg from Paris-Est (= la Gare de l'Est) to Paris–Austerlitz. **Un train direct** through train (no changes)

○ **une place**: **une place assise** seat; **une place couchée** = **une couchette** bunk, or **un lit** bed in **une voiture-lit**. **Une voiture** carriage: **une voiture fumeur/non-fumeur** smoking/non-smoking compartment ← **fumer** to smoke

○ **réservations**: **prendre une réservation** = **réserver**. **Il vaut mieux réserver** it's best to book, especially during **les heures** (or **les périodes**) **d'affluence** busy times

○ **demain** tomorrow → **le lendemain** the next day → **le lendemain matin** the next morning. **Le matin/le soir/l'après-midi** in the morning/evening/afternoon; **la nuit** at night

○ **je dois** I must: **je dois aller à Paris**; **si je dois me tenir debout** if I have to stand; **je dois être à Marseille lundi**

1. partir
je veux partir I want to leave **je pars** I'm leaving **le train part à midi** The train leaves . . . **Vous partez demain?** You're going tomorrow?

numbers
Timetable information is full of numbers. In the next few listening passages, you'll need to understand 1–20, 30, 50, 60, 70, 80, 100. The numbers are on page 20; the 24-hour clock is on page 76.

○○ Sections 2, 3, 6, 11, 14 These recordings were made by Paul, a young man who travels a lot for business and family reasons. He agreed to tape some of his conversations in French information offices.

⚆ 2. De Nancy à Paris

Paul parle à l'employée au bureau de renseignements à la gare SNCF à Nancy. Écoute la conversation entière, et puis la même conversation divisée en **a**, **b** et **c**.

a. When does Paul have to be in Paris? (What day and what time?) Why must he be there then?

b. Complète avec les heures de départ et d'arrivée. C'est l'employée qui parle:

Alors, nous avons un très bon train qui part de Nancy à – – – le matin, et vous fait arriver à Paris-Est à – – –. Ce sera trop tard? Avant 9h37 à Paris-Est: à ce moment-là, vous serez obligé de partir de Nancy à – – –. Le matin. Ça ne va pas? Alors, à ce moment-là, ce soir. Avant dix heures. Alors, départ de Nancy – – –, arrivée Paris-Est 20h10.

c. Why can't Paul reserve a seat to Paris? What does he think he might have to do?

> **j'ai rendez-vous** I have an appointment
> **si c'est possible** if possible
> **avant** before ↔ **à l'avance** in advance, beforehand
> **à ce moment-là = dans ce cas** in that case
> **obligé** obliged, forced → **obligatoire** compulsory
> **déjà** already
> **tant pis** too bad

⚆ 3. D'Arras à Marseille

Paul est maintenant à la gare d'Arras, et il veut aller à Marseille. Écoute sa conversation entière avec l'employée, et puis la même conversation divisée en **a** et **b**.

a. Complète les phrases de Paul en français:

Madame, je – – – être à Marseille lundi – – –.
Je veux – – – d'ici aussi – – – que possible.

b. Complète les réponses de l'employée en français:

Oui, enfin, disons que vous aurez un train – – – au départ d'Arras éventuellement, qui va jusqu'à Marseille.
C'est un train uniquement à places couchées: à – – – ou – – –.
C'est un train qui part d'Arras à – – – le soir, et vous arrivez à Marseille à – – – le matin.

> Je dois être . . .
> Je veux être . . .
> You'll hear that the **s** and **x** sound like **z** before a vowel.

> **uniquement** only ← **unique** as in **je suis fils unique** I'm an only son
> **jusqu'à** as far as
> **parfait** perfect

☐ 4. Réservations

A friend plans to cross France by train, and wants your help in understanding this passage from an SNCF booklet, *Le Guide pratique du voyageur*:

a. Give her two good reasons why she should reserve her seat.
b. It's five months till she goes. How can she book a seat?
c. She's going in the holiday season. When should she book?

RÉSERVATIONS

La réservation des places est toujours recommandée (quelquefois, obligatoire); elle vous donne l'assurance d'obtenir une place (assise ou couchée).

La réservation vous permet, dans la mesure des places disponibles, de choisir de voyager dans une voiture "fumeurs" ou "non-fumeurs".

Au guichet la réservation est possible deux mois avant la date de départ. Avant cette période, vous pouvez formuler votre demande par correspondance.

Pour les périodes de grande affluence, il est recommandé de réserver le plus tôt possible.

Guessable: **recommandé** recommended (↻ **-é**/-ed); **assurance** guarantee; insurance ↔ **sûr** sure, certain, safe; **obtenir** to obtain

To learn: **un guichet** counter; **un mois** month

ⓘ 5. Renseignements (2)

○ **Combien? combien de temps?** how long, how much time? **C'est combien?** how much is it?

○ **voyager: je voudrais mieux voyager la nuit** I'd rather travel at night → **un voyageur** traveller; **un voyage** journey; **bon voyage** have a good journey!

○ **Quelle classe? voyager en première/en seconde** to travel first/second class

○ **un arrêt: un arrêt d'autobus** bus stop; **sans arrêt** non-stop; **s'arrêter** to stop; **arrêter** to stop or arrest someone (↻ **ê**/es)

○ **un compartiment** compartment within a carriage

6. De Nancy à Nice

Paul veut aller de Nancy jusqu'à Nice. Écoute sa conversation entière avec l'employée du bureau de renseignements, et puis les parties **a**, **b**, **c** et **d**:

> *Look alike, sound different:*
> **compter** to count; **proposer** to suggest, propose; **rapide** rapid, express; **la possibilité** (◊ -té/-ty); **différents types**; **un détail**; **le prix** price
>
> *To learn:* **entre** between; **s'endormir** to fall asleep ← **dormir** to sleep ↔ dormitory; **également** also
>
> **je vous en prie** and **à votre service** are replies to thanks: don't mention it, you're welcome

a. Complète les phrases de Paul, en français:

Je – – – aller à Nice, vendredi.
I **want** to go to Nice on Friday.

Ça prend – – – pour arriver à Nice?
How long does it take to get to Nice?

Je – – – voyager la nuit si – – –.
I'd **rather** travel at night if **possible**.

b. Here are details of trains from Nancy to Nice. Does Paul agree to take the first, second or third train?

NICE

Nancy 179	1416	2154	2140
Dijon 151, 158	1642		0047
Lyon (Perrache) 151	1842c		0241
Avignon 151	2040		0501
Marseille 151	2149	0513	0627
Toulon 151	2237	0620	0724
St. Raphaël	2327	0720	0825
Cannes 151	2350	0750	0853
Nice 151	0017	0826	....

c. How many of these questions can you answer?

> How often does the train stop between Nancy and Marseille?

> What classes of seats are available?

> How many beds are in a 2nd class voiture-lit?

> How many beds are in a 1st class voiture-lit?

d. Ça coûte combien? Complète la fin de la conversation:
- — Le prix de la couchette est – – – francs ... Et la voiture-lit, en seconde class, – – –.
- — Ah bon, je vais voyager en couchette, alors. Merci.
- — Je vous en prie.

$\boxed{i}$ 7. Formalités de voyage

○ **un contrôle: contrôle des billets** ticket inspection; **un contrôleur**
inspector

○ **le chemin de fer** railway ↔ **un chemin** way + **fer** iron.
SNCF = la Société Nationale des Chemins de fer Français,
equivalent of British Rail

○ **la douane** Customs; **à la frontière** at the border, frontier
between two countries. **Le douanier** may ask: **Vous avez
quelque chose à déclarer?** Nothing to declare: **Rien à déclarer**

○ **la toilette** [!] washing and dressing; **un coin toilette** contains a
washbasin and mirror; **eau de toilette** a sort of perfume

Guessable: **le confort →
confortable; un oreiller** pillow,
← **une oreille** ear; **une
couverture** cover, blanket

↻ **-é/-ed: équipé; transformé;
accompagné** accompanied;
autorisé authorised, allowed

To learn: **un drap-housse** fitted
sheet; **une prise** socket

□ 8. Voyagez de nuit

Here are more extracts from the *Guide pratique du voyageur*.

VOYAGEZ DE NUIT

LES COUCHETTES

Chaque couchette est équipée de drap-
housse, oreiller et couverture. Un éclairage
individuel est à votre disposition. Les compartiments transformés pour la nuit sont
de 6 places en 2ᵉ classe et de 4 places en
1ʳᵉ classe.

LES VOITURES-LITS

Le voyage en voiture-lit vous procure le
plus grand confort. Il existe plusieurs types
de places dans des compartiments de 1, 2 ou
3 lits garnis de draps, oreillers et couvertu-
res, équipés d'un coin toilette avec eau
chaude et froide et d'une prise pour rasoir
électrique.

FORMALITÉS DE DOUANE

En service international, chaque voiture-
couchettes est accompagnée par un agent
des chemins de fer. Cet agent sert d'inter-
médiaire pour le contrôle des billets, ainsi
que pour le formalités de douane et de
police aux frontières.

---

a. Which of these captions fits the picture on the *top left*: **Couchettes 1re classe** or **Couchettes 2e classe**?
b. **Voitures-lits** are dearer than **couchettes**. What extras do they offer, according to this leaflet?
c. What services do the **agents des chemins de fer** provide on international routes?

☐ 9. Rien à déclarer?

RIEN A DÉCLARER ?

▶ Sont autorisées, pour les voyageurs en provenance de certains pays, les marchandises suivantes :

cigarettes	300
tabacs	400 g
boissons à plus de 22° d'alcool	1,5 l
moins de 22°	3 l
parfums	75 g
eaux de toilette	37,5 cl

Les autres marchandises sont "à déclarer".

Les voyageurs de moins de 17 ans ne sont autorisés à transporter ni tabacs ni boissons alcoolisées.

des marchandises goods, merchandise
moins de less than, under
suivant following (◊ -ant/-ing)
← **suivre** to follow
ni ... ni neither ... nor

a. A 16-year-old may bring only two of the items on this list into France. Which ones?

b. A traveller is entering France with these in his luggage:
200 g tobacco   50 g perfume
500 cigarettes   a new camera
1 litre of whisky
Which *two* should be declared to the **douanier**?

☐i 10. Acheter un billet

○ **la gare routière** bus or coach station ← **gare** station + **route** road. **En autobus = en bus; en autocar = en car** [!] by coach

○ **À quelle heure?** **En fin de matinée** late morning ← **fin** end; **en début d'après-midi** early afternoon ← **début** start

○ **une ligne** route; **grandes lignes** inter-city rail lines

○ **un billet, un ticket, une carte** ticket; **un aller-retour** return ticket; **un aller simple** one-way ticket

BILLETS GRANDES LIGNES

○ **une réduction** ↔ **réduit** reduced. There are reductions for young and old, for tourists, for **familles nombreuses**, large families, for **groupes au-dessus de ... personnes** groups over a certain size. Apart from **plein tarif**, full fare, there is **demi-tarif**, half fare, and even **gratuité** ← **gratuit** free

○ **les bagages** luggage, eg **une valise** suitcase. **Enregistrer les bagages** to register luggage to have it sent on

○ **le métro** underground railway; **un plan de métro** tube map

○ **changer de train** to change trains; **un changement** a change

○ **un trajet = un parcours** journey

11. À la gare routière

Paul est à la gare routière de Nancy, et il veut aller à Verdun.
Écoute d'abord la conversation entière, et puis la même
conversation divisée en **a**, **b**, **c** et **d**.

a. Complète les phrases de Paul, en français:

Bonjour madame. Je – – – aller à Verdun, – – –.
Vous pouvez me dire – – – il y a des départs?

b. Écoute la réponse de l'employée et note les heures.

— Alors, la ligne 14, Verdun. 12, 13, 14 – voilà. Alors, vous en
avez un, le premier, il est à – – –.

— Bien, et pour revenir vendredi, de Verdun à Nancy?

— Alors vous voulez revenir en fin de matinée, en début
d'après-midi? Vous avez en début d'après-midi un départ à
– – –, qui vous fait arriver à Nancy à – – –, et vous avez un autre
départ à – – –, qui vous fait arriver à – – –.

c. The fare is 66F50 each way. What two kinds of travellers are
entitled to reduced fares? What percentage reduction is
mentioned?

d. If you went on this trip, you would get off at the – – – in Verdun,
and you could go on a sightseeing tour of the town in a – – –.

> ↻ *Words within words:*
> **revenir** to come back ← **venir**
>   to come
> **déposer** to put down ← **poser**,
>   to put
> **remercier** to thank ← **merci**
> **repartir** to set off again ← **partir**

□ 12. Calendrier Voyageurs

This leaflet colour codes every morning, afternoon and evening of the year, to show how crowded the trains are expected to be.

Calendrier Voyageurs

SNCF

Ce calendrier comporte trois périodes : bleue, blanche et rouge. Choisissez, de préférence, les jours bleus pour voyager plus confortablement et à des prix parti- culièrement avantageux.

Août		12 h	15 h	Sep.		12 h
Je.	1			Di.	1	
Ve.	2		▪	Lu.	2	▪
Sa.	3	▪		Ma.	3	
Di.	4			Me.	4	
Lu.	5			Je.	5	
Ma.	6			Ve.	6	
Me.	7			Sa.	7	
Je.	8			Di.	8	
Ve.	9			Lu.	9	
Sa.	10			Ma.	10	
Di.	11			Me.	11	
Lu.	12			Je.	12	
Ma.	13			Ve.	13	
Me.	14		▪	Sa.	14	
Je.	15	▪		Di.	15	
Ve.	16			Lu.	16	
Sa.	17			Ma.	17	
Di.	18		▪	Me.	18	
Lu.	19	▪		Je.	19	
Ma.	20			Ve.	20	
Me.	21			Sa.	21	
Je.	22			Di.	22	
Ve.	23			Lu.	23	
Sa.	24			Ma.	24	
Di.	25			Me.	25	
Lu.	26			Je.	26	
Ma.	27			Ve.	27	
Me.	28			Sa.	28	
Je.	29			Di.	29	
Ve.	30			Lu.	30	
Sa.	31					

Période bleue

en général,
du samedi 12 h
au dimanche
15 h,
du lundi 12 h
au vendredi 15 h.

Période blanche

en général,
du vendredi 15 h
au samedi 12 h,
du dimanche 15 h
au lundi 12 h et
quelques jours
de fêtes.

Période rouge

les jours,
peu nombreux,
correspondant
aux grands
départs.

a. Which colour (blue, white or red) means that trains will be least crowded and so more comfortable?

b. What is the other good thing about travelling at those times?

c. If you travel on the 15 August, a public holiday, are fares dearest in the morning, afternoon, or evening?

◊ **-eux/-ous: avantageux** advantageous; **nombreux** numerous

◊ **av-/adv-: avantageux;** à l'avance; une aventure

◊ **-ment/-ly: confortablement; particulièrement**

◊ **-ant/-ing: correspondant; figurant** appearing; **payant; voyageant**

□ 13. Guide du voyageur

Here are more extracts from the *Guide pratique du voyageur*.

BAGAGES ET ANIMAUX FAMILIERS

BAGAGES ENREGISTRÉS

Si vous voulez que vos bagages voyagent en même temps que vous, renseignez-vous à l'avance sur cette possibilité qui est offerte sur certains trains directs. Dans ce cas, il vous faudra faire enregistrer votre bagage une demi-heure avant le départ du train

ANIMAUX FAMILIERS

• Vous devez vous munir d'un billet pour votre chien. Le prix de ce billet est le demi-tarif de 2ᵉ classe.

PRIX FAMILLES

VOS ENFANTS

• Gratuité pour les enfants de moins de 4 ans

• Pour les enfants de 4 à moins de 12 ans : réduction de 50 % sur le prix perçu pour un adulte.

VOUS VOYAGEZ EN FAMILLE, UTILISEZ LA CARTE COUPLE/FAMILLE

• 50 % de réduction (sauf banlieue de Paris) à partir de la 2ᵉ personne figurant sur la carte, la 1ʳᵉ personne payant le plein tarif
Il suffit de commencer chaque trajet en période bleue

Exemple : Un enfant de 9 ans voyageant avec ses parents aux conditions du tarif COUPLE/FAMILLE bénéficie d'une réduction de 75 % sur le prix d'un billet perçu au plein tarif pour un adulte.

---

a. If you want the SNCF to send your luggage for you, what do you have to do with it? And when?

b. What can you find out about fares for:
  pets?
  children under 4?
  children aged 4–12?
  the first person named on a Carte Couple/Famille?
  the second adult on the Carte Couple/Famille?
  a child travelling with its parents using a Carte Couple/Famille?

c. If you want to use a Carte Couple/Famille in order to pay the reduced fares, when must you start your journey?

> **il suffit** it is sufficient ↔
>   **suffisant** sufficient
> **une demi-heure** half an hour

14. De Nancy à Bordeaux

Paul veut aller de Nancy à Bordeaux par le train. Écoute sa conversation entière avec l'employée du bureau de renseignements, puis la même conversation divisée en **a–e**.

a. These are the two trains suggested by the **employée**:

dép. Nancy	07.23	09.22
arr. Paris-Est.	10.52	11.59
dép. Paris–Austerlitz. . . .	11.24	14.18

Why isn't Paul very happy about taking the first one?

b. What does the **employée** offer him?
What does he want to do with his luggage?

c. What kind of ticket will he need for his dog and his son?

d. Does he buy single or return tickets?

e. On the 15th August he'll get to Paris in the morning, and go from Paris to Bordeaux in the afternoon. Why can he get fare reductions with a Carte Famille in the afternoon but not in the morning?

Look alike, sound different:
possibilité; solution; adulte; spécial; calculer

un magnétophone tape recorder
envoyer to send
malheureusement unfortunately
ensemble together
une fête public holiday
aucun problème no problem

15. Apprends: Projets de voyage

Here are some of Paul's phrases set out as a table:

Je dois	être à Marseille	lundi
Je dois	aller à Paris	demain
Je veux	partir d'ici	aussi tard que possible
Je veux	aller à Verdun	en car
Je vais	voyager	en couchette
Je voudrais mieux	voyager	la nuit
Je peux	envoyer les bagages	à l'avance(?)
Il vaut mieux	réserver(?)	

15. infinitives (1)

In order to say what you *want* to do or *may* do or *should* do, you need an *infinitive*, which ends **-er**, or occasionally **-re** or **-ir**:

je dois		être
je veux		aller
je vais		partir
je voudrais mieux	{	voyager
je peux		envoyer
il vaut mieux		réserver

a. Say you're going to go to Calais on Monday.
b. Say you must leave here at night.
c. Say you want to be in Calais as late as possible.
d. Say you'd rather travel by coach.
e. Ask if you can reserve in advance.
f. Ask if it's best to send the luggage tomorrow.

≈ 16. Apprends: Les horaires

Est-ce qu'il y a un
  Is there a . . .?
À quelle heure est-ce
  qu'il y a un
  When is there a . . .?
À quelle heure part
  le dernier
  When's the last . . .?
À quelle heure part
  le prochain
  When's the next . . .?
	car
	train
	avion
	car-ferry
	départ
	aéroglisseur
	  hovercraft
	autobus
	métro
		pour (*place name*)	lundi?
			avant 8 heures?
			ce soir?
			demain?
			aujourd'hui?
			plus tard?

 Ask

a. whether there's a ferry for Folkestone tomorrow.
b. whether there's a departure for Paris before 8 o'clock.
c. what time there is a plane to Marseille on Monday.
d. when there's a later train.
e. when the last bus leaves for **la gare de l'Est** today.
f. when the last tube train runs to Austerlitz tonight.
g. when the next hovercraft leaves for Dover (**Douvres**).
h. when the next coach goes for Nancy.

≈ 17. Apprends: Au bureau de renseignements

Je voudrais	

	des renseignements sur les voitures-lits
	                    les autobus de nuit
	                    le billet de tourisme
	                    le service de cars
	une fiche-horaire (*timetable*) pour Nancy
	un plan du métro
	prendre une réservation

Ask for these six documents:

a.

Métro Bus RER Paris

84 *RATP*

b.

DEMANDE DE RESERVATION DE PLACES

c.

d.

e.

f.

18. Apprends: On achète des billets

C'est combien,

une couchette	première classe pour …?
l'aller-retour	deuxième
l'aller simple	
le plein tarif	
le demi-tarif	
en voiture-lit	

Est-ce qu'il y a une réduction pour

| étudiants? |
| groupes? |
| familles nombreuses? |
| enfants? |

Un aller simple	première classe pour …, s'il vous plaît.
Un aller-retour	deuxième
Une couchette	

| Un carnet *(10 bus or underground tickets; cheaper than individual tickets)* |

You're spending a week touring France by train. What do you say in each ticket office?

SUNDAY   You've still got plenty of money: buy a first-class ticket from Calais to Nancy.

MONDAY   You're going from Nancy to Nice overnight. Find out what a first-class bed in the **voiture-lit** costs.

TUESDAY   You're going from Nice to Marseille, and money's running low. Ask the price of a second-class ticket, and whether there's a student reduction.

WEDNESDAY   Another overnight trip, from Marseille to Paris. This time, buy a ticket for a 2nd-class couchette.

THURSDAY   You're going to spend the day sightseeing in Paris.

FRIDAY   Buy a ticket for a cheap day-trip to Orléans.

SATURDAY   You're homeward bound for Calais with a group of friends. Ask if there's a reduction for groups.

MODULE 4

B. ATTENTION AU DÉPART!

ⓘ 19. À la gare

○ **circuler**: **ce train circule les dimanches** this train runs on Sundays ↔ **la circulation** traffic.

○ **un passager**, **une passagère** passenger; **un passage souterrain** subway ← **sous** under + **terre** ground

○ **un quai** platform; **une voie** platform or track; also, lane of traffic

○ **composter** to insert a ticket in **un composteur** ticket-stamping machine to make the ticket **valable** [!] valid

○ **Direction** + a station name indicates which way the train is going. In the **métro**, the name is the station at the end of the line. **À destination de . . .** also tells you where the train is going. Opposite: **en provenance de . . .** coming from ← **venir**

○ **une portière** door of a vehicle ← **une porte**. But **un porteur** porter ← **porter** to carry

○ **louer** to hire → **location**: **location de voitures/de vélos** car/bike hire

○ **un rapide**, **un express** fast train. A slow train, stopping at all stations, is [!] **un omnibus**

○ **Accès** access, way in, way onto → **accéder** to gain access

☐ 20. Comment bien voyager

Here is more advice from the *Guide pratique du voyageur*.

| un **tableau** board |
| **repérer** to find out |
| **n'oubliez pas** don't forget |

a. What do the departure boards tell you, apart from the departure time and destination?
b. What mustn't you forget to do, before you go onto the platform?

○○ 21. Avis aux voyageurs

Here are some announcements recorded in Arras station. Listen to them all through first, then divide into **a–g**, and choose which of the announcements below is made each time. You will hear some train numbers (2225 and 2492), but they are not important.

a. **1.** The next arrival will be in 4 minutes' time.
   2. There will be a four-minute stop here.

b. **1.** The train now arriving at platform 1 is from St-Pol and Boulogne.
   2. Passengers for St-Pol and Boulogne, go to platform 1.

c. **1.** Use the subway to change platforms.
   2. Here is a message for all passengers.

d. **1.** Dinner is now being served in the buffet car.
   2. Enquire at the Information desk for the car hire service.

e. **1.** The express train for Lille and Douai is about to leave.
   2. The express train now arriving is from Lille and Douai.

f. **1.** Porters are available for passengers needing assistance.
   2. Mind the doors.

g. The next train to arrive at platform 4 will be the . . .
   1. . . . fast train for Calais and Hendaye.   **3.** . . . fast train from Calais and Hendaye.
   2. . . . slow train from Calais to Hendaye.   **4.** . . . fast train from Calais to Hendaye.

[i] 22. Attention!

- **monter** to go up (**monter l'escalier** go upstairs; **monter en ascenseur** take the lift) or to get in a vehicle: **MONTÉE** (or **ENTRÉE**) shows where to board. Opposite: **descendre** to go down (stairs, etc) or to get off (vehicles). **DESCENTE** (or **SORTIE**) shows where to get off

- **autorisé** allowed: **livraisons autorisées** deliveries permitted. Opposite: **interdit(e)** forbidden. Failure to comply could result in **une amende** fine

- **libre** free, unoccupied: **une place libre** an empty seat. Opposite: **occupé**

- **une station** has various meanings, all with the idea of 'stopping place': **station de métro** métro station; **station de taxis** taxi rank; **station-service** petrol station → **stationner** to park; **le stationnement** parking. (But a car park is **un parking**)

- *To learn:* **prière de** please; **un trottoir** pavement

☐ 23. En train, en bus, en métro

a. Which two of these show you where to get on a bus?
Which invites you to enjoy the view from the top?
What does the other sign mean?

1.

2.

3.

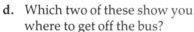

4.

b. What advice is given in this sign on a métro platform?

> **POUR VOTRE SÉCURITÉ NE TENTEZ PAS DE MONTER EN VOITURE AU MOMENT DE LA FERMETURE DES PORTES ET DU DÉPART**

c. What is special about this bus stop?

d. Which two of these show you where to get off the bus?

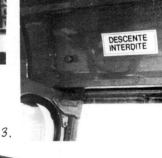

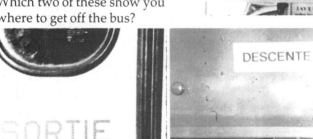

1.   *2.*   *3.*

4.

e. This notice was photographed in an underground train. What do you think M at the top stands for? What work is going on at Cité station? How do travellers alighting there get up to ground level? What are they advised to do?

f. Which of these is the place to get your rail ticket? What do the other two signs show?

1.

2.

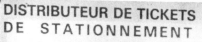

3.

g. Why couldn't you put your luggage in the left-luggage locker on the right?

h. Which one of these shows the way out of the station?

1.

2.

3.

4.

☐ 24. Où est le parking?

a. Which one of these indicates:
  parking is forbidden
  parking is free
  parking for residents only
  no parking: vehicle exit
  'pay and display' parking

1. PROPRIÉTÉ PRIVÉE STATIONNEMENT INTERDIT A TOUS VÉHICULES ETRANGER A L'IMMEUBLE

2. PRIÈRE DE NE PAS STATIONNE SORTIE DE VOITURES

3. P PARKING PRIVÉ RÉSERVÉ AUX LOCATAIRES

4. P STATIONNEMENT PAYANT de 9h à 19h sauf dimanches et jours fériés PRENEZ UN TICKET AU DISTRIBUTEUR

5. PARKING GRATUIT HORS ZONE BLEUE 250 PLACES

b. What happens to drivers who park in this market place?

SUR TOUTE CETTE PLACE du MARCHÉ LE STATIONNEMENT EST INTERDIT SOUS PEINE D'AMENDE

c. You've taken your car on holiday to France. Which of these indicates a place where you can park it?

1. STATIONNEMENT INTERDIT JOURS OUVRABLES DE 9-12 ET 14-19ʰ SAUF VÉHICULES DE LIVRAISONS PENDANT LE TEMPS NÉCESSAIRE AU CHARGEMENT OU DÉCHARGEMENT DES MARCHANDISES

2. P VOITURES DE TOURISME

3. RUE PIÉTONNIÈRE CIRCULATION ET STATIONNEMENT INTERDITS ACCÈS AUTORISÉS AUX GARAGES ET COURS PRIVÉS LIVRAISONS AUTORISÉES DE A HEURES

4. ✻ PRIÈRE ✻ DE NE PAS STATIONNER SUR LE TROTTOIR

5. INTERDIT A TOUS VÉHICULES

≈ **25.** Apprends: Où est . . . ?

Où est	le buffet *snack bar*
	le bureau de renseignements?
	la salle d'attente? *waiting room*
	le bureau des objets trouvés? *lost property office*
	la consigne? *left-luggage office*
	le guichet? *ticket office*

Où sont	les taxis?
	les toilettes?
	les téléphones?

These are the signs you're looking for, but you can't see them. How do you ask?

a.　　*b.*　　*c.*　　*d.*　　*e.*　　*f.*

≈ **26.** Apprends: C'est quel quai?

Pour aller à	Paris,	c'est quel quai?
	Calais,	quel arrêt?
	Notre Dame,	quel autobus?
	l'Arc de Triomphe,	quel numéro?
	la tour Eiffel,	quel car?
	la gare,	quel train?
	la gare routière,	quel bateau?
		quelle ligne?
		quelle direction?
		quelle station?
		est-ce que je change?
		où est-ce que je change?
		où est-ce que je descends?

> **26. quel** which
>
> **quel** is spelt **quelle** before feminine nouns, eg **une** ligne. The pronunciation doesn't change.

C'est bien	le train	pour . . . ?
	le bus	
	le car	
	le bateau	
	le métro	
	un compartiment fumeurs?	
	non-fumeurs?	

Est-ce que cette place est	libre?
	occupée?
	réservée?

a. You're going to Paris by train:

Ask which platform it is for Paris.
Ask which train it is.
Ask whether you have to change.
Check that this *is* the train for Paris.

b. In Paris, you go by bus to the Arc de Triomphe:

Ask which stop it is for the Arc de Triomphe.
Ask which route it is.
Ask which bus it is.
Check that this *is* the bus for the Arc de Triomphe.

c. Now you're going by **métro** to the Eiffel Tower:

Ask which **direction** it is for the Eiffel Tower.
Ask where you have to change.
Ask where you have to get off.
Check that this *is* the **métro** for the Eiffel Tower.

≈ 27. À toi de jouer

You're at a bus stop in a French town, and you're talking to somebody else waiting there.

a. Ask which bus it is for the station. *(Excusez-moi, Monsieur, - - -?)*
   PASSANT: Tiens, le voilà.

b. A bus comes. Check that it's the right one. *(- - -?)*
   PASSANT: Mais oui, le numéro 12.

c. Ask where you have to get off. *(- - -?)*
   PASSANT: Il faut demander au conducteur de vous déposer.

≈ 28. À toi de jouer

You're at the **métro** ticket office.

Revision: Sections 17, 18, 26

EMPLOYÉ: Vous désirez?

a. Ask for a plan of the underground and 10 tickets. *(- - - .)*
   EMPLOYÉ: Voilà. 28F.

b. Ask which direction it is for Notre Dame. *(- - -?)*
   EMPLOYÉ: Pour commencer vous prenez la direction Neuilly.

c. Ask whether you have to change. *(- - -?)*
   EMPLOYÉ: Oui, vous changez à Châtelet.

≈ 29. À toi de jouer

You're trying to find an empty seat on a train to Paris.

Revision: Sections 26, 15.

a. Ask if this seat is taken. *(- - -?)*
   PASSAGÈRE: Oui, elle est réservée.

b. Go to another and ask if it's free. *(- - -?)*
   PASSAGÈRE: Oui, asseyez-vous.

c. Check that you're in a non-smoker. *(- - -?)*
   PASSAGÈRE: Oui, oui. Vous restez longtemps à Paris?

d. Say that you're going to travel to Nice tomorrow. *(- - - .)*

≈ 30. À toi de jouer

You're at the bus station ticket office.

Revision: Sections 18, 16, 25

EMPLOYÉ: Pour votre service? *(- - -?)*

a. Ask if there's a reduction for children.
   EMPLOYÉ: Pour les moins de 4 ans seulement.

b. Buy a full fare and a half fare ticket for Nancy. *(Alors, - - - .)*
   EMPLOYÉ: Ça fait 55 francs.

c. Ask when the next coach goes for Nancy. *(- - -?)*
   EMPLOYÉ: Dans une heure.

d. Ask where the waiting room is. *(- - -?)*
   EMPLOYÉ: Là-bas, en face.

MODULE 4

C. EN ROUTE

[i] 31. À la station-service

N 10
RAMBOUILLET 27
CHARTRES 69

Signalisation de direction sur route nationale.

D 84
ECOUEN 6
PARIS 26

Signalisation de direction sur route départementale

- ○ **une route**: **en route** on the way; **bonne route!** have a good drive! **le code de la route** highway code; **une carte routière** road map; **une autoroute** motorway. **Une route départementale** is equivalent to a B-road; **une route nationale** A-road. **Route glissante** slippery road ← **glisser** to slip

- ○ **une pompe** pump → **un pompiste** petrol-pump attendant; **un pompier** fireman

- ○ **l'essence** petrol, usually 2-star (also called **ordinaire**). **Super** = **supercarburant** 4-star; **gasoil** = **gaz-oil** = **gazole** diesel; **2 temps** 2 stroke. Petrol is bought **au litre**, of course, not by the gallon

○○ 32. Esso annonçait ce matin . . .

Listen to an extra item (**une information supplémentaire**) at the end of the radio news about prices in Esso, Elf and Antar petrol stations.

moins cher cheaper
baisser le prix to lower the price
← **bas** low
un centime 100th of a franc

- **a.** What is going to be cheaper?
- **b.** Where is it going to be cheaper?

□ 33. À la station-service

Which pump will give you 2-star petrol?

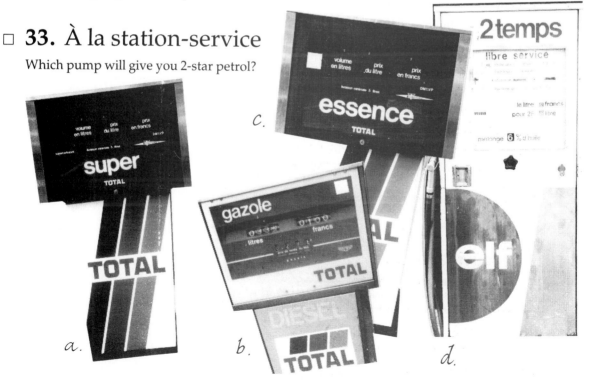

a.
b.
c.
d.

ⓘ 34. Le permis de conduire

o **conduire** to drive: **on apprend à conduire** one learns to drive →
la conduite driving: **une leçon de conduite**; [!] **un conducteur,
une conductrice = un chauffeur** driver. **Un automobiliste** is a
motorist

o **un permis** permit: **permis de conduire** driving licence ←
permettre to permit, allow. **Il est permis de . . . = on a droit à
. . . . . .** is allowed

o **la signalisation = les panneaux** road signs

o **une épreuve, un test, un examen** test, exam; **une note** mark,
score. In France, **une épreuve théorique**, written test, must be
passed before **l'épreuve pratique**, the road test, can be attempted.
Une faute = une erreur fault, error, mistake; **une réponse juste**
correct answer

⌒⌒ 35. Le permis de conduire

Listen to Jean-Luc talking about the driving test in France.

a. *British* learner drivers usually begin by handling the controls of
the vehicle. What are *French* learners taught first?
b. How many mistakes are allowed in the **épreuve théorique**?
c. Candidates must learn about road signs for the **épreuve
théorique**. Meanwhile, what else are they allowed to do?

☐ 36. L'épreuve

If you know anything about the driving-test procedure in Britain,
try to find some differences from the French system.

une règle rule (also, ruler)
une diapositive slide
la compréhension understanding, comprehension ←
  comprendre to understand

L'ÉPREUVE THÉORIQUE

L'épreuve théorique est un examen sur la compréhension des situations
de conduite et des règles de circulation

La connaissance des candidats est testée par une méthode audiovisuelle
comportant la projection en salle de 40 diapositives

La note d'admissibilité est de 35 réponses justes.

L'ÉPREUVE PRATIQUE

Vous passerez cette épreuve après votre succès à l'audio-visuel.
L'épreuve pratique au volant dure environ 20 minutes.

[i] 37. Au volant

- ○ **un volant** steering wheel → **au volant** at the wheel, driving
- ○ **la vitesse** speed ← **vite** fast; **les vitesses** gears
- ○ **la priorité: j'ai la priorité** = **je suis prioritaire** I've got right of way. The system of **priorité à droite**, giving right of way to vehicles coming from the right, is disappearing in France
- ○ **une chaussée** carriage-way, roadway → **le rez-de-chaussée** ground floor, ie level-with-the-roadway
- ○ **hors** outside: **hors agglomération** outside built-up areas → **en dehors** out of doors
- ○ **un rond-point** roundabout ← **rond** round
- ○ **le sens** direction of traffic; **sens unique** one way; **en sens inverse** = **en sens contraire** in the opposite direction
- ○ **la police** police force. A policeman may be **un agent, un policier** or **un gendarme**, depending on his duties
- ○ **traverser, franchir, passer, croiser,** to cross. **Croiser** → **un croisement** crossroads ← **une croix** cross. **Passer** → **un passage à niveau** level-crossing; **un passage pour piétons** = **un passage clouté** zebra crossing. **Un carrefour**, another word for crossroads, is also the name of a chain of hypermarkets often situated at major crossroads
- ○ *To learn:* **un virage** bend ↔ English 'veer'; **des travaux** road works ↔ **travailler; céder le passage** to give way ↔ English 'cede'

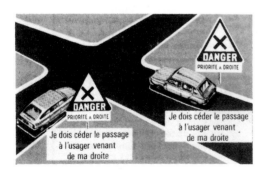

□ 38. Vitesse maximale

What is the speed limit . . .

- **a.** on dual carriageways (and parts of motorways)?
- **b.** on most motorways?
- **c.** in built-up areas?
- **d.** on most other roads?

VITESSE MAXIMALE D'UN VÉHICULE

Elle est limitée, en règle générale à :
– 130 km/heure sur les autoroutes.
– 110 km/heure sur les routes à deux chaussées pour chaque sens de circulation, séparées par un terre-plein central ainsi que sur certaines portions d'autoroutes indiquées par panneaux.
– 90 km/heure sur toutes les routes hors agglomérations.
– 60 km/heure dans toutes les agglomérations.

39. Limitation de vitesse

This is what Jean-Luc says.
Fill in the missing figures:

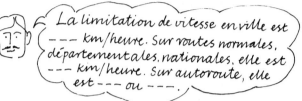

La limitation de vitesse en ville est
--- km/heure. Sur routes normales,
départementales, nationales, elle est
--- km/heure. Sur autoroute, elle
est --- ou ---.

40. La priorité

a. Jean-Luc says that this sign is
seen on major roads before a
junction with a minor road.
Briefly, what does the sign mean?

b. In Britain, traffic approaching a
roundabout gives way to traffic
already on the roundabout.
Is it the same in France?

VOUS N'AVEZ
PAS LA PRIORITÉ

donc so, therefore
marqué marked, written
attendre to wait
il n'y a plus personne qui arrive
  there's nobody else coming

41. Au passage pour piétons

This is from a puzzle book to teach children the highway code.
Match captions **a–d** to drawings **1–4**.

courir to run; **je cours** I run
un bonhomme little man ←
  homme

a. Je reste bien sur le
passage clouté et je ne
cours pas.

b. Je regarde bien à
gauche et à droite.

c. Je traverse quand le
feu est rouge et le
petit bonhomme vert.

d. S'il y a un agent,
j'attends qu'il me fass
signe de passer.

☐ 42. Les panneaux

Here is another extract from the puzzle book.
Match signs **a–i** (which were stickers in the original) to spaces **1–9**.

≈ **43.** Apprends: À la station-service

Je voudrais	vingt litres	d'essence
	quarante francs	de super
	le plein	d'ordinaire
	a full tank	

Vérifiez	l'huile	s'il vous plaît.
Check	l'eau	
	les pneus	
	tyres	

Je voudrais	de l'huile
	de l'eau
	de l'air
	une carte routière

Make these requests in French:

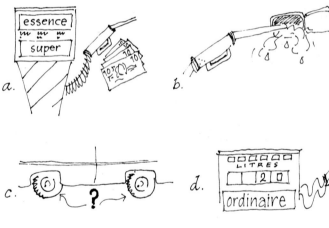

a.   b.

c.   d.

e.   f.

g.   h.   i.

≈ **44.** Apprends: Est-ce qu'il est permis?

Est-ce qu'	il est permis de *allowed* il est interdit de *forbidden* il faut *necessary*	stationner descendre céder le passage croiser tourner monter continuer	ici?

infinitives (2)
Here are some more infinitives with their **-er** or **-re** endings. Here they are used to say what one may, must or mustn't do. (See also Section 15.)

Decide what you think these signs mean, then make a question so that you can check your guess with a French speaker. (There may be more than one way of phrasing your guess.)

MODULE 4

D. EN PANNE

[i] 45. La prévention routière

- ○ *Hidden words:* **un dépannage** repair ← **une panne** breakdown; **un embouteillage** traffic jam, bottleneck ← **une bouteille**; **ralentir** to slow down ← **lent** slow

- ○ *Guessable:* **un feu** fire, now also means traffic light; **doubler** to overtake; **un demi-tour** U-turn; **rouler** to drive ↔ **une roue** wheel; **une file** line or lane of vehicles ↔ **un défilé** procession

- ○ *To learn:* **le brouillard** fog

DEPANNAGE
TELEVISION
RADIO · HI·FI
MAGNETOSCOPE

Toutes Marques

□ 46. Vélos, vous êtes invisibles!

Here are the words missing from this magazine article:

Vous doublez
automobilistes
change de file
embouteillages
la portière
au feu rouge

Match them to gaps a–f.

VÉLOS, VOUS ÊTES INVISIBLES !

A vélo, vous êtes comme un poisson qui se glisse entre les bateaux. Liberté, liberté ! Jamais
a. d' _ _ _ pour vous.
b. Pfuit ! _ _ _ les longues
c. files de voitures _ _ _
A vélo, vous êtes petit, ça veut dire que vous passez partout. Mais attention, ça veut dire aussi
d. que les _ _ _ ne vous voient pas forcément. A vous de faire sans cesse attention à leur
e. place : pensez toujours à _ _ _ qui va s'ouvrir devant vous, à la voiture qui _ → _
f. sans vous avoir vu.

□ 47. Conduire sur autoroute

Which of these 'do's and don'ts' apply to British motorway driving a well as French?

a. — *Respectez la vitesse limite, en général 130 km/heure.*
b. — *Ne faites jamais demi-tour*
c. — *Roulez sur la voie de droite. Doublez à gauche*
d. — *Pour demander un dépannage, utilisez le poste téléphonique le plus proche (un téléphone tous les 2 kilomètres).*
e. — *En cas de brouillard ralentissez.*
f. — *Gardez vos distances, surtout par pluie, neige et brouillard.*
Bonne route.

$\boxed{i}$ 48. Accidents

○ *Look alike, sound different:* **une catastrophe; un accident, une collision, une ambulance**

○ ◊ **-eux/-ous: dangereux; sérieux;** ◊ **ô/os: un hôpital →
hospitaliser** to send to hospital; ◊ **-ment/ly: gravement** badly,
seriously; **légèrement** slightly ← **léger** light, slight

○ [!] **heurter** to hit; **blessé** injured: **blessé au pied/à la jambe**
with an injured foot/leg

○ **les pompiers = les sapeurs-pompiers** firemen. They deal with
les feux and **les incendies** fires. They are also ambulancemen

○ *To learn:* **soigner** to look after ← **le soin** care; **tué** killed;
mort dead; **un poids lourd = un camion** lorry; **percuter** to hit
↔ percussion

49. Accident de train

Listen to the latest news bulletin – **le dernier bilan** – about a train
crash at Saint-Pierre-du-Vauvray near Louviers. What
happened? Fill in the gaps in English:

There were 8 dead and 67 injured, with three or four – – – hurt.
The 'Corail' train from Le Havre to Paris hit a – – – which was on
the – – – at St-Pierre-du-Vauvray.
The eight dead people were the – – – and seven train passengers.
About 20 passengers are still – – – in Rouen.

□ 50. Accidents de la route

Here are some causes and results of accidents:

Causes
1. difficult road conditions
2. selfish driving
3. drunken driving
4. speeding
5. cause unknown

Results
1. nobody seriously hurt
2. one person seriously hurt
3. more than one person hurt
4. one person killed
5. several people killed

What cause and what result seems to describe each of these accidents?

**Vélo contre auto
devant le L.E.P.**

Hier, à 8 h 10, une jeune cy-
cliste, Nathalie Bourré, 16 ans,
domiciliée 16, rue du Thouet, a
percuté la voiture de Mme Les-
cure, infirmière,

Mlle Bourré, légèrement bles-
sée au pied droit, a été transpor-
tée à l'hôpital par l'ambulance
des sapeurs-pompiers.

a.

LANDEAN. — Refus de prio-
rité : 3 blessées.

Vendredi 20 juillet, à 13 h. 15,
au carrefour de Chennedet, une
Renault circulant sur la route
forestière a refusé la priorité
à une autre Renault

Cette collision a fait trois
blessées : Mlle Christine De-
noual, 20 ans, élève-infirmière,
demeurant à Louvigné, conductrice de la 1ère voiture ; Mme
Marie-Laure Guérin, 19 ans, étudiante, demeurant à Vitré, passagère du 1er véhicule ; Mme
Marie-Françoise Couasnon,

b.

**Deux blessés
rue des Gonthières**

Deux personnes ont été blessées samedi après-midi dans une
collision qui s'est produite au
dangereux carrefour de l'avenue
des Corsaires,

Après cet accident, Mme MArie-
Thérèse Bernon, 56 ans, demeurant 10, rue de Suffran passagère
de la voiture de son mari a été
admise à l'hôpital,

M. Bernon a été soigné à
Saint-Louis.

c.

[i] 51. Il y a eu un accident

○ **il y a** there is, there are: **il y a quelques virages** there are some bends
il ya a eu there has been: **il y a eu un accident**
il y avait there was, there were: **il ya avait une ferme à côté** there was a farm nearby

○ **était** was: **il était 2 heures** it was 2 am; **il était presque arrivée** he was almost home
a été also 'was': **sa jambe a été écrasée** his leg was crushed
il était soûl = il était ivre = il avait bu he was drunk

○ *Guessable:* **la courbe** curve; **le nez** nose

○ *To learn:* **casser** to break; **l'avant** front (of a car); **l'arrière** back (of a car); **un siège** seat; **un phare** headlamp

<table>
<tr><td colspan="2">51. What happened?</td></tr>
<tr><td colspan="2">Setting the scene – describing what was going on – needs the imperfect tense, which often ends in -ait:

Il revenait, he was coming back
Il suivait, he was following
Papa roulait, dad was driving

The action – saying what suddenly happened – needs the perfect tense, which contains two words:

Cet homme est arrivé, this man arrived
Il a pris la courbe, he took the curve
Ils ont appelé les pompiers, they called the firemen
Il a eu le nez cassé, he had a broken nose</td></tr>
</table>

∞ 52. L'accident de M. Blouin

Mademoiselle Blouin is talking about her father's accident on the coast road round the Baie du Mont-St-Michel. You will hear the account first in full, then divided into parts **a–e**. Summarise, explaining . . .

a. why the coast road round the bay is rather dangerous
b. why the other driver didn't notice the curve
c. that M. Blouin's leg was crushed between the seat and the – what?
d. what the people at the farm did
e. who had to stay longer in hospital, M. Blouin, or the other driver?

□ 53. L'accident de M. Blouin

Read this shortened version, and fill in the gaps with the words on the right.

a. Bon, l'accident: mon père – – – de Paris, avec deux amis en pleine nuit. Il – – – la côte le long de la Baie du Mont-St-Michel. Il y a quelques petits virages assez dangereux, et papa – – – donc à droite. Et cet homme, qui conduisait une DS, – – – en face, en sens contraire.

b. Et il – – – très très soûl, il n'a pas vu, il – – – la courbe du virage mais, au lieu de tourner, il – – – tout droit.

c. Juste à ce moment-là, papa – – – en voiture. L'homme – – – très vite, et la roue avant gauche de la voiture de mon père s'– – – sous son siège et donc sa jambe – – – écrasée entre la roue et le siège.

d. Comme il – – – deux heures du matin, ça était très difficile. Il y – – – une ferme à côté; ils – – – pompiers tout de suite.

e. Après, il – – – six mois à l'hôpital. Et l'autre personne, qui avait causé l'accident, il – – – le nez cassé. Huit jours après l'accident, il était sorti de l'hôpital.

Description	Action
revenait	est arrivé
roulait	
suivait	
était	a continué
	a pris
arrivait	a été
conduisait	est retrouvée
avait	ont appelé
était	
	a eu
	est resté

i 54. Après un accident

○ **un constat** statement; **constater = faire un constat**

○ **l'assurance** insurance; **un assuré** insured person; **une police d'assurance** [!] insurance policy

○ **les dégâts** damage; **un témoin** witness

○ **remplir** to fill in: **on remplit un papier. Un morceau** piece, bit: **chacun prend son morceau** each person takes his piece

○ **rembourser** to return money ↔ reimburse; **un remboursement** refund

55. Faire un constat

Jean-Luc was asked what drivers should do after a minor crash. Listen all through, then again to parts **a**, **b** and **c**. His advice was:

a. Keep calm, inspect the damage, and – – –.
b. The paper should be filled in by – – –.
c. When the insurance company has dealt with it, the driver may get – – –.

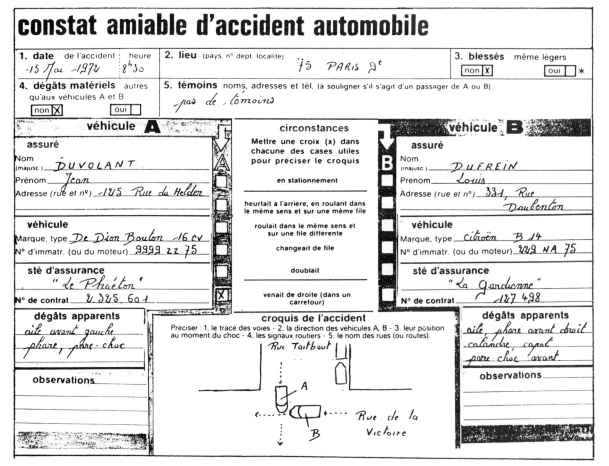

constat amiable d'accident automobile

1. date de l'accident	heure	**2. lieu** (pays, n° dept. localité)		**3. blessés** même légers
-15 Mai 1972	8ʰ30	75 PARIS 9ᵉ		non X oui ☐ *

4. dégâts matériels autres qu'aux véhicules A et B	**5. témoins** noms, adresses et tél. (à souligner s'il s'agit d'un passager de A ou B)
non X oui ☐	pas de témoins

véhicule A | circonstances | **véhicule B**

Mettre une croix (x) dans chacune des cases utiles pour préciser le croquis

assuré
Nom (majusc.) DUVOLANT
Prénom Jean
Adresse (rue et n°) 125 Rue du Helder

véhicule
Marque, type De Dion Bouton -16 cv
N° d'immatr. (ou du moteur) 9999 zz 75

sté d'assurance "Le Phaéton"
N° de contrat V.325.601

en stationnement

heurtait à l'arrière, en roulant dans le même sens et sur une même file

roulait dans le même sens et sur une file différente

changeait de file

doublait

venait de droite (dans un carrefour) X

assuré
Nom (majusc.) DUFREIN
Prénom Louis
Adresse (rue et n°) 331, Rue Daubenton

véhicule
Marque, type citroën B 14
N° d'immatr. (ou du moteur) 229 NA 75

sté d'assurance "La Gauloise"
N° de contrat 127 498

dégâts apparents
aile avant gauche
phare, pare-choc

croquis de l'accident
Préciser : 1. le tracé des voies - 2. la direction des véhicules A, B - 3. leur position au moment du choc - 4. les signaux routiers - 5. le nom des rues (ou routes).

Rue Taitbout
A
B
Rue de la Victoire

dégâts apparents
aile, phare avant droit
calandre, capot
pare-choc avant

observations

observations

☐ 56. Constat amiable

Look back at the **constat** filled in by M. Duvolant and M. Dufrein
after their vehicles collided. Then read the statements **a–f** from an
English-speaking witness. Decide which three statements
confirm what is written in the **constat**:

a. I was in the Rue de la Victoire at the time, and saw what happened.
b. One of the drivers was bleeding from a cut.
c. No other vehicles were involved.
d. The Citroën was changing lanes.
e. Vehicle A was coming from the right.
f. Among other damage, one headlamp was broken on each car.

≈ 57. Apprends: Au garage

| Ma voiture | est en panne. |
| Ma moto | |

C'est la batterie	les vitesses
les freins *brakes*	le moteur
l'embrayage *clutch*	le radiateur
Je ne sais pas pourquoi (*why*)	

Pouvez-vous	m'aider?
Can you	envoyer un mécanicien?
	quelqu'un?
	réparer une Ford?
	une Renault?
	une moto?

| **une voiture** |
| Makes of car are always **une**: |
| **une** Ford; **une** Peugeot |

a. You're phoning a garage in France to say that your car has broken
down and you don't know what's wrong. Ask if they can send a mechanic.
b. You've had to push your motorbike to a garage. Tell the mechanic that it's
broken down, say what you think is wrong, and ask if he can repair a bike.
c. Something else is now wrong with your bike. When another biker
pulls up, say what the problem is, and ask if he can help you.

≈ 58. À toi de jouer

You've stopped your car by the road side. A resident comes to
investigate.

Revision: Sections 44, 57, 16, 15

HABITANT: Vous allez laisser votre véhicule là?

a. Ask if you can park here. Explain that your car's broken down.

HABITANT: Alors, qu'est-ce que vous allez faire?

b. Ask if there's a bus for Marseille tonight.

HABITANT: Oui, le dernier est à 21 heures.

c. Say you have to be in Marseille before 8 o'clock.

MODULE 4

E. EN CAS D'URGENCE

[i] 59. Donner l'alarme

- **appeler** to call; **un appel** a call ↔ appeal. Work emergency phones on motorways etc by pressing a button: **appuyer sur le bouton**

- **urgence** emergency. Local papers list details of doctors etc on duty (**de service**) outside normal hours

- **un hôtel de police** is one kind of police station. Others include: **un commissariat**, **un poste de police**, **une gendarmerie**

- **une pharmacie** chemist's → **un(e) pharmacien(ne)** chemist, who may advise on medical matters as well as deal with prescriptions, **des ordonnances**

- **un infirmier**, **une infirmière** nurse

□ 60. En cas d'urgence

Imagine yourself in Cherbourg in these situations:

a. It's Saturday afternoon, and you need a chemist. Where do you go?
b. You're a stranger in town, and you need medical help. Where should you go, or what number should you ring?
c. Fire! What number do you dial?
d. It's the middle of the night, and you need a chemist. Where should you go, and what should you take with you?

CHERBOURG
En cas d'urgence

MÉDECIN DE SERVICE

En cas d'absence de votre médecin, infirmier ou dentiste habituels, adressez-vous à l'hôtel de police | tél. 44.20.22.

PHARMACIENS DE GARDE :

Samedi : le matin, toutes les pharmacies sont ouvertes.

Samedi à partir de 12 h, et dimanche toute la journée jusqu'au lundi matin 9 h : GUERARD, rue de la Paix, Equeurdreville.

A partir de 22 heures jusqu'à 9 heures du matin, en cas d'urgence, présentez-vous muni de votre ordonnance au commissariat central du Val-de-Saire, qui vous indiquera la pharmacie de service.

AMBULANCE :

Samedi et dimanche .... tél. 03.5 88
POLICE SECOURS .... tél. 17
POMPIERS .... tél. 18

[i] 61. S.O.S.

- ○ *Guessable:* **un pirate**; **masqué**; **armé** (◊ -é/-ed); **attaquer**; **tenter** to try ↔ attempt; **propriétaire** owner ↔ proprietor; **autoradio** car radio, but **auto-défense** self-defence

- ○ *To learn:* **une plainte** complaint, legal charge (brought by a 'plaintif'); **prendre la fuite** to take flight; **le bris** breaking; **une vitrine** shop window; **un fusil de chasse** hunting rifle ← **chasser** to hunt ↔ chase; **par** by

- ○ **cambrioler** to burgle → **un cambrioleur** burglar

- ○ **voler** to steal; **un vol** theft; **un voleur** thief. **Voler** also means to fly, and **un vol** also means a flight

What does **vol** mean here?

□ 62. Faits divers

Why are these people in the news?

- **a.** Pascal Pietras from Octeville
- **b.** Two Swiss tourists
- **c.** Abdel Ardjoune of Marseille
- **d.** M. Coursin of Louvigné
  (And can you find a misprint in this cutting?)

Vol

— Plainte de M. Pascal Pietras, pour le vol d'un poste autoradio et de vêtements se trouvant dans son véhicule en stationnement, rue des Armistices, à Octeville, le 7 avril.

DES PIRATES DE LA ROUTE masqués et armés ont obligé deux touristes suisses à s'arrêter et leur ont volé argent et bijoux avant de prendre la fuite dans une voiture volée vendredi soir.

Autodéfense à Marseille : un cambrioleur blessé

Un garçon de 15 ans, qui tentait de cambrioler une épicerie dans le quartier du Merlan à Marseille, a été surpris et blessé par le propriétaire du magasin.

Réveillé par le bris de sa vitrine, le propriétaire, M. Abdel Ardjoune, 39 ans, s'empara d'un fusil de chasse et fit feu sur l'adolescent.

LOUVIGNÉ. le feu dans une voiture.

Mercredi soir 18 juillet vers 16 h. 30, les pompiers de Louvigné étaient alertés pour un commencement d'incendie qui s'était déclaré dans la voiture de M. Coursin, coiffeur, rue de Bretagne.
Le feu était dû à un court-circuit dans le moteur.

MODULE FOUR • 133

63. Secourisme

○ **le secours** help ↔ succour: **au secours** help! To phone **Police Secours** dial 17. **Une roue de secours** spare wheel; **sortie de secours** emergency exit; **les premiers secours** = **premiers soins** first aid → **notions de secourisme** training in first aid

○ **les parties du corps**: **la bouche** month; **la gorge** throat; **le sang** blood; **les dents** teeth → **un dentier** false teeth; **un dentiste**; **la tête** head; **le visage** face; **un genou** knee; **le ventre** stomach

○ *Guessable:* **toucher** to touch; **l'empoisonnement** poisoning ← **poison**; **vomir** to vomit; **refroidir** to make something cold ← **froid**

○ *To learn:* **brûler** to burn ↔ **une brûlure** a burn; **s'évanouir** to faint ↔ **un évanouissement** fainting fit; **se sentir mal** to feel ill

○○ # 64. Le secourisme

Listen to Jean-Luc talking about road accidents.

a. What does he say French drivers learn for their test (apart from road skills)?

b. What does he say you shouldn't do to injured accident victims?

☐ 65. Le secourisme

According to this French driving-test manual, if an accident victim is in danger, you should . . .

a. Check that his or her − − −, − − − and − − − aren't blocked.

b. Loosen or remove any shirt or tie, then immediately − − −.

QUE FAIRE EN PRÉSENCE D'UN ACCIDENT DE LA ROUTE ?

1 Contrôler que la bouche, le nez, la gorge ne soient pas obstrués (sang, vomissements, dentiers, objets divers, etc.)

2 Dégrafer la chemise, enlever la cravate très rapidement et pratiquer immédiatement le **bouche à bouche** ou le **bouche à nez**.

☐ 66. Premiers soins

For what are these the treatment (according to this article)?

a. Apply cold water to the affected area.

b. Lean the head between the knees.

c. Wash the mouth and face.

☐ 67. Le médecin

○ **un médecin** doctor, has studied **la médecine**, and may prescribe you **un médicament.** His title is **docteur: 'Bonjour, docteur'**

○ If you ask for **un rendez-vous**, appointment, in his **cabinet**, consulting room, you will have to pay **les frais**, fees, costs. Ask for **un reçu**, receipt, if you want to reclaim the money

○ *Look alike, sound different:* **payer** to pay; **un système**; **la sécurité sociale**; **en partie** in part

PREMIERS SOINS

EMPOISONNEMENT
- Lavez les traces du poison sur la bouche et le visage.
- Ne lui donnez rien à boire.
- Ne la faites pas vomir.

BRULURES
- Eloignez le blessé de la cause de la brûlure.
- Refroidissez rapidement la partie atteinte à l'eau froide pendant au moins quinze minutes.

EVANOUISSEMENT
- Si l'on se sent mal, il faut s'asseoir et pencher la tête entre les genoux.

68. Les frais médicaux

Listen to Jean-Luc talking about medical costs.

What two sorts of costs does he mention?

What does he say the **sécurité sociale** will do?

☐ 69. Deux médecins

It's Tuesday, you need a doctor, and
you haven't got an appointment.
Which of these doctors might see you?

Ouverture du nouveau
Cabinet Médical
de Menuires Reberty

**Docteur
LACOSTE**

Consultations tous les jours
Tél. 00.66.79

DOCTEUR Cl. MARCHAND
DE LA FACULTÉ DE MÉDECINE DE PARIS

CONSULTATIONS: LUNDI - MERCREDI - VENDREDI
de 14h à 16h

et SUR RENDEZ-VOUS

≈ 70. Apprends: J'ai mal . . .

J'ai mal	à la	tête gorge main jambe
	au	ventre genou bras *arm* doigt *finger* dos *back* cou *neck* pied
	à l'	œil oreille
	aux	dents yeux

Je voudrais	voir le médecin l'infirmière le dentiste un rendez-vous un reçu

Je suis	malade *ill* fatigué enrhumé *I've got a cold*

J'ai	froid chaud soif de la fièvre *temperature*

70. un œil, des yeux

Notice this irregular plural:
un œil eye
des yeux eyes

70. avoir chaud

French uses **avoir**, to have,
where English uses **to be**, in the
following phrases:

j'ai ⎫ ⎧ froid *cold*
tu as ⎬ ⎨ chaud *hot*
il a ⎭ ⎪ soif *thirsty*
        ⎩ faim *hungry*

70. avoir mal à

Another use of **avoir**:
j'ai mal à la tête, I have a head
  ache
tu **as** mal à l'oreille? Does your ear
  hurt?

au and **aux** are short for **à + le**
  (masculine) and **à + les** (plural):

j'ai mal **au** ventre (**le** ventre)
j'ai mal **aux** dents (**les** dents)

Avez-vous quelque chose pour le mal de	dents? tête? gorge? ventre? mer?

a. How do these people say in French where they are hurting?

1. *2.* *3.* *4.* *5.* *6.* *7.*

b. How do these people say how they are feeling?

c. Tell the chemist where you hurt, and ask if he has a remedy.

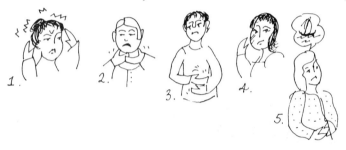

≈ 71. À toi de jouer: Chez le médecin

RÉCEPTIONNISTE: Bonjour.

a. Say you'd like an appointment.

RÉCEPTIONNISTE: Avec le médecin ou l'infirmière?

b. You'd like to see the doctor.

MÉDECIN: Alors, qu'est-ce qui ne va pas?

c. Tell the doctor you're ill. You feel hot and your eyes hurt.

MÉDECIN: Voyons . . . Oui, je vais vous donner une ordonnance . . . Voilà. Ce sera 100 francs.

d. Ask for a receipt.

MÉDECIN: Oui, demandez à la réception.

MODULE 4

F. À TON STYLO!

72. Voyager en Grande Bretagne

Your penfriend is going to travel across Britain alone, and is feeling nervous about it. You send her these photos, and explain what they are.

Revision: Sections 5, 7, 10, 19, 22

EXEMPLE:

Subway — C'est un passage souterrain.

73. Croquis de l'accident

You witnessed this accident in France: a lorry emerged from a petrol station, ignored the speed limit, swerved round road works and hit a pedestrian stepping off the pavement onto the crossing.

Here is your sketch (**un croquis**) of the accident. Make a copy of it for the police. In case your drawing isn't clear, label six things on it, in French.

Revision: Sections 22, 37, 45, 48

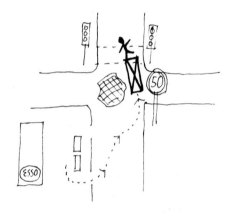

74. Cher François

You and a friend are planning to visit François in the Rue Turenne in Troyes: you'll cross Paris by métro, then take a coach if possible, then get to the house by bus.

Revision: Sections 15, 16, 17, 18, 26

a. Write to François to say you'd like a map of the métro and some information about the coach service.
b. Say you want to travel to Troyes by coach, and ask if there is a coach for Troyes on Monday. And is there a student reduction?
c. Ask him which bus it is for the Rue Turenne, and when the last one goes.

Begin and end like this:

> Cher François,
>
> Mon ami et moi, nous arrivons le lundi 13. Est-ce que tu peux nous aider ? Je voudrais.....
>
> A la semaine prochaine !
> Amitiés,

MODULE 5 VIVE LE SOLEIL!

A. PROJETS DE VACANCES

i 1. Activités et endroits

○ *Look alike, sound different:* **un camp**; **une activité**; **une tente**; **différent**; **un projet** plan, project; **habituel** usual, habitual; **le scoutisme** scouts and guides; **j'économise** I save up, economise

○ **Des activités:** **on fait des veillées** evening get-togethers; **des promenades** = **des balades** = **des randonnées** walks, hikes, outings; **du sport**; **de la luge** tobogganing; **du canoë**; **du camping**

○ **Où ça?** **sous la tente**; **autour du feu** around the fire; **dans un endroit** = **dans un lieu** place

∞ 2. Vacances habituelles

Listen to Fatima talking about her holidays with the Guides.

a. Where do Fatima and the other Guides sleep on their weekends away? What do they do in the evenings?

b. Complète en français:
À la fin de l'année nous – – – un camp d'une semaine ou de quinze jours, dans un endroit différent de notre lieu habituel. Et nous – – – des activités, nous – – – en balade, et tous les soirs nous – – – sous la tente.

present tense
Fatima is talking about what she usually does, so she uses the present tense. This usually ends in **-ons** after **nous** (we): (to sleep) **dormir**: nous dorm**ons** (to have) **avoir**: nous av**ons** (to go away) **partir**: nous part**ons** (to go) **aller**: nous all**ons** (to stay) **rester**: nous rest**ons** but (to do) **faire**: nous fais**ons**

i 3. On va où? Et quand?

○ **On va où?**

je pars I'm going	
je vais I'm going	
je vais aller I'm going to go	
on va aller we're going to go	
on va we're going	

dans le Midi the south of France
chez mes oncles to see my uncles
aux sports d'hiver winter sports
visiter les monuments sights
à la montagne; **à la plage**
en Italie; **au Japon**
là-bas there

chez at someone's home
On the tape: chez mes oncles, mes tantes chez mes grands-parents chez des amis chez ma grand-mère chez moi

○ **Quand ça?**

je vais I'm going to	**aller**	**pendant**	**quinze jours** two weeks
je pense I'm thinking of	**rester**	**pour**	**le reste des vacances**
je compte I'm expecting to			**les vacances de Noël** the Christmas holidays
j'espère I'm hoping to			**une semaine** a week
			au moins un mois at least a month
			tout le mois d'août the month of August

plus longtemps longer
un peu a little while
l'année prochaine next year

4. Vacances futures

Complète les interviews en français:

a. *Qu'est ce que tu vas faire pendant les grandes vacances, Armelle?*

Je vais aller à la ––– quinze jours; j'y vais avec ma famille, et on fait des –––, on va cueillir des fruits; et puis après ça ja vais aller dans le Midi: on a, enfin, mes grands-parents ont un appartement –––, enfin, on va y aller.

b. *Et qu'est-ce que tu vas faire pendant le reste des vacances?*

Le reste des vacances, je vais aller ––– mes oncles et tantes, mes grands-parents; sinon, je pars aussi à Noël, pendant les vacances de Nöel: je vais aux –––. Les enfants peuvent faire de la luge, ou on peut faire des ––– dans la neige . . . .

c. *Et toi, Isabelle? Tu vas partir en août, aussi?*

Pendant tout le mois d'août je vais aller en famille, chez des amis; je vais aller à la –––, je vais faire du –––, je vais rester chez moi un peu . . .

d. *Et qu'est-ce que tu vas faire dans le Midi?*

Alors, je ––– avec ma famille en voiture, et on a là-bas un appartement avec une piscine; alors on va, je vais dans la piscine, et puis on va ––– aussi un peu à la plage et on va aussi visiter, on va peut-être aller en –––; j'y vais pendant une –––, on va aller en ––– peut-être, pour visiter Rome, quelque chose comme ça. Et puis il y a aussi les ––– à visiter dans le Midi.

e. *Marianne, quels sont vos projets de vacances?*

Ma sœur Claire est partie au Japon au début de l'année, donc je pense, je compte, aller l'année ––– au Japon, pour voir ma sœur. Alors j'économise tout l'argent que je peux pour partir au Japon, pour au moins un –––; j'espère pouvoir rester plus –––.

i 5. À la campagne

- ○ *Obvious:* **une bicyclette**; **une forêt**; **une île** (◊ ê, î/es, is); **pique-niquer**; **un lac**; **approcher**; **une vallée**; **une rivière**

- ○ *Guessable:* **un bateau habitable** house-boat ← **habiter**; **le paysage** countryside ← **le pays** country; **une ferme** farm → **un fermier** farmer; **proposer** to suggest, propose; **naviguer** to sail ↔ navigation; **un rocher** rock; **une croisière** cruise; **boisé** wooded ← **le bois** wood; **le Royaume Uni** United Kingdom ← **roi** king

- ○ *To learn:* **un oiseau** bird; **un sentier** path; **une colline** hill; **une vache** cow

- ○ [!] **expérimenté** experienced

☐ 6. Vacances actives

Here are some of the **Vacances Actives** organised by the
Fédération Unie des Auberges de Jeunesse, in France and abroad.

VACANCES ACTIVES

Bateau habitable

Promenade sur le Canal de
Briare en bateau habitable (sans
permis) et découverte de la
région à bicyclette

Canoë-kayak

Objectif : découvrir le littoral,
naviguer le long des rochers,
débarquer sur une île, approcher
les oiseaux, pique-niquer sur une
belle plage de sable fin...

Croisière en méditerrannée

Départ de Cannes. 3 jours de
croisière
Bateau de 11 m type Sun-shine.
Un skipper expérimenté vous
accompagnera et vous ensei-
gnera les techniques de la voile
et de la navigation.

Cyclotourisme

L'AJ propose, avec un accompa-
gnateur, un circuit différent chaque jour : visites de fermes com-
toise, fruitière à Comté... découverte de la nature : paysages
variés, forêts de sapins, lacs.

Etranger...

**Cyclotourisme
en Cornouaille.**
La Cornouaille vous enchantera :
Ses vallées luxuriantes et boisées,
ses cottages de pierre et
d'ardoise en font une des plus
belles et traditionnelles régions
du Royaume Uni.

Randonnée en montagne

Si vous disposez d'une semaine
de vacances, découvrez le "Pays
du Mont-Blanc" et offrez-vous le
plaisir de randonner sur les sen-
tiers du "Grand Balcon" de
Chamonix.

Which might you choose if you wanted to . . .

a. explore the coast from a boat?
b. explore mountainous country on foot?
c. sail on the open sea?
d. cycle through wooded valleys?
e. combine a boating and cycling holiday?
f. get to know country life by bike?

◊ **dé-/dis-, des-**
la découverte discovery
débarquer to disembark

Others:
décrire **dégoûtant**
désagréable **désapprouver**
désobéir **détruire**
déçu disappointed

◊ **-ouv-/-ov-**
découvrir to discover

Others:
Douvres **le gouvernement**
la couverture **prouver**
approuver **mouvoir**

≈ 7. Dossier: Mes vacances

Describe how you usually spend your summer holidays.

a. Généralement,

je vais nous allons	au bord de la mer à la montagne à la campagne à l'étranger *abroad*
je reste nous restons	à la maison en Grande Bretagne

aller to go		
je vais	I go, I'm going	
tu vas	you go, you're going	
. . . va	. . . goes, . . . is going	
nous allons	we go, we're going	
So:		
je vais aller	I'm going to go	

b.

Je passe Nous passons	un weekend une semaine quinze jours un mois	dans un hôtel dans une ferme dans une caravane sous la tente chez . . . en colo *holiday camp* dans un gîte *cottage* dans une auberge de jeunesse *youth hostel*

c.

Je fais Nous faisons	des promenades du sport du camping des pique-niques	des visites de la natation de la pêche du vélo

Say what you plan to do next summer:

d. L'année prochaine,
Next year

je vais
j'espère
je pense
je voudrais
	aller
	rester
	passer
	faire
		au bord de la
		  mer, *etc*
		à la maison, *etc*
		15 jours en colo,
		  etc
		du camping, *etc*

going to

Some more examples of what people are going to do:

je vais	}	rester
tu vas	}	faire
. . . va	}	dormir
nous allons	}	partir

The endings **-er**, **-re**, **-ir** usually mean **to**:
Je voudrais rest**er** (I'd like **to** . . .)
J'espère dorm**ir** (I'm hoping **to** . . .)
Il va part**ir** (he's going **to** . . .)

≈ 8. Interview

a. Est-ce que tu pars en vacances normalement?
b. Où est-ce que tu demeures en vacances?
c. Qu'est-ce que tu fais là-bas?
d. Et l'année prochaine, qu'est-ce que tu vas faire pendant les vacances?

MODULE 5

B. TU AS PASSÉ DE BONNES VACANCES?

[i] 9. Ça s'est bien passé?

○ *Opinion:* **je pense/trouve que c'était . . .** I think it was: **joli**
pretty; **très bien** very good; **(encore) mieux** (even) better;
idéal; agréable; intéressant; formidable = super = génial
great; **relaxant** (◊ -ant/-ing); **amusant** ← **s'amuser** to enjoy
oneself; **ennuyeux** boring ← **s'ennuyer** to be bored

○ *Likes and dislikes:* **j'aime . . . ; j'adore . . . ; ça m'a plu** I liked it;
ça ne m'a pas tellement plu I didn't like it much; **je préfère . . .**

○ *Agreeing and disagreeing:* **avoir raison** to be right: **tes parents ont
raison; être d'accord** to agree: **je ne suis pas d'accord**

◌◌ 10. Quand j'étais plus jeune

Mlle Blouin is remembering her childhood holidays in the
country. Listen all through, then again to parts **a** and **b**.

a. Which four words are verbs in the imperfect, and what do they
mean?

Quand j'étais plus jeune, nous n'allions pas en vacances avec nos
parents. Nous restions souvent chez ma grand-mère qui habitait
dans un petit village en Mayenne qui se trouve au sud-est de
Saint-Malo.

b. What did Mlle Blouin think of these holidays? Fill in the French
words missing after **c'était**:

Et c'était – – – et il y avait peu de voitures; donc c'était – – – pour
les enfants. Il y avait des forêts; alors le matin nous partions à sept
heures, nous avions des amis qui habitaient dans le village qui
nous attendaient à la porte, nous partions toute la journée,
jusqu'à sept heures du soir, courir dans les bois et les collines, et
c'était – – – pour les enfants.

Can you also find five different imperfect tenses, apart from
c'était, in 10b?

imperfect tense
The imperfect tense says what *used to* happen. Its endings are: je . . . **ais** tu . . . **ais** ⎫ sound il/elle/on . . . **ait** ⎬ the same ils . . . **aient** ⎭ nous . . . **ions** vous . . . **iez**

$\boxed{i}$ 11. En colo

○ *Look alike, sound different:* **l'équipement**; **une responsabilité**

○ *Guessable:* **la plongée sous-marine** deep-sea diving ← **plonger** to dive + **sous** under + **mer** sea; **retourner** to return; **un moniteur, une monitrice** = **un(e) mono** instructor, supervisor

○ *To learn:* **une colonie de vacances** = **une colo** young people's holiday camp; **une espèce de dortoir** sort of dormitory; **apprendre** to learn; **se baigner** to bathe; **du bricolage** = **des travaux manuels** craft; **des jeux de piste/d'intérieur** outdoor/indoor games; **un séjour** a stay; **une fois** time, occasion

○ **[!] préparer un stage** to go on a course; **le matériel** = **l'équipement**

○○ 12. Mlle Blouin en colo

At 16, Mlle Blouin trained to be **une mono** in **une colo**.
Listen to what she says about her experiences.
These are the things she mentions about the camp – but in what order?

13. Anne en colo

Anne is also remembering her visits **en colo**. You will hear what she says all through first, then divided into **a–c**.

a. What reason does Anne give for not enjoying her first stay at a **colonie de vacances**?
b. Why did her aunt, the **colonie** nurse, have to come to her twice?
c. She went to another **colonie**, in Guernsey, when she was about 12. She mentions several things she enjoyed. Which can you remember?

Extra

Here are extracts from what Anne said. Sort out the perfect tenses from the imperfects, and think about why she used which.

1. J'**ai été** dans plusieurs colonies.
2. Je **devais** avoir huit ans.
3. Ma tante **était** infirmière de la colonie de vacances.
4. Je **pouvais** (*I could*) aller la voir.
5. Elle **a dû** venir deux fois dans la semaine.
6. Je **pleurais** tout le temps.
7. J'**étais** trop petite.
8. J'en **ai fait** une autre il y a deux ans.
9. On **dormait** sous la tente.
10. On **a été** visiter les monuments.
11. On **apprenait** à faire certaines choses de nous-mêmes.
12. On **prenait** des reponsabilités.

14. La colo, pour ou contre?

On the next page are readers' replies to a question sent in to the magazine 'Okapi' by Antoine from Blois. He is worried about going to a **colo**. Who says . . .

a. "I've been once, and I'd love to go back."
b. "I've been often, and I enjoy it very much."
c. "I didn't want to go, but then I didn't want to leave."
d. "You learn to live with other people, and also to cope alone".
e. "There's plenty to do, daytime and evening, outdoors and indoors".
f. "What you do there will be useful in later life, as well as fun."
g. "The **colo** is great!"
h. "I'd rather stay at home."

---

plusieurs several
envoyer to send
en fait in fact
pleurer to cry
il y a deux ans two years ago
une chose thing: **certaines choses**; **autre chose** something else

---

apprendre to learn, to teach

In sections 13 and 14 you'll hear or read:

j' **apprends** I learn
tu **apprends** you learn — present tense
on **apprend** people learn

on **apprenait** we used to learn — imperfect tense

mes parents m'ont **appris** my parents taught me — perfect tense

---

perfect and imperfect tenses

The perfect tense, which has two words, refers to *specific events* in the past.
The imperfect tense, which has one word, refers to something which *went on* being so.
Anne says:
J'**ai été** dans plusieurs colonies. (I **have been** . . .) — from **être** (to be)
J'**étais** assez petite. (I **was** . . .)

Ma tante **a dû** venir. (**had to come**) — from **devoir** (to have to, must)
Je **devais** avoir 8 ans. (**must have been** . . .)

LA COLO, POUR OU CONTRE?

La question d'aujourd'hui est posée par Antoine, de Blois (41) :

*« Mes parents voudraient que j'aille en colonie, l'été prochain.
Je ne suis pas d'accord. J'ai peur qu'on s'y ennuie.*

«LAURENCE»

T'ennuyer en colo ? C'est presque impossible ! C'est la 10e ou 11e fois que j'y vais et je m'amuse «super» bien. Si tu vas en montagne, tu feras des balades, des jeux ; si tu vas à la mer, tu te baigneras, etc. Mais surtout, tu vivras tout le temps avec tes copains, copines.

quelle chance : ils partent en colo...!

«SABINE»

Surtout, n'aie pas peur de t'ennuyer, car une colonie n'est pas faite pour s'ennuyer mais pour s'amuser, changer d'air. Il y a des jeux de pistes, des matchs de foot (je pense que tu dois aimer), des feux de camp, le soir, au clair de lune... A chaque soir, une veillée formidable. Tu te feras sûrement de nombreux copains et peut-être quelques copines, non ? S'il pleut, tu feras du bricolage, des jeux d'intérieur, etc.

«ARMELLE :»

*Moi, j'adore la colo, Antoine, je trouve la colo super !
On se fait des nouveaux camarades, il y a des travaux manuels, du sport, des grands jeux, des veillées.
Moi, je suis allée dans une colo où il y avait plusieurs activités au choix (c'est encore mieux).
Enfin, pour me résumer : la colo, c'est génial !*

«AURÉLIE»

Antoine, quand j'ai vu ta question, j'ai sauté sur mon papier et sur mon stylo. S'ennuyer, en colo ? J'y suis allée une fois et qu'est-ce que je ne donnerais pas pour y retourner !

«PITHOU»

Tu sais, Antoine, je trouve que tes parents ont parfaitement raison de t'envoyer en colo car j'y ai été trois fois, et ça ne m'a jamais déçu, même pas une seule fois, parce que, en colo, tu fais des activités très intéressantes, par exemple : le camping, le canoë-kayak, le bricolage, la randonnée, etc. Ces activités te serviront d'expériences pour ta vie plus tard. Et il n'y a pas que des activités sérieuses. Il y a aussi des activités très amusantes

«STÉPHANE»

Je suis allé à ma première colo à 6 ans, et j'ai 14 ans. La colo, c'est un moyen de vivre en société. Si tu es fils unique, tu apprends à vivre en groupe. En plus, tu fais toutes sortes d'activités et même des vrais chefs-d'œuvre. Tu fais aussi du camping où tu apprends à te débrouiller seul dans la nature. En deux mots, tu apprends beaucoup, mais c'est super relaxant.

«FLORENCE»

Tu sais, moi aussi j'ai eu la même réaction quand mes parents m'ont appris cette nouvelle (j'avais 13 ans) A la fin du séjour, je ne voulais plus quitter mes copines. De plus, les «monos» étaient sympas.

je préfère rester chez moi...!

---

avoir peur to be frightened
vivre to live ↔ **la vie** life
un moyen a means, a way
sauter to jump, to leap
un stylo pen
se débrouiller to cope
seul alone

14. perfect tense

To say what you *have* done, you usually need **j'ai** . . .:

j'ai vu ta question	(I saw)
j'ai sauté sur mon papier	(I leapt)
j'ai eu la même réaction	(I had)

But sometimes you must say **je suis** . . .

Learn these:

je suis allé	I went
je suis resté	I stayed
je suis parti	I went away
je suis né	I was born

Extra

Find the French:

a. *you will . . .*
you'll go for walks
you'll bathe
you'll live

you will . . .
tu . . . ras = you will . . . This is part of the future tense.

b. *negatives*
Don't be frightened
It has never disappointed me
There aren't only serious activities
I no longer wanted to leave

negatives	
ne . . . pas	not
ne . . . jamais	never
ne . . . que	only
ne . . . plus	no longer

c. **y**
I'm afraid of being bored there. (J'**ai** . . .)
It's the 10th or 11th time I'm going there. (**C'est** . . .)
I've been there once. (**J'** . . .)
I've been there three times. (**J'** . . .)
What wouldn't I give to go back there! (**Qu'est-ce que** . . .)
There are outdoor games (**Il y** . . .)
There were several activities (**Il y** . . .)

y there
j'y vais, I'm going **there** *Useful phrases:* **il y a**   there is, there are **il y avait** there was, there were

[i] 15. À l'étranger

○ **à l'étranger** abroad ↔ **un étranger** foreigner, stranger

○ **un pays** country. Most countries are **la: la France, la Hollande,
la Belgique**; or **l'** before a vowel: **l'Angleterre**;
l'Écosse Scotland; **l'Allemagne** Germany; **l'Espagne** Spain.
A few are **le: le Luxembourg**; **le pays de Galles** Wales;
le Canada

○ **les nationalités et les langues:** many end in **-ais**, eg **anglais,
écossais, finlandais, hollandais**; others end in **-ain, -en** or **-ois**:
australien, américain, italien, chinois, gallois Welsh.
Others: **allemand** German; **suisse** Swiss; **espagnol** Spanish

○ **comprendre** to understand: **je ne comprends pas** I don't
understand; **on arrive à se comprendre** we manage to
understand each other.

to, in + *a country or town*

Before names of *countries*, 'to' or
'in' is usually **en**:
Je suis allé **en** France.
Je suis resté **en** Suisse.
 	
With **le** countries, 'to' or 'in' is **au**:
Je suis allé **au** Canada, **au**
      Luxembourg.
Je suis né **au** pays de Galles.
 	
And notice:
Je suis parti **aux** États-Unis
                  (United States)
 	
Before names of *towns*, 'to' or 'at'
is **à**:
Je suis allé **à** Paris.
J'ai passé les vacances **à** Londres.

◯◯ 16. Je suis allée . . .

Écoute Fatima, qui est partie en vacances en juillet. Complète en
français:

Je --- partie en vacances au début du mois de juillet.
Je --- allée en Hollande, --- Luxembourg et --- Belgique.
--- Hollande, je --- restée dix jours.

17. Les étrangers

A **gardien de camping** is answering questions about foreign visitors to his camp.

a. What are some of the nationalities he mentions?
b. What happens when visitors don't speak French?

≈ 18. Dossier: Mes vacances passées

Give details of your holidays last year or the year before:

a.

L'année dernière *last year* Il y a . . . ans . . . *years ago*	je suis allé(e) à Blackpool à l'étranger resté(e) à la maison en Grande Bretagne

b. Là-bas, j'ai / nous avons

nagé	dans la piscine dans la mer
visité	Paris des monuments
aimé	les distractions *amusements* les musées les gens *people* le soleil
pris	des photos des bains de soleil
fait	des promenades à pied/à vélo de la pêche
vu	des ruines la tour Eiffel

Talk about trips abroad:

c.

Je suis allé(e) . . . fois Je ne suis jamais allé(e) *I've never been*	à l'étranger en France en . . . au . . .

d. J'ai vu / visité

les montagnes Paris la tour Eiffel la Normandie

18. saying what you have done

Reminder of Section 14: you usually need **j'ai** to help say what you *have* done, but it's **je suis** before **allé**, **parti**, **resté**, **né** and a few others. Notice how to say what 'we' have done:

j'ai / **nous avons** } { **nagé**, **visité**, **aimé**, etc

je suis / **nous sommes** } { **allé(s)**, **parti(s)**, **resté(s)**

After **nous sommes**, add a silent **s** to **allé**, **parti** or **resté** (or **es** if all the people were female).

18. GIRLS: saying what you have done

In writing, girls must add a silent **e** after **je suis**:

je suis **allée** I've been
je suis **restée** I stayed
je suis **partie** I went
je suis **née** I was born

≈ 19. Interview

a. Où es-tu allé(e) en vacances l'année dernière?
Où es-tu allé(e) il y a deux ans?

b. Qu'est-ce que tu as fait là-bas?

c. Est-ce que tu es jamais allé(e) à l'étranger?
Est-ce que tu es jamais allé(e) en France?

d. Qu'est-ce que tu as vu là-bas?

> **Asking what your friend has done**
>
> Usually, **tu as** is needed:
> Qu'est-ce que **tu as** fait?
> Qu'est-ce que **tu as** vu?
>
> But **tu es** is needed before **allé**,
> **resté**, **parti**, **né** and a few others:
> Où **es-tu** allé(e) en vacances?
>
> Write **allée**, **restée**, **partie**, **née** if
> your friend is a girl:
> Où es-tu allée?

≈ 20. Apprends: Les langues

Vous parlez	anglais? français? allemand? espagnol?	Oui, je parle Non, je ne parle pas	anglais français allemand espagnol	un peu *a little*

The warden of a youth hostel is finding out what languages he
can use with his foreign visitors. Complete these conversations:

a. Bobby comes from the USA. He speaks a bit of French, but no
Spanish.

b. Helmut doesn't know English, but he speaks German and a little
French.

MODULE 5

C. OÙ DEMEURER?

[i] ### 21. À l'hôtel

- **les prix** prices: **minimum, maximum; moins chers** cheapest; **petit déjeuner compris** breakfast included; **pour... personnes; pour... nuits** nights; **en plus** in addition; **la note** [!] bill; **les arrhes** deposit; **gratuit** free; **le tarif** charges, tarif

- **les étoiles** stars, classifying the degree of luxury. **Le bas** the bottom ← **bas** low

- **la chambre est avec/sans** with/without **lavabo** [!] washbasin; **douche** shower; **baignoire** bath; **WC** pronounced vé-cé; **un grand lit** double bed; **eau chaude/froide** hot/cold water

- **dans l'hôtel: la réception; l'ascenseur** lift; **la salle à manger** dining room; **une clé** or **clef** key

- **complet: pension complète** [!] full board and lodging. **Complet** also means 'full up, no vacancies'. The opposite is **libre**

- **l'hébergement** accommodation ↔ **une auberge** inn

QQ 22. Choisir son hôtel

Any Office du Tourisme will help you find somewhere to stay. Listen to a tourist talking to the **employée** in the Office du Tourisme in Metz. You will hear the conversation all through first, then divided into **a**, **b** and **c**. Also look at this list of hotels which he is given.

a. Which two columns of the list is the **employée** pointing to?
b. What differences does she mention between the hotels at the top of the list and those at the bottom?
c. Which hotel are they discussing?

🏠 HOTELS METZ

ENSEIGNE	CAT	ADRESSE	PRIX Mini 1 pers.	Maxi 2 pers.	Petit Déj.
CONCORDE ROYAL	XXX	23 av. Foch	135	670	36
CRINOUC	XXX	79-80 r Gal Metman	160	250	20
FRANTEL	XXX	29 Pl. St-Thiébault	255	380/490	33
MERCURE	XXX	r Fort Gambetta WOIPPY	265	310	30/33
SOFITEL	XXX	Centre St-Jacques	305	360	39
AIR	XX	54bis r Franiatte	100	140	16,20
BRISTOL	XX	7 r Lafayette	70	200	16,50
CENTRE	XX	14 r Dupont des Loges	65	150	15
GLOBE	XX	3 pl. Gal de Gaulle	83,50	167	14,50
IBIS	XX	47 r Chambière	174	198	19,10
METROPOLE	XX	5 pl. Gal de Gaulle	60,73	148	15,50
METZ	XX	3 r des Clercs	66	200	14,50
LAFAYETTE	X	24 r des Clercs	76	127	12,70
PERGOLA	X	13 Rte de Plappeville	70	145	14

□ 23. Choisir son hôtel

CHOISIR SON HÔTEL

Le confort dépend du nombre d'étoiles	★	★ ★	★ ★ ★	★ ★ ★ ★	★ ★ ★ ★
l'eau courante chaude et froide au lavabo	★	★	★	★	★
une douche	☆	★	★	★	★
un bidet	∅	☆	★	★	★
une baignoire	∅	☆	★	★	★
un W.C. dans la chambre	∅	☆	☆	★	★
le téléphone intérieur	∅	☆	☆	★	★
l'ascenseur	☆	★	★	★	

★ = oui toujours
☆ = oui le plus souvent
∅ = non

▶ Quelques conseils :
— Réserver par écrit aussi longtemps d'avance que possible.
— Arriver à l'hôtel avant 19 h ou, mieux, avant 18 h.
— Comprendre si le petit déjeuner est... "compris" dans le prix de la chambre.
— Choisir entre la "pension complète" (les trois repas au restaurant de l'hôtel en plus de la nuit) et la "demi-pension" (petit déjeuner plus un repas seulement, le plus souvent le dîner).
— Regarder les tarifs qui doivent être affichés à la réception comme dans la chambre.
— Demander la note assez tôt

---

toujours always
souvent often; **le plus souvent** usually
un conseil piece of advice ← **conseiller** to advise ↔ counsellor
mieux better
affiché displayed ← **une affiche** poster
tôt early

---

a. What is the minimum number of stars if you want to be *sure* of having:
  a private toilet?
  a shower?
  running water in the room?
  a lift?
b. Is it best to arrive before 7 pm or before 6 pm?
c. What should you check when you ask the price of a room?
d. What is the difference between 'pension complète' and 'demi-pension'?
e. In what two places should room prices be displayed?
f. What should you ask for in good time?

24. À l'hôtel

Listen to the tourist organising hotel rooms for his family. You will hear his conversation with the **hôtelière** all the way through, then divided into **a–f**. Then answer these questions which his British wife asks him:

soit . . . soit either . . . or **composer le zéro** [!] to dial 0 **voir** to see

avec, sans
un or **une** are often left out after **avec** or **sans**. *On the tape:* Je pourrais vous offrir une chambre **avec douche** pour les enfants. (*with a shower*) Vous en avez une **sans douche**? (*without a shower*)

- **a.** What's in the room you've got for us?
- **b.** And what's in the children's room?
- **c.** How many nights did you book us in for?
- **d.** Is breakfast included in the price?
- **e.** Where are we going to have breakfast?
- **f.** What are we going to do now?

25. Au camping

- **un camping** = **un camp** → **un campeur** camper; **un camping-car** motor caravan; **du camping-gaz**
- **le bord** edge, side ↔ border: **le camping est au bord de la mer** = **en bordure de mer** = **bordé par la mer** = **le long de la mer**
- **une place** → **un emplacement** plot on a camp site; **sur place** on the spot
- **dans le bloc sanitaire: les toilettes hommes** (= **messieurs**)/**femmes** (= **dames**); **les bacs** sinks **pour le linge et la vaisselle** for washing clothes and dishes
- **l'électricité: brancher** to plug in; **une prise de courant** socket ← **le courant** current
- **l'accueil** = **la réception.** ← **accueillir** to welcome

☐ 26. Le Camping du Port

Two holiday-makers arrive at the Camping du Port between Trégastel and Trébeurden in the Côtes du Nord. What will they have to pay for, and how much? They want:

> ◊ **-eux/-y l'herbe** grass →
> **herbeux** grassy

a. to stay one night,
b. with their motor caravan,
c. on grass,

d. by the sea,
e. with use of hot water.

What other cost should they be prepared to meet?

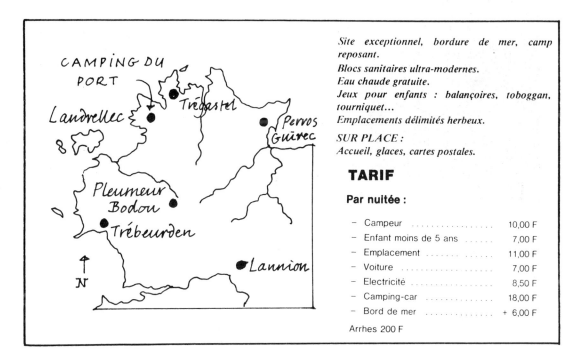

Site exceptionnel, bordure de mer, camp reposant.
Blocs sanitaires ultra-modernes.
Eau chaude gratuite.
Jeux pour enfants : balançoires, toboggan, tourniquet…
Emplacements délimités herbeux.

SUR PLACE :
Accueil, glaces, cartes postales.

TARIF

Par nuitée :

– Campeur	10,00 F
– Enfant moins de 5 ans	7,00 F
– Emplacement	11,00 F
– Voiture	7,00 F
– Electricité	8,50 F
– Camping-car	18,00 F
– Bord de mer	+ 6,00 F

Arrhes 200 F

∞ 27. Le Camping du Port

Listen to the **gardien** of the Camping du Port describing his camp site.

> ◊ . . .**aine**/about . . .
> **une dizaine** about 10
> **une douzaine** about 12 ↔ dozen
> **une vingtaine** about 20
> **une centaine** about 100
>
> **la marée haute** high tide
> **bien entendu** of course
> **à peu près** approximately
> **nous refroidissons** we refrigerate ← **froid**

a. How many plots are beside the sea? And how big is each plot in square metres?

b. Here are the four sides of the **bloc sanitaire**. In what order does the **gardien** describe them?

LAVAGE VAISSELLE

1.

LAVAGE LINGE

2.

SANITAIRE MESSIEURS

3.

SANITAIRE DAMES

4.

c. He mentions five items available at the **accueil**.
Can you remember two of them?

i 28. L'auberge de jeunesse

○ **l'auberge de jeunesse (l'AJ)** youth hostel ← **jeune** young.
It's run by **le père/la mère aubergiste**

○ **un adhérent** member. **obligatoire** compulsory. **adhésion obligatoire** = **il faut posséder la carte d'adhérent**

○ **louer** to hire → **la location de vélos/draps/sacs de couchage** hire of bikes/sheets/sleeping bags

> **29.** *Look alike, sound different:*
> **un cousin; recommander; la solution; exact → exactement; posséder** to possess; **ça dépend** that depends

⚬⚬ 29. L'auberge de jeunesse

The **employée** in the Office du Tourisme in Metz is advising a client who is looking for accommodation for his cousin. Compare what she says about the **auberge de jeunesse** in Metz with this price list from another hostel, in Boulogne.
Does an overnight stay cost the same in Metz as in Boulogne?
If not, which hostel charges more?
Do membership cards cost the same in Metz as in Boulogne?

> **AUBERGE DE JEUNESSE**
> **de**
> **BOULOGNE SUR MER**
>
> | Nuit à l'auberge | 37F50 |
> |---|---|
> | Location de draps | 10F00 |
>
> **Adhésion obligatoire**
>
> | -18ans | 10F00 |
> |---|---|
> | 18 à 26 ans | 40F00 |
> | +26ans | 60F00 |
>
> **L'auberge c'est aussi des activités:**
> *Planche à voile-Location de vélos-Circuits cyclos-Visites guidées-etc...*

30. Est-ce que vous avez de la place?

A visitor arrives at a youth hostel. Listen to his conversation with the **père aubergiste**, all through first, then divided into parts **a** and **b**.

a. What does he ask for, and is it available?
b. What is he going to hire, and how much is it?

aucun problème no problem
avoir besoin de to need

31. Apprends: Trouver un lieu d'hébergement

Avez-vous	des lits	de libre?
	des emplacements	
	des chambres	

C'est pour	une tente	... personnes	... nuits
	une caravane	... adultes	une semaine
	un camping-car	... enfants	
		... filles	
		... garçons	

Ask if there is accommodation, and say who or what it is for:

a.  ? .

d.  ? .

b.   ? .

e.  ? .

c. ?  .

f. .

≈ 32. Apprends: Arriver dans un lieu d'hébergement

Où est		
	le dortoir des filles?	le camping?
	le dortoir des garçons?	la cuisine?
	la salle à manger?	le magasin?
	la salle de bains?	le gardien?
	l'accueil?	ma chambre?
	l'auberge de jeunesse?	ma clé?
	le père aubergiste?	ma note?

Où sont	
	les douches?
	les lavabos?
	les toilettes?
	les poubelles?
	bins

Invent at least two suitable questions beginning **Où est . . .?** or
Où sont . . .? for these circumstances:

a. You want to find somewhere cheap to stay.
b. You want to notify someone of your arrival.
c. You want to know where you'll be sleeping.

d. You want to eat.
e. You want to get cleaned

≈ 33. Apprends: Détails de logement

Je voudrais une chambre avec	
	un grand lit
	deux lits
	douche
	WC
	baignoire *bath*

Est-ce que je peux		
	louer un sac de couchage	ici?
	des draps *sheets*	
	un vélo	
	prendre le petit déjeuner	
	le déjeuner	
	le dîner	
	voir la chambre?	

C'est combien	
	par personne?
	nuit?
	pour la location des draps?
	le petit déjeuner?
	la douche?

a. Say you'd like a room with two beds and a shower. Ask if you can see it.
b. Say you'd like a room with a bath and toilet. Ask how much it is a night.
c. Ask whether you can hire a bike here, and how much it costs to borrow sheets.
d. Ask how much breakfast is, and whether you can have your evening meal here.

≈ 34. À toi de jouer

You're travelling in Belgium with a couple and a child, and you need a hotel room.

Revision: Sections 20, 31, 33

HÔTELIER: Qu'y a-t-il pour votre service?

a. Ask the **hôtelier** if he speaks English. – – – ?

HÔTELIER: Très peu.

b. Ask if he has any rooms available. It's for three adults and a child for a week. Alors, – – – ?

HÔTELIER: Qu'est-ce que vous voulez comme chambres?

c. You'd like one room with a double bed, and one with two beds. – – –.

≈ 35. À toi de jouer

You're hoping to stay in a Swiss camp site. You've noticed that the **gardien** is German-speaking.

Revision: Sections 20, 31, 32

a. Tell the **gardien** you don't speak German, and ask if he speaks French. – – – ?

GARDIEN: Oui oui, je parle les deux.

b. Ask if he has room for a motor caravan for a night. – – – ?

GARDIEN: Il me reste une place, près des poubelles.

c. Ask where the bins are. – – – ?

GARDIEN: Là-bas, à côté du bloc sanitaire.

≈ 36. À toi de jouer

You've arrived, without booking, at a French youth hostel.

Revision: Sections 31, 33

MÈRE AUBERGISTE: Bonjour.

a. Ask the **mère aubergiste** whether she has any beds available. Tell her there are two of you. Bonjour, – – – ?

MÈRE AUBERGISTE: Oui, aucun problème pour ce soir.

b. Find out whether you can hire a sleeping bag, and how much it costs. – – – ?

MÈRE AUBERGISTE: Oui, c'est 10 francs.

c. Ask whether you can get breakfast there. – – – ?

MÈRE AUBERGISTE: Oui, bien sûr.

MODULE 5

D. VACANCES D'HIVER OU VACANCES D'ÉTÉ?

[i] 37. Les saisons et les fêtes

○ **les saisons**: **l'automne** (silent **m**); **l'hiver** ↔ hibernate; **le printemps** spring; **l'été**. **Les grandes vacances = les vacances d'été**

○ **les mois**: **en février**, etc = **au mois de février**, etc

○ **des fêtes**: **Carnaval** period before Lent; **Pâques** Easter; **l'Assomption** feast of the Virgin Mary; **la Toussaint** All Saints Day; **les fêtes de fin d'année = Noël + le Jour de l'An**; **un congé** a day off

○ **les sports d'hiver**: **une piste** ski slope; **des cours** lessons; **les Moniteurs du Ski Français** registered skiing instructors; **tomber** to fall; **une entorse au genou** a sprained knee; **plâtrer** to set in plaster (◊ **â**/as)

○ **des montagnes**: **les Pyrénées, les Alpes**

Les saisons
Before names of seasons, **le** or **l'** is needed although English leaves out 'the': j'aime **l'hiver**: I like winter
But **le** or **l'** is not needed in these phrases meaning 'in . . .': **au** printemps   **en** automne **en** été   **en** hiver

38. Quelle saison?

Mlle Blouin (Section 10) is talking about when to visit the Mont-St-Michel. What does she say is the season *not* to go? Why?

39. On tombe souvent en ski

a. At what two times of year does Chantal go skiing?
b. During her week at a **colonie**, where did she spend her daytimes? What evening activities were there?
c. What injury did she suffer?

40. L'année des Français

Read what it says on the opposite page about some of the French **fêtes**.
Then listen to some French girls talking about four of them.
Decide what **fête** each is describing.

L'année des Français

Leurs jours de fête

Le Premier Janvier, ou Jour de l'An (CF) : on se souhaite les uns aux autres une "bonne et heureuse année".

Carnaval (RM) : période qui commence "le Jour des Rois" (6 janvier). On mange en famille un gâteau plat appelé Galette des Rois. Celui ou celle qui y trouve la fève devient "Roi" ou "Reine" de la fête.

Les Dimanche et Lundi de Pâques (RM) : c'est la grande fête du printemps. Les cloches des églises sonnent "à toute volée". On offre aux enfants des œufs en sucre ou en chocolat.

Le Quatorze Juillet (CF) : Fête Nationale, anniversaire du 14 juillet 1789. On danse dans les rues. A Paris, on va voir passer la Revue (défilé militaire) sur les Champs-Élysées.

L'Assomption : le 15 août (RF). Fête de la Sainte-Vierge et de toutes les Marie, la grande fête de l'été.

La Toussaint : le 1er novembre (RF). Fête de tous les Saints.

Noël : le 25 décembre (RF). Anniversaire de la naissance du Christ. Dans la nuit du 24 au 25 beaucoup se réunissent pour partager le repas du "Réveillon" et/ou aller à la Messe de Minuit. Tous ceux, jeunes et moins jeunes qui croient encore au "Père Noël" attendent les cadeaux.

R : Fête religieuse
C : Fête non religieuse, dite "Civile".
F : fixe, à la même date tous les ans.
M : mobile.

---

souhaiter to wish; **se souhaiter**
«...» to wish each other
"..."
une fève bean
le roi/la reine king/queen
une cloche bell
sonner to ring
croire à to believe in
un cadeau present
offrir = donner

☐ 41. Les rythmes scolaires

Many people feel that the French school year is unbalanced.
In this magazine article, what does the doctor say is wrong with school holidays?

Un médecin parle des rythmes scolaires

Beaucoup d'enseignants, de parents et de médecins critiquent le rythme scolaire imposé en France aux élèves. Ces critiques sont-elles justifiées ? Un médecin scolaire répond, pour **Femme Actuelle.**

Que pensez-vous des rythmes scolaires imposés à l'enfant pendant l'année ?

Les vacances d'été sont trop longues, les vacances de Noël trop courtes : pas un enfant ne se repose durant cette période de fêtes.

42. Vacances scolaires

A headmaster is talking about school holidays.

a. Look at the school holidays published in the newspaper, then listen to the headmaster. What holiday does he mention, which is *not* in the paper?

b. How long does he say the summer holidays are?

c. The headmaster is answering a question about whether he would like the holiday system changed. Would he, or not? (And why?)

TOUSSAINT NOEL, FEVRIER : LES DATES DES PROCHAINES VACANCES

● *Vacances de la Toussaint :* du vendredi 25 octobre 1985 après la classe au mardi 5 novembre au matin.
● *Vacances de Noël :* du vendredi 20 décembre 1985 après la classe au vendredi 3 janvier 1986 au matin.
● *Vacances d'hiver :* du jeudi 6 février 1986 après la classe au lundi 17 février au matin.

commencer to begin
un mois month
demi half
dehors outside
il fait mauvais the weather is bad
faire des bêtises to be silly ←
  bête silly

43. Le temps qu'il fait

○ *Obvious:* **un degré**; **la température**; **précipitation** precipitation, fall (of rain, etc)

○ *Guessable:* **frais, fraîche** fresh, cool; **ensoleillé** sunny ← **soleil**; **couvert** overcast, covered with clouds; **une éclaircie** sunny period ← **clair** clear

○ **prévu** expected, forecast ← **pré-** fore- + **vu** seen → **une prévision** a forecast; **on prévoit du beau temps** fine weather is forecast

○ *To learn:* **une averse** shower; **doux** mild; **le ciel** sky; **la météo** weather forecast; **chaud** hot; **froid** cold; **pleuvoir** to rain → **il pleut** it's raining, and **il a plu** it rained; **le brouillard** fog; **le vent** wind

44. ra, -ront will

le temps sera . . .; les températures seront . . . (will be)
le temps restera . . . (will stay)
de courtes éclaircies apparaîtront (will appear)

44. La météo

Read the published weather forecasts for six different days. Then match the postcards describing the weather on those days to the forecasts.

◊ **-eux/-y**
snow: **la neige** → **neigeux**
storm: **un orage** → **orageux**
rain: **la pluie** → **pluvieux**
cloud: **un nuage** → **nuageux**
mist: **la brume** → **brumeux**

LE TEMPS

1. Temps prévu sur la France pour la journée de jeudi : le matin, brumes de la Bretagne au Massif-Central et nuages bas près des Pyrénées. Les températures seront assez fraîches. Puis le temps sera ensoleillé.

MÉTÉO

2. ■ SUD-OUEST. — Le temps restera très nuageux en toutes régions, avec des averses fréquentes, parfois violentes et localement orageuses. Sur la chaîne des Pyrénées, persistance du ciel couvert avec chutes de neige au-dessus de 1 700 mètres.

le temps

3. Temps nuageux et pluvieux sur l'ouest du pays

Après quelques pluies, le matin, de courtes éclaircies apparaîtront l'après-midi.

La météo

4. *PREVISION.* — *Le temps sera chaud et souvent ensoleillé avec cependant des risques d'orage mercredi soir sur les Pays de Loire et le sud de la Bretagne.*

Le Temps

5. **Prévision.** — Temps doux et couvert sur la majeure partie des régions avec précipitations accompagnées localement d'orage

MÉTÉO

6. ■ EVOLUTION JUSQU'AU 24 OCTOBRE. — Jusqu'à dimanche, persistance du beau temps ensoleillé, mais températures froides pour la saison en fin de nuit et début de matinée.

---

30 - Saint-Cast (Côtes-du-Nord)
Pointe de l'Isle et la plage de la Mare

Il a fait chaud et, le soleil a brillé. Le soir le temps était orageux.

514 — VERSAILLES - LE GRAND TRIANON
Le jardin haut et l'aile droite.
The upper garden and the right wing.

Il a fait mauvais : il a plu, il a neigé, et le ciel était couvert.

"Premier Village de France"
33 - Saint-Cirq-Lapopie (Lot)
Reflets sur les eaux calmes du Lot

Le matin, le ciel était couvert et il a plu, puis il a fait du soleil.

COULEURS ET LUMIÈRE DE FRANCE
CHARTRES (Eure-et-Loir)
Vue aérienne de la Cathédrale
(Photo Spirale)

Il n'a pas fait trop froid, mais le temps était nuageux, pluvieux et orageux.

LA COTE D'OPALE.
CALAIS (Pas-de-Calais).
H. 1.667-R. - Vue aérienne. Au premier plan, les hospices civils, le parc Saint-Pierre, la place du Soldat Inconnu et l'hôtel de ville; au second plan, Calais-Nord.

Le temps était brumeux et nuageux, et il a fait assez froid. Mais plus tard il a fait du soleil.

Affectueuses Pensées...

Le beau temps a continué, mais il a fait froid le matin.

Production LECONTE

○○ 45. Les prévisions météo

Complete this radio forecast with the words
which really matter – you don't need to catch
every word.

Deux minutes à la pendule de Radio Bessin:
les prévisions météo pour notre département
et aussi pour la navigation côtière.
Ce matin ça ne commence pas très bien,
mais ça va s'arranger. Le temps est – – – et
faiblement – – –, le ciel se dégagera en milieu de
journée, en donnant place à de larges – – –.

Pour la nuit prochaine, le ciel sera généralement
– – – à peu nuageux, et températures pour
aujourd'hui, relativement – – –, 17 à 20 degrés
seulement.
Et pour demain on prévoit du – – – temps,
eh oui, du beau temps généralement, bien – – –
pourvu que la météo ne se trompe pas.

≈ 46. Dossier: Le temps

a. Say when you last went on holiday, or when you went abroad:

Je suis allé	à . . .	à Pâques/à Noël
	en . . .	en janvier/février/été/automne/hiver
		au printemps
		il y a . . . ans . . . *years ago*

46a. to, in
Reminder:
à before towns: **à** Paris
en before most countries:
en France

Months: p. 20

b. Say what the weather was like there:

Il	a fait	froid	du vent	Il était	nuageux
		chaud	du soleil		pluvieux
		beau	du brouillard		orageux
		mauvais			
	a plu				
	a neigé				

46b,c. le temps qu'il fait
Notice and learn which weather
phrases need **il fait** (or **il a fait** in
the perfect tense), and which
don't.

c. Say what the weather's like today:

Il	fait	froid	du vent	Il est	nuageux
		chaud	du soleil		pluvieux
		beau	du brouillard		orageux
		mauvais			
	pleut				
	neige				

≈ 47. Interview

a. Quand est-ce que tu es allé en vacances/à l'étranger?
b. Quel temps est-ce qu'il a fait là-bas?
c. Quel temps fait-il aujourd'hui?

MODULE 5

E. À TON STYLO!

48. Le temps

You have a French penfriend who is fascinated by the changeable British weather. Describe the weather each day in this very varied week.

Revision: Section 46

49. Une carte postale

This post card came from Danielle. Send her a similar one when you go to London (**Londres**) for the weekend. But *you're* staying at a hotel, you've been walking and sight-seeing, and it's raining.

Revision: Sections 7, 18, 46

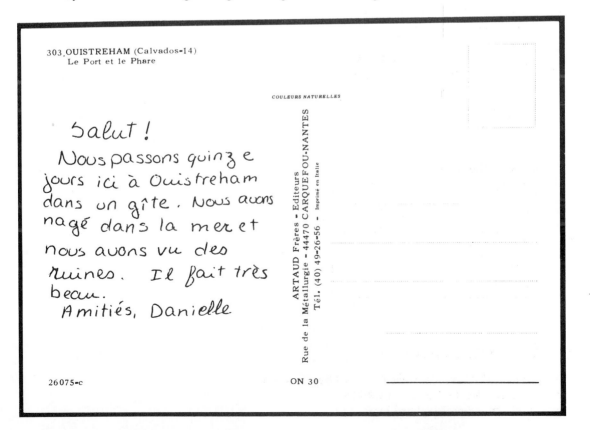

50. Chère Danielle

Danielle is back from Ouistreham, and sends you a letter which
ends like this:

> Où est-ce que tu passes les grandes vacances
> en général? Est-ce que tu es parti(e) en vacances
> l'année dernière? Qu'est-ce que tu as fait? Cette
> année j'espère aller à la campagne avec des copains
> au mois d'août. Et toi, qu'est-ce que tu vas faire?

a. Thank her for the post card.
b. Answer all her questions, giving as many details as you can.
c. Ask what she did in Ouistreham, and what the weather was like.
d. Ask if she has ever been abroad.

How to write letters: p. 13.

Revision: Sections 7 and 18 to
write about your holidays;
Sections 8, 19 and 47 to ask about
Danielle's.

51. Photos de vacances

Imagine you are sending these holiday snaps to your French
penfriend. Write a caption for each one to say what you, your
friends, or your family did.

Revision: Section 18

1.
2.
3.
4.
5.
6.

[i] 52. Lettres de réservation

Je voudrais J'espère	passer une nuit deux nuits une semaine	à votre hôtel dans votre camping dans votre auberge de jeunesse dans votre gîte	du 15 au 17 mai juin juillet août septembre

Je voudrais réserver J'ai besoin de (d') *I need*	une chambre ... chambres un emplacement un lit ... lits un gîte	avec douche/W.C./salle de bains un lit/deux lits pour une tente/deux tentes une caravane/un camping-car ... personnes/adultes/enfants ... filles/garçons

Si c'est possible, je voudrais	prendre	la demi-pension la pension complète	
	louer	un sac de couchage des draps une tente	sur place

53. Une lettre à un camping

Choose one of these camp sites, and write to reserve a place.

a. Say how long you'd like to stay for, and when.
b. Explain what accommodation you need, and who for.
c. You need an extra tent. Ask if you can hire one there.
d. Ask the price.

53.–55. For these three exercises, imagine that you're going to France three times, staying in different sorts of accommodation. Decide who you're going with each time, and when.

Formal letters

Guidance on beginning, ending and stating your business is on page 14.

**01250 CEYZERIAT
Camping de
DOMAGNE ★ ★
Plaine et montagne.
CALME et CONFORT.
Tous sports, tennis, natation.
Tél. (74) 30.04.33.**

A 2 km de la mer
**Camping LOU CANTAREOU
06800 CAGNES SUR MER**
Calme absolu,
bar, restaurant, épicerie.
Ouvert toute l'année.
Tél. (93)·20.88.03.

**Camping Caravaning
"de PIERRAGEAI"
★ ★
07410 St FÉLICIEN**
Tél. (75) 06.03.05/06.00.97
Rivière, baignade, jeux,
douches chaudes.

54. Une lettre à un hôtel

Choose one of these hotels, and write a letter of reservation.

a. Say how long you'd like to stay for, and when.
b. Say what rooms you want, and with what facilities.
c. Explain that you want full board, if possible.
d. Ask the price.

55. Une lettre à un gîte ou une auberge de jeunesse

Choose either a **gîte** or a youth hostel, and write a letter of reservation.

a. Say how long you'd like to stay for, and when.
b. Say what accommodation you need, and who for.
c. You'd rather not carry bedding with you. Ask if you can hire it.
d. Ask the price.

**** LUXE

Grand Hôtel
2, rue Scribe - 75009 Paris - Tél. : (1) 268.12.13
Métro Opéra

En plein cœur de Paris sur la Place de l'Opéra, tout le luxe et le raffinement de la grande hôtellerie française tradition-nelle. Un hôtel somptueux, une adresse de prestige.

Hôtel Concorde La Fayette
3, place du Général Kœnig - 75017 Paris - Tél. : (1) 758.12.84
Métro Porte Maillot

Merveilleusement situé à 5 minutes de l'Arc de Triomphe et des Champs Élysées, à 10 minutes de la Défense un hôtel de 1 000 chambres intégré au Palais des Congrès vous attend.

Hôtel Montparnasse Park
19, rue du Cdt Mouchotte - 75014 Paris - Tél. : 320.15.51
Métro Montparnasse-Bienvenue

Hôtel très moderne de 1 000 chambres sur la rive gauche de la Seine, tout à côté de la gare de Paris-Montparnasse.

Auberge de Jeunesse
Chemin de la Coutte
38750 Alpe d'Huez

BERNIERES-SUR-MER. Face mer, quar-tier résidentiel. Belle VILLA sur ss-sol. Gd conft. 6 pces ppales. Possibilité 8. Jdin clos de 700 m2. Px : 700 000 F. DRAKKAR IMMOBILIER Place de l'Eglise, 14990 Bernières-sur-Mer. Tél. : 91.96.44.98

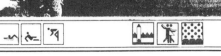

Auberge de Jeunesse
41, rue Schoelcher
56100 Lorient

CABOURG (centre de). - MAISON mitoyenne. Salle de séjour avec jolie che-minée, cuisine-douche, 2 chambres-jardi-net-entrée de voiture, jardinet. Px : 260 000 F. AGENCE ANDRE, 47, av. de la Mer, 14390 Cabourg. Tél. 31.91.31.43.

❧ MODULE 6 À TABLE!

A. CHEZ MOI ON MANGE . . .

⃞i 1. Les repas

- ○ **les repas: le petit déjeuner** breakfast; **le déjeuner = le repas de midi** midday meal; **le goûter** afternoon snack; **le dîner** evening meal

- ○ **prendre** to take, have food or drink: **les adultes prennent un bol de café; nous prenons le dîner vers huit heures.** Also: **manger** to eat; **boire** to drink

- ○ **plus: plus tard** lat*er*; **le plus important** the *most* important. Opposite: **moins** less ↔ plus, minus

- ○ **le matin** in the morning; **le midi** at midday; **le soir** in the evening

prendre	
je prends	
tu prends	sound the
mon frère prend	same
on prend	
nous prenons	
vous prenez	
ils prennent	

◯◯ 2. En général, les Français mangent . . .

Some French girls are talking about meals in their homes.

- **a.** What do some adults have for breakfast?
  When do they have a bigger meal?
- **b.** Which does one of them say is the most important meal of the day in France?
- **c.** What meal was she talking about?
  In her family, which is the biggest meal of the day?

Les Français mangent . . .
French people eat . . .
Ils (ne) mangent pas beaucoup.
They don't eat much.

pas or **ne . . . pas** not
The **ne** is often dropped in conversation.

Look alike, sound different:
en général; existe; certaines personnes; adultes; juste; important

⃞i 3. Le petit déjeuner

- ○ **un café = café noir = café sans lait** black coffee; **café au lait** milky coffee, served in **un bol** at breakfast; **un café crème = un crème** coffee with a little milk

- ○ **du chocolat = du chocolat chaud = du chocolat au lait** drinking chocolate. Other drinks: **un jus de fruit; un jus d'orange; du thé** tea; **du lait** milk

- ○ **une tartine = du pain** bread + **du beurre** butter + (perhaps) **de la confiture**, eg **la confiture d'abricots** apricot jam

- ○ **des céréales = des cornflakes**, etc

4. Il existe aussi des cornflakes

If you had French visitors, what might they like for breakfast? Copy this table, listen, and tick to show what the speakers said was eaten and drunk (a) in most French families; (b) in the speaker's family; (c) when the speaker was a child.

		(a)	(b)	(c)
À boire:	du café			
	du thé			
	du chocolat			
	un jus d'orange			
À manger:	des tartines			
	du pain			
	de la confiture			
	du beurre			
	des cornflakes			
	un yaourt			

Look alike, sound different: **un jus d'orange; du chocolat; des cornflakes** pronounced as in English but with a French accent!; **un abricot; des céréales; du yaourt** yoghurt

◊ **bu-, boi-**/'drink': **boire;** mes frères **bu**vaient, my brothers used to drink; nous **bu**vions, we used to drink; une **boi**sson, a drink

jamais never

Listening tip: **Il y a** is often shortened to **y a** in conversation.

5. Les plats

○ **un plat** 'dish' in two senses: 'course' or 'serving dish'. An ordinary plate is **une assiette.** Also on the table: **des verres** glasses; **des fourchettes** forks; **des cuillers** spoons; **des couteaux** knives

○ **les plats:**
une entrée = un hors d'œuvre starter, eg **des œufs** eggs; **une salade de tomates** or **une salade composée** mixed salad; **de la charcuterie** cold meat: **du jambon** ham, **du saucisson, du pâté.** Or **un potage** soup or **une soupe** thick soup

le plat principal main course: **du poisson** fish; **du poulet** chicken; **de la viande** meat (eg **du bœuf** beef, **du porc** pork, **du veau** veal, **de l'agneau** lamb) **accompagné de légumes/nouilles** with vegetables/noodles

ensuite then, one or more of these courses: **une salade** (eg **une salade verte** lettuce); **du fromage** cheese; **des fruits** (eg **des fraises** strawberries, **une pomme** apple, **une banane**); **du sucre** sugar; **un dessert,** eg **un gâteau** cake, **une glace** ice cream

○ **à boire: de l'eau minérale** mineral water; **du vin** wine

Du saucisson . . .

□ **6.** Surgelés (Frozen foods)

Match these signs hanging in the aisle of a supermarket . . .

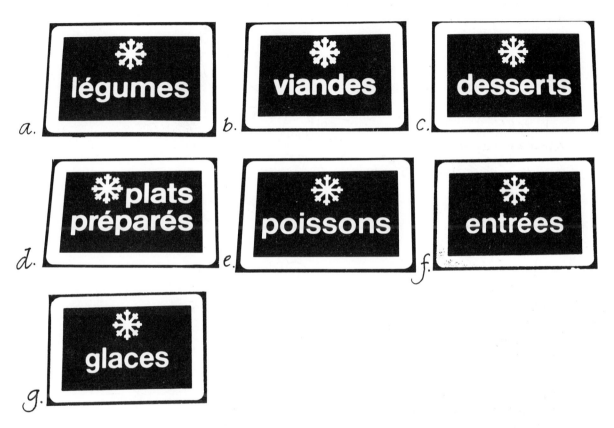

. . . to these symbols on the freezer chests. (No. 7 represents rolled slices of ham.)

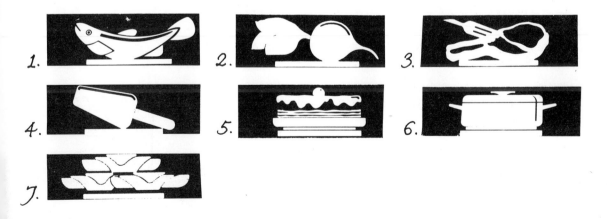

☐ 7. Dans une boucherie–charcuterie

Which food in the shop match the items on the shopping list?

◯◯ 8. Il y a du choix . . .

a. Listen to Chantal talking about the midday meals in her house. If
you were invited, what might you eat as a
> first course?
> second course?
> last course?

(Make notes in French or English. There are lots of possible
combinations. Don't write down *all* the food she mentions; you
wouldn't have it *all* on any one day.)

b. Now listen to Chantal talking about her evening meal, and write
a similar possible menu:
> starter . . .
> then . . .
> next . . .
> to finish with . . .

> *Look alike, sound different:* **salade de tomates; principal; fruits; dessert**
>
> *Guessable:* **terminer** to end: **nous terminons par . . .** we end up with . . . ↔ terminus
>
> *To learn:* **souvent** often; **quelquefois** sometimes; **que** only; **pas toujours** not always; **ni** nor

◯◯ 9. Déjeuner à la cantine

You are listening to Mlle Blouin talking about meals in her
childhood.

a. Here is what she says about school dinner. Listen for her missing
words:

C'est très sévère: on n'avait pas le droit de parler pendant – – –! Et
après le déjeuner il fallait faire la vaisselle. Les enfants faisaient la
vaisselle! C'était par table, alors ils amenaient des bassines et
– – –, et chaque table faisait sa petite vaisselle! Bon, il y avait
quatre – – –, quatre – – –, quatre – – –, quatre – – –. C'était tout.
Pas les – – –.

> *Guessable:* **sévère** strict; **une bassine** basin; **la saison** season
>
> ◊ -é/-ed: **préparé; accompagné**
>
> *To learn:* **la vaisselle** washing-up; **bon** good; **mauvais** bad

Then find out:
When were the pupils forbidden to talk?
What was brought with the basins?
What did each table have to wash up?
Serving dishes too?

b. Listen again for the missing words:

Nous rentrions à la maison vers cinq heures, cinq heures et quart
le soir; nous avions – – –. Alors, ça dépendait, si c'était un bon jour
on avait des pains au chocolat; si c'était un mauvais jour on avait
– – –, – – –, ... Quelquefois on mettait des – – – écrasées avec du
sucre si c'était la saison – ça dépendait des saisons, un goûter.

Then find out:
Which meal is Mlle Blouin talking about?
What did she get to eat on bad days?
What fruit did she have when it was in season?

☐ 10. La bonne cuisine

Read these descriptions of Paris restaurants from a guide book for students. Where could you go if you wanted a restaurant which . . .

a. gives you plenty to eat, and isn't dear?
b. serves unusual dishes?
c. is cheaper at lunchtime than in the evening?
d. offers a family lunch at a low price?
e. is noted for its meats?
f. gives you as much as you like of certain courses?
g. is good if you don't mind being a bit squashed?

> *Obvious:* **solide**; **traditionnel**; **original**; **simple**; **payer**
>
> *Guessable:* **cuisine familiale** family cooking; **parfait** perfect; **servi** served (◊ -i/-ed); **copieux** plentiful, copious (◊ -eux/-ous)
>
> *To learn:* **à volonté** as much as desired; **selon** according to; **cher** dear; **voisin** neighbour

1. **André Faure** - 40, rue du Mont-Thabor, ☎ 260.74.28. 50 F le midi, 75 F le soir. Des plats solides et traditionnels.

2. **Babylone** - 13, rue de Babylone, ☎ 548.72.13. Cuisine familiale à moins de 50 F. A midi seulement.

3. **Chez Raoul** - 30, rue Dunois, ☎ 583.06.45. 60 F. Simple, copieux et pas cher.

4. **La Voile d'Or** - 7, rue Boursault, ☎ 522.57.53. 80 F. Bonnes viandes

5. **Le Pied de Fouet** - 45, rue de Babylone, ☎ 705.12.27. De 50 à 70 F. C'est bien, c'est bon, mais que c'est petit ! Parfait pour ceux qui mangent dans l'assiette du voisin...

6. **Le Verger** - 84, av. des Champs-Elysées, ☎ 562.00.10. De 60 à 80 F. Dans la galerie des Champs-Elysées. Hors-d'œuvre et desserts à volonté, vous payez selon le plat principal.

7. **Les Traboucayres** - 12, rue de l'Hôtel-Colbert, ☎ 533.13.78. De 60 à 120 F. Des plats originaux.

≈ 11. Dossier: Mes repas

En général	je prends	beaucoup	du . . .
Le matin	nous prenons	très peu	de la . . .
Le midi	je mange	*very little*	de l' . . .
Le soir	nous mangeons	une entrée	des . . .
À . . . heures	je bois	un plat principal	
	nous buvons	un dessert	

> ### 11. some
>
> je prends **du** café: I have coffee
> Notice that French needs a word for 'some' but English can leave it out.
>
> 'some':
> **des** before all plurals:
> **des** cornflakes, **des** toasts
>
> **de l'** before vowels:
> **de l'**eau minérale
>
> **du** before masculine (**le**) words:
> **du** lait, **du** pain
>
> **de la** before feminine (**la**) words:
> **de la** confiture, **de la** salade
>
> More foods are masculine than feminine. Begin a list of those which need **de la**.

≈ 12. Interview

Qu'est-ce qu'on prend chez toi le matin?
Qu'est-ce qu'on prend chez toi le midi?
Qu'est-ce qu'on prend chez toi le soir?

MODULE 6

B. À CHACUN SES GOÛTS

[i] 13. Les goûts

What does **goût** mean on this supermarket poster?

○ **le goût** taste, ie 'flavour', 'liking' or 'good judgement'

○ **aimer: je l'aime bien** I like it a lot; **je n'aime pas ça**
I don't like it

○ **trouver** to find, think: **elle a trouvé ça mauvais** she
thought it was nasty

○ **se plaindre** to complain: **on ne se plaint pas** people
don't complain

○ **c'est/ce n'est pas** it is/isn't: **c'est très bien; ce n'est pas
excellent**

○○ 14. J'aimais bien la cantine

The French take food seriously! To avoid misunderstanding,
try to see these speakers' points of view:

a. What is the speaker's opinion of school dinners?
How many courses does she mention?

b. What did the speaker's British penfriend think of the French
school dinner?
What would she have for lunch if *she* lived in France?
About how many people stay to dinner at the school?
How do you know that they are mostly satisfied with it?

c. What new food was this girl offered by her English hosts?
In what way was it like jam?
In what way was it different?
Did she like it?

Look alike, sound different:
une table; **un sandwich**;
excellent; **de la marmelade**;
la couleur

Guessable: **une correspondante**
penfriend; **proposer** to suggest,
offer ↔ proposal;
évidemment obviously ↔
evident; **la cantine = un
restaurant scolaire** school
dining hall

To learn: **même** same; **la
moitié** half

⌐i⌐ 15. Le déjeuner

○ **des entrées: les sardines; l'ail** (pronounced a bit like English 'lie') garlic; **les œufs durs** hard-boiled eggs

○ **des plats principaux: le rôti** roast; **la dinde** turkey; **le steak** (also spelt **steack**) steak, beef; **la langue** tongue (also means 'language': why?); **le thon** tuna

○ **des légumes: les betteraves** beetroot; **les carottes** (note spelling); **le céleri; les champignons** mushrooms; **le chou** cabbage; **les frites** chips; **les haricots** beans; **la laitue** lettuce; **les lentilles; le maïs** sweetcorn; **les oignons; les petits pois** peas; **les pommes de terre** (**vapeur**) (boiled) potatoes; **le riz** rice

⬜ 16. À la cantine

These school dinner menus, published in a local paper, are for different schools in the same week. (School is closed on Wednesday.)

Some British exchange visitors may choose which **cantine** to go to each day. Read their conversations, and show which **cantine** each visitor chooses by matching **a–h** to cuttings **1–4**.

Lundi:
- Soup, then roast and carrots – great! a.
- Soup, carrots: yuk! I like beetroots & ham. b.

Mardi:
- I'd like beetroot too, with ham and chips. c.
- I'd like the chicken and chips. d.

Jeudi:
- How about turkey with celery? e.
- No, I'll go for beans and veal. f.

Vendredi:
- Soup followed by tongue sounds good. g.
- No, it doesn't. Garlic sausage for me. h.

**LES MENUS
A LA CANTINE SCOLAIRE
MUNICIPALE**

Lundi 22 novembre : potage, rôti de porc, petits pois, carottes, pâte de fruit.

Mardi 23 : betteraves rouges, maïs, jambon, frites, Nova-flan.

Jeudi 25 : sardine, sauté de veau, haricots cuisinés, suisse.

Vendredi 26 : saucisson à l'ail, timbale, mousse au chocolat.

1

**CANTINES SCOLAIRES
MUNICIPALES**

Lundi 22 : betteraves, maïs, jambon, pâtes au gruyère, fromage, salade de fruits. Mardi 23 : potage, rôti de porc, lentilles lardons, laitue, yaourt. Jeudi 25 : carottes râpées, poulet rôti, haricots verts, fromage, mini-roulé. Vendredi 26 : potage, langue de bœuf, pommes de terre sauce tomate, fruit.

2

Au restaurant scolaire

Jeudi : Saucisson beurre, sauté de dinde, céleri garniture haricots verts, yaourt, confiture.
Vendredi : Carottes râpées, filet de lieu, haricots blancs salade, fromage, orange.

3

**DANS L'ASSIETTE
DES SCOLAIRES**

Lundi 22 : carottes râpées, œufs durs ; steak haché, jardinère de légumes ; flan.
Mardi 23 : potage de légumes ; poulet rôti, frites ; fruit.
Jeudi 25 : salade de betterave, maïs ; haricots blancs, saucisse ; yaourt.
Vendredi 26 : potage de légumes ; thon aux champignons, pommes de terre vapeur ; compote, biscuits.

4

[i] 17. Les friandises

○ **Quel parfum?** [!] What flavour?: **vanille**;
citron lemon; **noix de coco** coconut; **cassis**
blackcurrant. 'Smell' is **l'odeur**

○ **des fruits**: **une poire** pear; **une orange**;
une pêche peach; **une banane**; **un ananas**
pineapple; **un pamplemousse** grapefruit;
des cerises cherries; **des framboises**
raspberries

○ **des friandises** sweet things: **une tarte**;
un bonbon sweet; **le miel** honey; **des biscuits**

PRALINÉ
NOIX DE COCO
CASSIS
CITRON
VANILLE
FRAISE
CHOCOLAT
FRUITS DE LA PASSION
NOISETTE
PISTACHE
LIQUEUR
PLOMBIÈRES
RHUM RAISIN
MENTHE-CHOCO
BANANE
MANGUE

18. Quel parfum?

A girl is explaining that **chocos** are chocolate biscuits. What are
the other three flavours she mentions?

19. Qu'est-ce que c'est?

A visitor to the Lorraine district of France is finding out from the
tourist office about five local specialities: **quiche lorraine**, **potée**,
mirabelles, **bergamotes**, **macarons**.
Listen to their conversation all through first, then divided into
a–e.

a. Why doesn't the Frenchwoman explain what **quiche lorraine** is?
b. What ingredients go into **une potée**?
c. What are **mirabelles**?
   What colour are they?
d. What are **bergamotes**?
   What three tastes do they have?
   What are they shaped like?
e. What are **macarons**?
   What shape are they? What do they taste of?

> *Guessable:* **la forme** shape;
> **fameux, fameuse** famous; **une**
> **sorte de** a sort of; **rond** round
>
> *To learn:* **connu** well-known ←
> **connaître** to know; **mélangé**
> mixed together; **des choses**
> **comme ça** things like that;
> **pousser** to grow; **jaune** yellow;
> **or** gold
>
> If *you* want to say 'famous' use
> **connu** rather than **fameux**.

☐ **20.** La gastronomie Lorraine

Plan for a visit to Lorraine to try the local cooking: read through
this extract from a tourist leaflet, looking for words you recognise,
and choose

a. a soup or entrée,
b. a meat dish, and
c. a dessert

which you'd like to try. Note the reason for your choice:
eg **a.** 'Soupe aux choux' because I like cabbage.

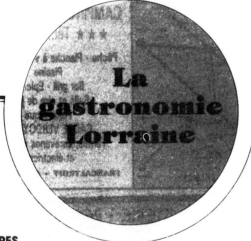

SOUPES.
Soupe aux choux - soupe à la farine - potage aux œufs

ENTREES.
Salade de mâche aux betteraves rouges
Omelette lorraine - œufs au plat à la Lorraine - bouchées à
la reine - quiche lorraine

VIANDES.
- paupiettes de bœuf - gras double lorrain - porc aux oignons
à l'étouffée - cochon de lait en gelée - jambon en croûte -
échine de porc à la Lorraine - potée lorraine - choucroute

DESSERTS.
Sabayon aux fraises de Woippy - flan lorrain aux raisins - tarte
aux mirabelles - tarte à la rhubarbe - tarte aux mûres - tarte
aux fraises - tarte aux cerises - tarte au megin - tarte au fromage blanc - tarte aux miettes de sucre - mascotte - tôt-fait
à la mirabelle - gâteau lorrain aux mirabelles - soufflé à la mirabelle - baba lorrain - madeleines de Commercy - macarons

≈ 21. Mes goûts

Work in pairs: host and French-speaking visitor. The visitor is staying for three days, and will need a different dinner (main course, vegetables and dessert) each day. Work out menus to suit you both, and make a note of what you agree.

Revision: Sections 3, 5, 15, 17

Qu'est-ce que tu aimes	manger? boire?	J'aime J'adore	le . . . la . . . l'. . . les . . .

Et toi?

Tu aimes	le . . .? la . . .? l'. . .? les . . .?	Ah oui, Chouette, *great* Ah non, Je regrette, *I'm sorry* Moi aussi,	j'aime j'aime bien j'adore je n'aime pas je n'aime pas beaucoup je préfère	le . . . la . . . l'. . . les . . . ça

Make sure you know what sort of food your partner is suggesting:

Le . . ., La . . ., L'. . ., Les . . .,	qu'est-ce que c'est? C'est	une sorte de . . . un . . . une . . .

21. the

j'aime **les** frites: I like chips
Notice that a word for 'the' is needed in French but not English.

'the':
les before all plurals:
  je déteste **les** carottes
  je préfère **les** haricots

l' before a vowel:
  je n'aime pas **l'**ail

le before a masculine word:
  j'aime **le** potage et **le** poulet

la before a feminine word:
  j'adore **la** soupe et **la** viande

It's easy to remember whether foods are masculine or feminine if you remember the word for 'some', because **du** → **le**; **de la** → **la**

≈ 22. C'était bien?

In pairs, discuss a meal you've eaten and give your opinions of it. Either imagine you've just had one of the meals in Section 16, or talk about a real meal.

C'était bien,	le . . .? la . . .? l'. . .? les . . .?	Oui,	c'était j'ai trouvé ça	très bon excellent délicieux formidable
		Non,		mauvais affreux *dreadful* dégoûtant *disgusting*

MODULE 6

C. OÙ MANGER?

[i] 23. Bien manger . . . mais où?

○ **Où aller?**
dans un restaurant; **une pizzeria**; **un self-service = un libre service**; **un cafétaria**;
un salon de thé tea room; **un buffet** snack bar;
une brasserie large café; **un café** for drinks and sometimes snacks; **un bar**; **une crêperie** pancake house

○ **C'est où?**
au centre-ville; **en face** opposite; **partout** everywhere; **quelque part** somewhere; **plusieurs endroits** several places; **autour de la falaise** around the cliff; **en bas** down below; **tout au long de la rue** all along the street; **près** near; **le quartier** district; **en vieille ville** in the old town

○ **Description:**
pas trop cher = moyen moderately priced; **sympathique** nice; **célèbre** famous ↔ celebrated; **agréable** pleasant; **coquet** smart; **nouveau** new; **rapide**; **allemand** German; **britannique** British

○ **Opinion:**
tant mieux! good!; **je n'ai pas envie . . .** I don't want . . .; **formidable** great; **je veux manger quelque chose d'un peu meilleur que ça** I want to eat something a bit better than that

□ 24. Restaurants de Metz

Imagine you're staying in Metz in Lorraine and you see the adverts opposite for local eating-places. Which might you choose if you wanted . . .

a. a self-service lunch?
b. tasty food?
c. food delivered to your home?
d. cakes to take away?
e. home made cakes?
f. local specialities?

Obvious: **succulent** succulent, tasty; **sélection**; **italien**

Guessable: **la livraison** ← **livrer** to de*liver*; **une pâtisserie** pastry, cake; **maison** home-made; **une commande** an order ← **commander** to order

To learn: **à emporter** to take away
← **porter** to carry

1.

Cafétaria Casino

Tél.: (8) 762.20.62

Face gare SNCF
Petit déjeuner de 7h à 11h
Buffet Libre Service de 11h à 15h et de 18h à 22h
Salon de thé de 15h à 18h
Pâtisserie à emporter
**OUVERT TOUS LES JOURS de 7h à 22h
MEME LE DIMANCHE**

2.

flunch

Le Restaurant Liberté

ouvert tous les jours de 10h30 à 22h
dimanche et jours fériés
Conditions spéciales pour
groupes et chauffeurs

17, rue des Clerc (parking République)
57000 METZ - Tél.: (8) 774.44.88

3.

LA WALSHEIM
BRASSERIE - RESTAURANT

SES SPECIALITES LORRAINES
- ses succulentes choucroutes
- sa formidable choucroute au champagne
- sa quiche lorraine
Ses bières : sélection de bières
allemandes et françaises

Conditions spéciales pour autocaristes
38, rue des Clers - METZ
Tél.: (8)·775.01.18

4.

UN NOUVEAU SERVICE

330 58 58

**ALLO
MAC DONALD'S**

pour une commande minimum de 60F (au prix du restaurant)   McDONALD'S
vous offre la

LIVRAISON GRATUITE

HEURES DE COMMANDE
de 10h. à 14h.
17h. à 21h.

DIMANCHE et
JOURS FERIES
AUSSI

HEURES DE LIVRAISON
11h. à 14h.
18h. à 21h.

L'appétit vient en riant.

5.

PIZZERIA L'ABRI

*Spécialités italiennes
Grillades
Pâtisserie maison*

21, rue de Pont-à-Mousson
MONTIGNY-LES-METZ - Tél.: (8) 766.76.96

25. Spécialités régionales

Now imagine that you've gone to the tourist office in Metz for advice on where to eat. Ahead of you is a tourist asking where he can find 'un petit restaurant pas trop cher'. Listen to him discussing the same five eating-places with the **employée**, and find out:

a. Why doesn't the tourist want to eat at the Pizzeria?
b. What does the **employée** say the food is like at La Walsheim?
c. In which country did Flunch restaurants originate?
d. Whereabouts is the Cafétaria Casino?
e. How does the tourist feel about eating at McDonald's?

> *Look alike, sound different:* **dépend** depends; **possible**; **régional**; **une chaîne** chain of shops, restaurants, etc; **américain**; **international**
>
> *Guessable:* **chercher** to look for ↔ search; **la nourriture** food ↔ nourishment; **typiquement** typically (◊ -ment/-ly)

ⓘ 26. La faim

- ○ **la soif** thirst; **la faim** hunger; **gourmand** greedy; **déguster** to eat, to taste ← **goût**

- ○ **spécialités de Bretagne**: **des fruits de mer** sea food, eg **des huîtres** oysters; **une crêpe** or **une galette** savoury pancake

- ○ **à manger**: **une baguette** French loaf; **un hot-dog**; **un hamburger**; **un croque-monsieur** toasted cheese and ham; **une gaufre** waffle; **une omelette nature** plain omelette

- ○ **à boire**: **un orangina** fizzy orange; **un coca-cola**; **une limonade**; **du cidre**

What three sorts of people does this snack bar aim to satisfy?

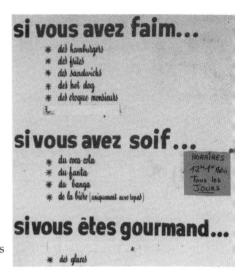

si vous avez faim...
* des hamburgers
* des frites
* des sandwichs
* des hot dog
* des croque monsieurs
*

si vous avez soif...
* du coca cola
* du fanta
* du banga
* de la bière (uniquement avec repas)

HORAIRES
12h-1h Matin
Tous les
JOURS

si vous êtes gourmand...

* des glaces

⊙⊙ 27. Spécialités bretonnes

Here is what Mlle Blouin says about three Breton resorts known for good food. Listen for the missing words and find out . . .

a. . . . the name of the street in St-Malo which is full of cafés.

L'été il y a énormément de cafés à St-Malo, et une rue qui est célèbre pour ses cafés, qui s'appelle 'la rue de la – – –'. Ça dit ce que ça veut dire, il y a des cafés tout au long de la rue qui se touchent.

b. . . . what kind of food Cancale is famous for.

Il y a Cancale, qui est très connu parce que c'est un petit port de pêche. Alors, à Cancale les gens viennent surtout parce que la ville est tout autour de la falaise, et il y a une descente très à pic, et en bas c'est la promenade le long du petit port, et les gens viennent déguster les – – –: les homards, les crevettes, les moules, les – – –, et tous les – – –, parce qu'il y a énormément de – – – sur la côte bretonne.

c. . . . what kind of food Dol is famous for.

On fait de très bonnes – – – à Dol, des – – – et des – – –; c'est une petite ville, un petit bourg breton assez agréable.

---

adjectives

Most adjectives have a special ending for describing someone or something feminine (**la**). In this unit you will read or hear:

feminine	*masculine*
américaine	← américain
allemande	← allemand
française	← français
italie**nne**	← italien
lorraine	← lorrain *from Lorraine*
breto**nne**	← breton *from Brittany*
piéto**nne**	← piéton *pedestrian*
moye**nne**	← moyen *average*

Look alike, sound different:
toucher to touch; **long**; **un port** → **port de pêche** fishing village; **une descente** ← **descendre** to come down; **un bourg** borough, small town

◊ 'circumflex'/s: **des huîtres** oysters; **la côte** coast; **un goût** → **déguster**; **la pâtisserie** pastry

venir to come: **les gens viennent** people come

☐ 28. Manger à Cancale

CANCALE * – Carte Michelin n° 230

Port de pêche et station balnéaire. Le **site*** du port est pittoresque; pour l'apprécier, il faut arriver à Cancale par la route touristique. Au cours de la descente, belles **vues*** sur la station et la baie du Mont-St-Michel.

Depuis des siècles, la ville tire une gloire gourmande de ses huîtres plates, que les amateurs viennent déguster dans les hôtels et bars du port.

After listening to Mlle Blouin, you plan to visit Cancale. According to this extract from the *Guide Michelin*, what do tourists enjoy . . .

a. on the route down to Cancale?
b. in the hotels and bars there?

Obvious: **un site**; **la route touristique**

Guessable: **pittoresque** picturesque, pretty; **apprécier** to appreciate, enjoy; **au cours de** in the course of; **la vue** view; **la baie** bay; **la gloire** glory

[!] **station** resort; **amateurs** people who love something (← **aimer**)

☐ 29. La crêperie 'Ly Maï'

You meet a friend at the Crêperie Ly Maï in Brittany.

What does each item cost you?
You have an egg, ham and cheese pancake, then a cherry jam pancake and a fizzy orange.
Your friend has a mushroom pancake, then a honey pancake, and a grapefruit juice.

NOS SPECIALITES

Galette champignons	14,60
Galette aux oignons	9,15
Galette complète (oeuf/jambon/fromage)	17,50
Crêpe Beurre/sucre	4,80
Crêpe confiture, fraise, cassis, abricot, rhubarbe, citron, cerise	7,50
Crêpe chocolat	8,10
Crêpe au miel	7,50

BOISSONS

Cidre au litre (sec)	18,50
Bière blonde, rousse, brune, étrangère	9,80
Eau minérale (46 cl)	7,00
Jus de fruits (orange, tomate, pamplemousse, abricot, ananas)	7,00
Orangina	6,50
Coca cola	6,50
Limonade	2,70
Café	3,10
Chocolat, thé	7,00
Thé citron ou lait	7,50

30. Où manger à Nancy?

You are visiting Nancy in eastern France. In the tourist office in the Place Stanislas, you overhear the **employée** telling a tourist about local eating places.

Listen to the conversation all through first, then again to parts **a–c**, where she describes different parts of the town:
- **a.** the Rue des Maréchaux, nicknamed the Rue Gourmande
- **b.** the old town
- **c.** the district around the Rue Stanislas and the Rue Gambetta

Would you go to **a**, **b** or **c** to look for
- very good restaurants?
- smart restaurants, from medium-priced to very dear?
- fast-food restaurants?

Pour l'été, l'aménagement de la rue des Maréchaux est terminé : la "rue gourmande" est piétonne, accueille les mois de soleil avec un petit air méditérranéen.

LA RUE DES MARECHAUX dite GOURMANDE

≈ **31.** Tu as envie de manger?

Work with a partner.

a.

b.

c.

d.

NOS SPÉCIALITÉS

SANDWICH (la 1/2 baguette)	7.70
SANDWICH AMÉRICAIN	12.50
HOT-DOG SIMPLE (1 saucisse)	7.50
HOT-DOG DOUBLE (2 saucisses)	12.50
TOMATES, OEUFS DURS	8F00
ASSIETTE ANGLAISE	19.00
CROQUE MONSIEUR (maison)	9,20
CROQUE MADAME (maison)	12.00
OEUFS AU PLAT	8F
OMELETTE NATURE	12F00
RAVIOLIS GRATINÉS	12.50
CASSOULET	20F00
SAUCISSES AUX LENTILLES	20F00
CAMEMBERT	4.50
GLACES (au choix) de 5,50 a 10F	

a. Out sightseeing with a French-speaking friend, you see all these eating-places and decide it's time for a little something. Discuss whether you're each hungry, thirsty, or both:

Tu as	soif	(?)
J'ai	faim	
Je n'ai pas		

b. Discuss where to go: perhaps one of these photos, or a place in Section 23 or 24.
Decide what to eat and/or drink. (Useful vocabulary: Section 26.)

Tu veux	aller	là-bas *over there*	(?)
Tu as envie de		dans un . . .	
d'		dans une . . .	
Je voudrais	manger	ça	
Je ne veux pas	boire	un . . .	
Je n'ai pas envie de	prendre	une . . .	
d'		des . . .	

c. Then decide what to order from the list:

Je voudrais	un . . .	s'il vous plaît
Encore *another*	une . . .	
	des . . .	
	deux . . .	

---

31. soif, faim, envie

These always follow part of **avoir**, to have:

j' **ai** } { **faim**
tu **as** } { **soif**
vous **avez** } { **envie de/d'*** . . .

Eg: Tu **as faim**? Je n'**ai** pas **soif**, mais j'**ai envie de** manger.

* **de** → **d'** before a vowel or h: J'ai envie **d'**aller au café.

---

31. vouloir to want

je **veux** I want
je ne **veux pas** I don't want
tu **veux** } you want
vous **voulez** }

Voulez-vous . . .? Would you ?
Voulez-vous répéter?
Voulez-vous me passer le sel?

Also from **vouloir**:
Je **voudrais**, I'd like

---

31. tu and **vous**, you

Use **tu** to one friend or child:
Tu as envie de boire? **Tu veux** manger quelque chose?

Use **vous** to an adult, or more than one friend or child:
Vous voulez manger? **Vous avez** soif?

MODULE 6

D. BON APPÉTIT!

[i] 32. Au restaurant

○ **on choisit**: **la carte** menu listing everything available; **un menu** a set meal, eg **un menu à prix fixe** fixed-price meal, **le menu du jour**, today's set meal

○ **on commande**: **les choix** choice ← **choisir** to choose. First choose **un apéritif** before-dinner drink, an **entrée** and your **plat principal**. **Le plat du jour** today's special, might be a good choice. If there's none left the waiter might say **Je n'en ai plus**

○ **on sert**: **servi** served ◊ -i/-ed. If there's something missing, say to the waiter (**le garçon**) or the head waiter (**le maître d'hôtel**) 'Il me manque . . .': **il me manque du sel/de la moutarde/de la sauce** salt/mustard/sauce. **Bon appétit!** enjoy your meal!

○ **on paye**: **la note** or **l'addition** [!] bill. **Un pourboire** tip should be left if you haven't paid a service charge (**service . . . pour cent**)

> *Guessable:* **une invitée** guest (female); **un compagnon** companion (male); **le luxe** luxury; **une entrée** entrance ← **entrer** to come in; **gentiment** nicely ← **gentil**; **remercier** to thank ← **merci**; **un plaisir** pleasure; **de nouveau** again, anew ← **nouveau**
>
> *To learn:* **le mieux** the best thing; **aucune idée** no idea; **l'homme** man; **premier** first; **n'oubliez pas** don't forget
>
> [!] **demander** to ask for (not 'demand')

☐ 33. Si vous êtes invitée au restaurant

This article from a women's magazine tells its readers how to behave when taken to a restaurant by a man. **Vous** means the girl who is invited. You may well disagree with its advice!

According to the article, who – the girl, the man or the waiter – should:

a. offer the other a choice of restaurants?
b. claim to have no idea what restaurant to choose?
c. go into the restaurant first?
d. give the girl a menu?
e. tell the waiter if there's something missing?
f. tell the waiter if separate bills are needed?
g. decide when to leave?
h. give the waiter a tip?
i. say thank you nicely in the hope of another similar outing?

Si vous êtes invitée au restaurant

Le choix
Vous êtes invitée. Pour le choix du restaurant, votre compagnon vous questionnera peut-être sur vos préférences. Soyez discrète, ne donnez pas le nom de la maison de grand luxe.
Le mieux est d'assurer que vous n'avez aucune idée et lui laisser l'initiative.

Entrée
A l'encontre de l'usage habituel, laissez l'homme entrer le premier. Vous donnerez votre manteau au garçon.

Le menu
Le garçon vous donnera le menu à consulter.
Une invitée ne fait jamais d'observations au garçon ou au maître d'hôtel. S'il vous manque des biscottes, de l'eau, du sel ou de la moutarde, prévenez gentiment votre compagnon, il le demandera pour vous.

La note
Si vous prenez un repas en commun, prévenez le garçon en vous mettant à table : « Vous nous ferez deux additions »

Le départ
C'est vous qui donnerez le signal du départ puisque vous êtes invitée, mais ce n'est pas vous qui donnerez le pourboire à l'employée du vestiaire.
Et surtout n'oubliez pas de remercier très gentiment celui qui vous a invitée. Assurez-lui qu'il vous a fait beaucoup de plaisir..., cela lui donnera envie de vous inviter de nouveau.

34. Moi, je prends . . .

Christine and Jean-Luc have invited their English friend Oliver for a meal at Le Bouffon restaurant. Listen to their discussion with the waiter and have a look at the menu.

First listen to pick out the useful phrases printed below. Then listen again and try to answer the questions in English.

a. On arrive au restaurant

GARÇON: Bonsoir, monsieur. Vous désirez un apéritif?

Why can't they have the 'plat du jour'?

b. On choisit une entrée

JEAN-LUC: Moi, je vais prendre un velouté de tomates.
CHRISTINE: Et cela, qu'est-ce que c'est?
GARÇON: Cstatsiki? C'est un plat grec.
JEAN-LUC: Alors, moi je veux un velouté; tu veux un velouté, Christine?
CHRISTINE: Non, moi, je ne prends pas d'entrée.

'Cstatsiki' turns out to be a Greek dish. What ingredients did you recognise?

What kind of food is 'un velouté'?

c. On choisit le plat principal

JEAN-LUC: Moi, je prends une truite meunière.
GARÇON: C'est servi avec des pommes vapeur.
CHRISTINE: Et la timbale du pêcheur, c'est quoi?

What does Christine ask the waiter?

d. On choisit à boire

JEAN-LUC: Vous voulez boire quelque chose?
OLIVER: Je voudrais de l'eau minérale, s'il vous plaît.

What are Jean-Luc, Oliver and the waiter discussing?

e. On commence à manger

GARÇON: Je vous souhaite bon appétit.

The waiter brings the entrées. What does Jean-Luc think of his 'velouté'?

f. On choisit un dessert

GARÇON: Désirez-vous un fromage?
OLIVER: Moi, non.
CHRISTINE: Moi, non plus.
JEAN-LUC: Vous avez la carte, s'il vous plaît?

If you liked the sound of the cake with biscuits soaked in Kirsch liqueur, which dessert would you order?

g. On part

JEAN-LUC: Garçon, s'il vous plaît! L'addition.

What does Jean-Luc want now?

LE BOUFFON

ENTRÉES
Potage de saison
Cstatsiki
Terrine de saumon maison

POISSONS
Truite meunière
Truite à la crème
Timbale à la pêcheur

VIANDES GARNIES
Plat du jour
Brochette de volaille
Escalope viennoise
Suppléments: frites
légumes vertes

DESSERTS
Charlotte au deux parfums
Gâteau au chocolat, crème anglaise
Mousse au chocolat, parfumée au whisky
Chartreuse aux kiwis
Glaces diverses

APÉRITIFS
Martini
Ricard
Porto

DIGESTIFS
½ Vittel
¼ Perrier
¼ jus de fruit

≈ **35.** Apprends: Au restaurant

Je voudrais

| une table pour . . . personnes |
| la carte |
| le menu à 40 francs |
| à prix fixe |
| du jour |
| l'addition |

s'il vous plaît.

| Le plat du jour, | qu'est-ce que c'est? |
| La 'timbale du pêcheur', | c'est quoi? |

Voulez-vous me passer	le poivre
Vous avez oublié	l'huile
Il me manque *I need*	une cuiller
	le vinaigre

Qu'est-ce que vous avez comme

| sandwiches? |
| glaces? |
| fruits? |
| crêpes |
| pâtisseries? |
| fromages? |

What might these restaurant customers have said?

≈ 36. À toi de jouer

You're in Brittany with your penfriend.

Revision: Sections 21, 23, 26, 31

TON AMI(E): On va où?

a. Say you'd like to go to a pancake house. Ask if (s)he wants to eat. *Moi, --- ?*

TON AMI(E): Oui, je veux bien.

b. Say that you love pancakes and ask what (s)he likes to eat. --- --- ?

TON AMI(E): J'aime les fruits de mer.

c. Say you do too, and ask if (s)he likes chips. --- --- ?

TON AMI(E): Bien sûr.

≈ 37. À toi de jouer

You're in the Crêperie Ly Maï (Section 29) in Brittany.

Revision: Sections 22, 29, 31, 35

SERVEUSE: Vous désirez?

a. Ask what sort of pancakes they've got. Say you'd like the list. --- ? ---

SERVEUSE: Voilà la carte.

b. Ask what **une galette** is. --- ?

SERVEUSE: C'est une sorte de crêpe.

c. Order a pancake with chocolate. --- .

SERVEUSE: Un moment . . . voilà.

d. Say it was delicious and order another. --- !

≈ 38. À toi de jouer

A French-speaking friend is visiting your house, and there are kippers to eat.

Revision: Sections 21, 22, 31

TON AMI(E): Un 'kipper', c'est quoi?

a. Explain that it's a sort of fish, and ask if (s)he likes fish. --- --- ?

TON AMI(E): En général, oui.

b. Ask if (s)he wants to have a fish. *Alors, --- ?*

TON AMI(E): Oui, je veux bien.

c. Ask if it was good. --- ?

TON AMI(E): Oui, c'était très bon.

MODULE 6

E. À TON STYLO!

39. Une liste

You're going to go shopping for a picnic in France. Make a list of at least eight items which you and your friends like. Include sandwich fillings, fruit, soft drinks, and something sweet.

> Revision: Sections 6, 15, 17, 26

du pain
du beurre

40. La cuisine britannique

Some French-speaking exchange visitors are coming to your school soon. They've heard of the following food, and have written to ask what it is, and whether they'll like it. Describe the food, and give your opinion of it.

> Revision: Sections 5, 13, 15, 21, 26

EXEMPLE:

Jam roly-poly, c'est quoi?

C'est un dessert. C'est du gâteau avec de la confiture. C'est délicieux.

a. 'Rice pudding', c'est quoi?
b. 'Mash', qu'est-ce que c'est?
c. 'Trifle', c'est quoi?
d. 'Welsh rarebit', qu'est-ce que c'est?
e. 'Shepherd's pie', c'est quoi?

41. Cher Marc

Marc is coming to stay with you soon, and has written to ask 'Qu'est-ce qu'on mange chez toi?'

> How to write letters: p. 13.
>
> Revision: Sections 11 and 21 to talk about what you eat; Sections 12 and 21 to ask about his tastes.

a. Thank him for his letter.
b. Answer his question.
c. Ask what he likes eating.
d. Tell him two or three of your favourite foods.
e. Ask what they eat in the morning at his house.
f. Look forward to seeing him soon.

MODULE 7 À VOTRE SERVICE

A. DE L'ARGENT À DÉPENSER

[i] 1. L'argent

- *Obvious:* **la banque**; **un chèque**; **un chèque de voyage** traveller's cheque; **signer**; **contresigner** to countersign, sign again; **accepter**

- *Guessable:* **la caisse** cash desk, checkout → **encaisser** to cash cheques; **utiliser** to use; **un achat** purchase ← **acheter** to buy; **une vente** sale ← **vendre** to sell; **un commerçant** shopkeeper ← **un commerce** shop, business; **la plupart** majority ← **plus** more, most + **part**; **un compte en banque** bank account; **un livret** savings book ← **un livre** book

- **l'argent** money: **dépenser de l'argent** to spend money; **l'argent de poche** pocket money. But [!] **la monnaie** is 'small change' (**je n'ai pas de monnaie**) or 'foreign currency' (**Quelle monnaie voulez-vous changer?**), eg **une livre** a pound, **un franc** (don't pronounce the c)

- **une pièce** coin: **introduire les pièces dans la fente** [!] insert coins in the slot. (But **pièces d'identité** = identity papers.) 'Notes' are **des billets de banque**

- **un carnet** booklet: **un carnet de chèques**; **un carnet de timbres** booklet of stamps

- **mettre** to put: **mettre de l'argent à la banque**. Opposite: **prendre** or **toucher l'argent** to take money out

un livre / une livre
un livre book; **une livre** pound *Similarly:* **un tour** tour; **une tour** tower **un poste** post, job; **une poste** post office **un mort** dead man; **une mort** death

MAGASIN OUVERT

ACHATS·VENTES DE TOUT

cartes postales
timbres postes
vieux journaux
gravures
billets de banque
matériels de rangement
de collection

BROCANTE

What does this shop do, besides sell things?

carnets de timbres poste

caisse **5** articles maximum par client

caisse **5** articles maximum par client

□ 2. Des machines

Explain briefly the three actions necessary . . .

la durée length of time,
duration ← durer to last
appuyer to press
attendre to wait
le pare-brise windscreen ←
brise breeze, wind
tirer to pull ↔ un tiroir
drawer
servez-vous help yourself
pousser to push → repousser
push back (◊ re-/back, again)
la clé = la clef key

a. to obtain a car park ticket

INSTRUCTIONS

1. INTRODUIRE LES PIECES JUSQU'A L'OBTENTION DE LA DUREE DE STATIONNEMENT CHOISIE
2. APPUYER SUR LE BOUTON TICKET PUIS ATTENDRE 5 SECONDES
3. PLACER VOTRE TICKET LISIBLE DE L'EXTERIEUR CONTRE LE PARE-BRISE A L'INTERIEUR DU VEHICULE

b. to buy a booklet of stamps

POUR OBTENIR
1 CARNET DE TIMBRES A 2.10F
.Mettez 1 pièce de 5F ET 2 DE 10F
.Tirez à fond le tiroir et servez-vous
.Repoussez le tiroir

c. to store things in a left-luggage locker (**un casier**)

Choisissez un casier muni de la clef

1. Ouvrez le casier et placez vos bagages
2. Mettez la monnaie dans la fente
3. Fermez en appuyant sur la porte et conservez la clé

☐ 3. Le chèque de voyage

Find out more about traveller's cheques.

a. They are sold in – – –, post offices and other places.
b. They can be obtained in various – – – or in French francs.
c. Once you've bought them, you must – – – them.
d. They must be – – – when you cash them.
e. All banks will cash them, and so will many – – –.

n'importe quel any	
Similarly:	
n'importe où anywhere	
n'importe qui anyone	
n'importe quoi anything	

tout sur le chèque de voyage
la sécurité de votre argent

Chez vous ou en voyage, en france ou à l'étranger, utilisez partout le chèque "sécurité"

Où me procurer des Chèques de Voyages SFCV ?

La plupart des Banques, certains Bureaux de la Poste et autres organismes agréés vendent le Chèque Express.

En quelle monnaie puis-je me procurer des Chèques de Voyage ?

Il existe des Chèques de Voyage en différentes monnaies, et bien sûr, en Francs Français.

Comment utilise-t-on un Chèque de Voyage ?

Lors de l'achat, vous signez vos Chèques de Voyage à l'endroit indiqué.

Dois-je signer les Chèques de Voyage exactement comme sur mes pièces d'identité ?

C'est préférable, mais en fait, il suffit que chaque Chèque Express soit signé au moment de l'achat et que vous le contresigniez sous les yeux de la personne qui l'accepte.

Comment faire pour encaisser mes Chèques de Voyage ?

N'importe quelle banque, là où vous vous trouvez, acceptera votre Chèque Express, en France. Mais vous pouvez, bien entendu, l'utiliser directement auprès des nombreux commerçants.

$\boxed{i}$ 4. Les prix

- o **un prix: prix bas** low price; **prix choc** amazing price. **Des réductions: soldes** sale; **promotion = offre spéciale**

- o **coûter: Ça coûte combien, l'entrée?** How much is it to get in? **Ça coûte cher?** Is it expensive? **plutôt cher = assez cher** rather dear; **moins cher** cheaper

- o **payer** to pay or to pay for: **payer l'entrée; payer les consommations** to pay for drinks

- o **la note** [!] hotel bill; **l'addition** [!] restaurant bill; **le montant** total

- o **obligé** forced ↔ **obligatoire** compulsory. Opposite: **facultatif** optional

- o **le service** = 'service' or 'service charge' in a restaurant, hotel, etc. The charge may be included in the bill (**Service compris**), or may be added (**ajouté**) as an extra: **en plus, en supplément, service non compris**

- o **économiser** to save = **faire des économies** = **garder** ([!] keep) **son argent**

- o **un pourboire** tip ← **pour** for + **boire** to drink

PROMOTIONS	fromages	
	pièce	soit le kg
SAINT PAULIN		22F20
TOMME BLANCHE		26F50
EMMENTHAL BRETON		29F95
ROQUEFORT		60F75

◯◯ 5. Ça coûte cher?

A tourist in Nancy is asking the **employée** in the Office du Tourisme about sports facilities locally.

un adhérent member
pas du tout not at all
à peu près more or less

a. Does the **employée** think the tennis club is dear? Does the tourist have to be a member to play there?

Now they are discussing entertainments in town.

b. What will the tourist have to pay for at the disco? What does he think of the price?

☐ 6. Les prix

Match these advertising ideas to the advertisements:

a. Amazing prices!
b. Why pay more?
c. It's the place to make savings
d. Low prices all year!
e. Cheaper!
f. Sale now on!

2.

1.

4.

3.

5.

6.

□ 7. Compris, pas compris?

Read about service charges and tips:

Compris, pas compris?

au restaurant

Sur le menu doit figurer la mention "Service compris" ou le pourcentage demandé, environ 15 à 20 %. S'il n'est pas compris, vous devez ajouter à la note le montant du pourcentage en plus. Si le service est compris, vous n'avez rien à ajouter au prix de l'addition, quelques pièces en plus si vous êtes particulièrement satisfait

à l'hôtel

Tout est compris dans votre note. Le personnel n'attend rien de vous sauf s'il vous a rendu un service particulier.

au cinéma

L'ouvreuse qui vous place attend environ deux francs. Elle ne vit en général que de ces pourboires.

au vestiaire

Facultatif mais parfois réclamé avec insistance par les préposées, le pourboire est ici une vieille habitude.

---

si if
ne ... rien nothing
satisfait satisfied
une ouvreuse usherette
vivre de to live on
ne ... que only
un vestiaire cloakroom ↔ des vêtements clothes

Now match each of situations **1–5** to statements **a**, **b** or **c**.

1. You're in a restaurant where the menu says 'Service non-compris 15%'
2. You're in a restaurant where the menu says 'service compris'.
3. You're leaving your hotel.
4. The cinema usherette shows you to a place.
5. The cloakroom attendant rattles her saucer of coins at you.

a. You have to pay an additional service charge.
b. You don't *have* to pay for the service, but people usually do.
c. Don't pay extra for the service unless you feel it was especially good.

[i] 8. Ce qu'on achète

○ **des affaires** things, possessions, eg **des cassettes**; **des magazines**; **des cadeaux** presents

○ **des bijoux** jewellery: **des boucles d'oreille** ← **oreille** ear; **un collier** necklace ← **le cou** neck

○ **du maquillage** make-up: **du rouge à lèvres** ← **lèvre** lip

○ **des vêtements**: **un uniforme**; **des chaussures** shoes; **des sous-vêtements** underclothes ← **sous** under

○ **de la pharmacie**: **du savon** soap; **du shampooing**; **du dentifrice** toothpaste ← **dent** tooth; **du sparadrap** sticking plaster; **un mouchoir** handkerchief; **du papier hygiénique** toilet paper; **un pansement** bandage; **un gant de toilette** flannel, face mit

○ **gagner** to earn, to get

∞ 9. Je m'achète . . .

Listen to each of these young people talking about their pocket money, then match the thinks bubbles to their photos.

donner to give
la moitié half
un magasin shop
demander [!] to ask
j'y touche pas I don't touch it

a.   b.   c.   d.   e.   f.

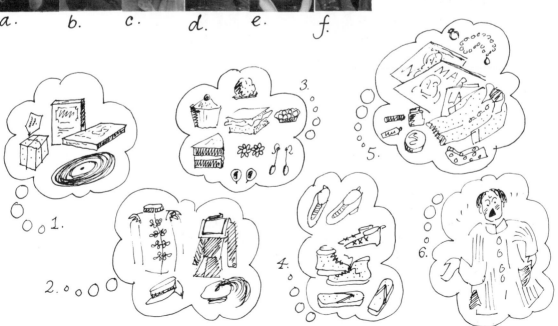

☐ 10. L'argent de poche

Read these extracts from what the young people said.

a. *Mes parents me donnent 25 francs par semaine. Je m'achète ce que je veux.*

c. *J'économise pour acheter un cadeau à mes parents.*

d. *J'ai un compte. Mes parents me mettent 50 francs sur le compte. Je garde mon argent*

b. *Mes parents me paient tous les mois. J'ai pas mal d'argent sur mes livrets, et je n'y touche pas.*

e. *Je le garde, pour en dépenser plus ap*

f. *J'ai un compte en banque. Je(n)'ai pas d'argent de poche. Je demande à mes parents.*

1. Find the French for:
   I buy myself what I want.
   I keep my money.
   I've got a bank account.

2. **Dossier:** Make a note of any of the phrases which apply to *you*.

☐ 11. C'est combien?

Read this extract from the price list published by the supermarket chain Intermarché:

INTERMARCHÉ

PARFUMERIE - HYGIENE
Les Mousquetaires de la distribution

SAVON DE BAIN REXONA 150 g	**3,70**	PANSEMENTS PRÉDÉCOUPÉS PRÉPHARMA x 30	**7,70**
SHAMPOOING ELSÈVE POUR CHEVEUX NORMAUX 250 ml	**12,25**	SPARADRAP TISSU PRÉPHARMA 5 mètres	**7,00**
BROSSE À DENT GIBBS CONTACT DURE	**5,55**	MOUCHOIRS BLANCS KLEENEX boîte de 150 mouchoirs	**5,70**
DENTIFRICE TRÈS PRÈS VERT 65 ml	**5,50**		
PARFUM DÉODORANT IMPULSE FRIVOLITÉ 75 ml	**15,60**	DÉMAQUILLANT POUR LES YEUX MAY 100 ml	**7,45**
DÉODORANT CORPOREL REXONA HOMME atomiseur de 175 g	**15,90**	PAPIER HYGIÈNIQUE PURE OUATE LABELL 4 rouleaux	**6,40**

Your friends have asked you to buy them the following items.
How much will they each owe you?

a. shampoo
b. toothbrush
c. sticking plaster
d. bath soap
e. eye make-up remover
f. men's deodorant
g. tissues

≈ 12. Dossier: Mon argent de poche

a.

Mes parents	me donnent me paient	. . . livres par semaine tous les mois de temps en temps
Je gagne		

b.

Je dépense garde	la moitié de la plupart de tout	mon argent.
Je fais des économies.		

Je m'achète . . . Je veux acheter . . .

≈ 13. Interview

a. Est-ce que tes parents te donnent de l'argent, ou est-ce que tu le gagnes?
b. Qu'est-ce que tu fais de ton argent?

≈ 14. Apprends: Les prix

Ça coûte combien = C'est combien Ça fait combien *How much does it come to*	l'entrée? un balcon? *theatre or cinema seat, upstairs* un orchestre? *seat downstairs in the stalls* par personne? pour un enfant?	les cartes postales? la pellicule? le dentifrice? le déodorant? le gant de toilette? le savon? le sparadrap? le shampooing? la brosse à dents? la pile? *battery*

Au spectacle

Ask how much it costs . . . .

a. for a balcony seat
b. for the stalls
c. each
d. to get in
e. for a child

Au magasin

Ask how much these come to:

a. toothbrush and face flannel
b. soap and shampoo
c. toothpaste and elastoplast
d. a film and a battery
e. deodorant and postcards

MODULE 7

B. OÙ EST-CE QU'ON VEND . . .?

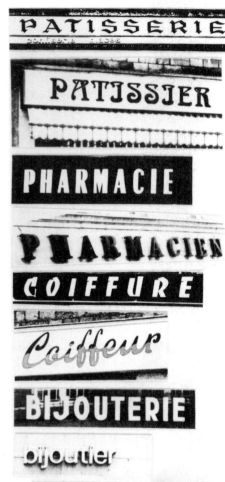

[i] 15. Les magasins

○ **un grand magasin** department store;
une boutique small shop

○ **un marché** market → **un supermarché,
un hypermarché**

○ ♭ **une . . .erie** place where goods are sold or
made: **boucherie** butcher's; **boulangerie**
baker's; **charcuterie** pork butcher's; **confiserie**
sweet shop; **maroquinerie** leather goods shop
(so called from the leather trade with Morocco,
le Maroc); **pâtisserie** cake shop ↔ pastry

○ *Guessable:* **horlogerie** ← **horloge** clock;
poissonnerie ← **poisson**; **parfumerie** ←
parfum; **crémerie** dairy ← **crème**; **papeterie**
stationer's ← **papier**; **bijouterie** ← **bijou**;
verrerie glassware department ← **verre** glass

○ [!] **librairie** bookshop; **droguerie** household
store

○ *Other shops:* **un magasin d'alimentation** = **une
épicerie** food shop; **un tabac** = **un bureau de
tabac** for smoking accessories and stamps; **une
coiffure** hairdresser's; **une agence de voyages**;
une pharmacie chemist's; **une Maison de la
Presse** newsagent's

○ ♭ **-er, -ier, -ien, -eur** indicates the shopkeeper

JEANERIE ORIGINALE...
MARTIAL SURPLUS
St-Malo
Facile à trouver, c'est à la gare !...

☐ 16. Quel magasin?

Here is what you're hoping to find:

a.

b.

c.

d.

e.

f.

So which of these signs do you look out for?

1.

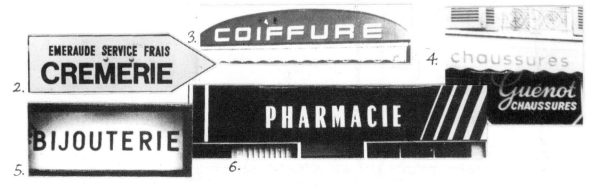

[i] 17. Dans un magasin

○ **un rayon** department (in a store), aisle (of a supermarket). Names of **rayons** often end in -age: **bricolage** DIY; **essayage** ← **essayer** to try on; **outillage** ← **un outil** tool; **ménage** or **ménager** household

○ **un étage** floor: **1er étage** 1st floor; **le sous-sol** basement; **le rez-de-chaussée** ground floor

○ **Entrée libre** invites you to come in and look round; **libre service** self-service

○ [!] **la confection** clothes, fashions

électro ménager

↙ cabine d'essayage

ARTICLES de SPORTS
BRICOLAGE
RADIO · TÉLÉVISION
ARTICLES de MÉNAGE

☐ 18. Au supermarché

In which **rayon** of this supermarket would you look for:

a. meat?
b. sweets?
c. tinned food?
d. a spade?
e. a drinking glass?

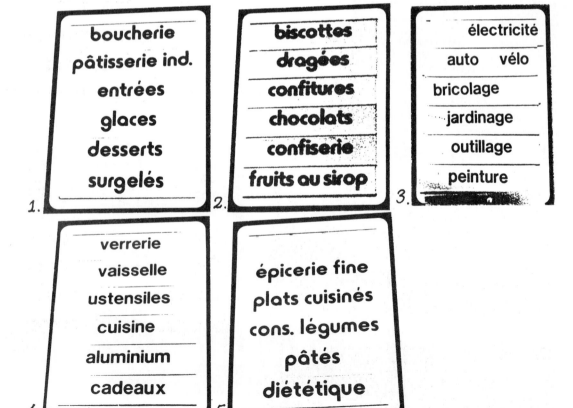

1.
boucherie
pâtisserie ind.
entrées
glaces
desserts
surgelés

2.
biscottes
dragées
confitures
chocolats
confiserie
fruits au sirop

3.
électricité
auto   vélo
bricolage
jardinage
outillage
peinture

4.
verrerie
vaisselle
ustensiles
cuisine
aluminium
cadeaux

5.
épicerie fine
plats cuisinés
cons. légumes
pâtés
diététique

☐ 19. Dans un grand magasin

Which is the sign to go to if you want to:

a. look at clothes?

3. confiserie

CONFECTION

1. confitures

2.

b. shop in a self-service store?

1. entrée libre

2. LIBRAIRIE

3. Libre Service

c. buy medicine?

1. PHARMACIE

2. aliments enfants

3. la droguerie les lessives

To which store and which floor will you have to go for:

d. watch repairs?
e. stationery?
f. the photocopier?

1.
SOUS SOL   Photomaton
Librairie   Photocopie
Disques   Talon service

2.
◀ 1er ETAGE ◀

Livres   Disques
Papeterie   Jouets
Voyage   Verrerie
Droguerie   Cuisine

3.
REZ DE CHAUSSÉE   MONTRE SERVICE
TALON MINUTE
SODITOUR
PRESSE PHOTO

≈ 20. Apprends: Où est-ce qu'on vend . . .?

Est-ce qu'il y a	une cabine d'essayage	près d'ici?
	un supermarché	ici?
	une papeterie	
	une maroquinerie	
	une Maison de la Presse	
	une agence de voyages	

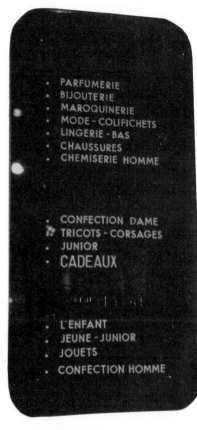

a. Use the phrases above to help you ask for the right place when you want . . .
1. to buy some envelopes
2. to order a plane ticket
3. to stock up with food
4. to replace your broken suitcase
5. to try on a t-shirt you've chosen
6. to buy a newspaper

b. In this store guide, the writing showing the floor is illegible. How would you ask where to go if you wanted . . .

Exemple: toys? 'Où est le rayon jouets, s'il vous plaît?'

1. ladies' clothes?
2. new shoes?
3. a bottle of perfume?
4. gifts?
5. a watch strap?

MODULE 7

C. ON FAIT DES COURSES

[i] 21. Du shopping

○ *Guessable:* **100 grammes**; **un assortiment** assortment, mixture; **varié** varied; **la conservation**, **conserver** preservation, to preserve; **frais** fresh; **sous vide** vacuum-packed ← **vide** empty; **la marque** make, brand → **de bonne marque** of good quality; **un sac**, **un sachet** bag; **un ouvre-boîte** tin-opener ← **une boîte** box, tin; **un ouvre-bouteille** ← **une bouteille** bottle; **un tire-bouchon** corkscrew ← **un bouchon** cork; **une allumette** match ← **allumer** to light

○ *To learn:* **une boîte** box or tin; **la pièce** each; **la taille** size; **une tranche** slice

○ *Phrases:* **je cherche** I'm looking for; **vous me donnez** would you give me; **je prends . . .** I'll take . . .; **Est-ce que vous avez . . .?** have you got . . .? **Qu'est-ce que vous avez?** What have you got? **c'est tout** that's all

1.

○○ 22. On achète un souvenir

You can hear the **employée** in the Office du Tourisme in Nancy recommending the local biscuits, **marcarons**, for a tourist to take home as a present. Listen to the conversation all through, then divided into parts **a** and **b**.

2.

3.

a. How are they kept fresh?
b. Which of these four shops might you buy them in?

4.

○○ 23. Je cherche un cadeau

A tourist is now asking a shopkeeper's advice. Listen to the conversation all the way through, then to parts **a–c**.

offrir to give
belge Belgian
apprécié appreciated

a. What does he say he's looking for?
b. What size box does the shopkeeper recommend?
c. What size box does the tourist buy in the end?

Listen again, and complete these useful phrases when you hear them:

a. TOURISTE: Je – – – un petit cadeau pour la mère d'un ami.
b. COMMERÇANTE: Alors, c'est 26 francs les – – – grammes.
c. TOURISTE: Vous me – – – une boite de 250 grammes, alors.
COMMERÇANTE: Voilà. Comme ça, ce sera très bien. Et ce sera apprécié.
TOURISTE: Bon, c'est parfait, je – – – ça. Merci.

23. à
Notice how **à** is used to describe flavour or value:
une tarte **aux** fraises
un éclair **à la** vanille
un timbre **à** 2 francs

◯◯ 24. Est-ce que vous avez des tartes aux fraises?

The same tourist is now buying cakes. Here is his conversation with the shop assistant. Fill in the gaps with phrases **a–e**.

— Bonjour madame, ––– des tartes aux fraises?
— Oui: sept francs –––.
— Vous m'en donnez trois, s'il vous plaît.
— Oui.
— Et ––– de beau?
— J'ai des tartes aux framboises, des religieuses, café ou chocolat.
— Ben, ––– deux religieuses café, s'il vous plaît, et des éclairs. Vous n'avez pas d'éclairs?
— Si, j'ai des éclairs au café, à la vanille, au chocolat.
— Bon, un éclair à la vanille s'il vous plaît; non, au chocholat, s'il vous plaît. Oui, –––.

| une religieuse | kinds of cream |
| un éclair | cake |

si yes (contradicting someone)

a. c'est tout
b. est-ce que vous avez...?
c. Qu'est-ce que vous avez d'autre...?
d. ...la pièce
e. vous me donnez...

□ 25. Intermarché

You intend to buy these bargains on the Intermarché price list. So make a note of the sizes and quantities which the special offer applies to, by filling the gaps in the phrases **a–l** with the phrases in the column below.

25. Quantities

Notice that all the expressions of quantity (**un pot de**, etc) end in **de**.

a. ––– biscuits
b. ––– thé
c. ––– chocolat
d. ––– spaghetti
e. ––– riz
f. ––– moutarde
g. ––– sparadrap
h. ––– vin
i. ––– yaourt
j. ––– fromage
k. ––– jambon
l. ––– chaussettes

un pot de
un kilo de
un litre de
5 mètres de
3 paires de
un paquet de
une portion de
500 grammes de
100 sachets de
une tablette de
6 tranches de
un tube de

BISCUITERIE	
BISCUIT PETIT ÉCOLIER LU PAQUET de 12	**5,50**

CAFE - PETIT DEJEUNER	
THÉ LIPTON JAUNE BOÎTE 100 sachets	**22,85**

CHOCOLATS - CONFISERIE	
CHOCOLAT EXTRA CROQUER CÔTE D'OR TABLETTE 200 g	**7,55**

EPICERIE	
SPAGHETTI FIORINI 500 g	**3,25**
MOUTARDE FORTE AMORA TUBE géant 180 g	**3,65**
RIZ ROND MARTI SAC kg	**6,35**

PARFUMERIE - HYGIENE	
SPARADRAP TISSU PRÉPHARMA 5 mètres	**7,00**

VINS DE TABLE VINS DE PAYS	
VIN ROUGE DE TABLE FRANÇAIS 11° MAUCHAMPS BOUTEILLE 1 l	**4,70**

CRÈMERIE - LIBRE SERVICE	
YAOURT FRUITS NOVA Pot 500 g	**5,60**
FROMAGE DES PYRÉNÉES CAPITOUL CROÛTE NOIRE 50 % MG Portion 180/220 g	**39,70**

CHARCUTERIE LIBRE SERVICE	
JAMBON DD 1er CHOIX FLEURY-MICHON OU HERTA 6 tranches 300 g	**14,50**

ARTICLES DE MÉNAGE	
3 PAIRES CHAUSSETTES TENNIS HOMME 80 % Acrylique, 15 % Polyamide, 5 % Élasthanne Blanches	**19,90**

≈ **26.** Apprends: Je voudrais . . .

Est-ce que vous vendez vous avez	des allumettes? des ouvre-boîtes? des ouvre-bouteilles? des piles? des tire-bouchons?

Je voudrais	une boîte	de chocolats de mouchoirs en papier
	un paquet	de papier hygiénique d'enveloppes
	un pot *pot, jar*	de Nescafé de mayonnaise
	une bouteille un litre	de shampooing de limonade
	500 grammes un kilo	de macaroni de lessive *washing powder*
	un tube	de dentifrice d'aspirine
	une douzaine	d'escargots *snails* d'œufs

26. de
de → **d'** before a vowel or h

Je prends Vous me donnez	le plus le moins	petit grand cher
	la boîte de . . . grammes	
	le pot de . . . grammes	
	la bouteille de . . . litres	

26. -er, -est
plus petit, small**er** **plus** grand, big**ger** **le plus** petit, small**est** **le plus** grand, big**gest**

a. Here's what you need:

a.   *b.* *c.*  *d.*  *e.*

Find out if the shop sells them.

b. Say that you'd like these goods. There's a choice: ask for the arrowed item.

EXEMPLE:  *Je voudrais un paquet d'enveloppes. Je prends le plus grand.*

1. 2.  3.  4. 5.

MODULE 7

D. ON ACHÈTE DES VÊTEMENTS

i 27. Les vêtements

- *Look alike, sound different:* **un pull** = **un pullover**;
  un sweatshirt; **un t-shirt**; **le style**; **un article**

- **des chaussures** → **des chaussettes** socks; **des tennis** tennis
  shoes; **des espadrilles** casual shoes

- **une chemise** shirt → **une chemisette** = **une chemise à manches
  courtes** short-sleeved shirt; **un chemisier** blouse

- **un blouson** [!] casual jacket; **un slip** [!] pants, panties; **une veste**
  [!] jacket; **un costume** suit

- *Guessable:* **une robe** dress; **un tricot** jumper ← **tricoter** to
  knit; **une botte** boot → **une bottine** little boot

- *To learn:* **un pantalon** trousers; **une ceinture** belt;
  une jupe skirt; **un collant** tights; **un maillot de bain**
  swimming costume; **un manteau** coat; **une cravate** tie;
  un imperméable raincoat; **femmes** women ↔ feminine;
  hommes men; **porter** to wear

- **en** made of: **en coton**; **en polyester**; **en cuir** leather;
  en velours; **en laine** wool

What sales gimmick is this shop using?

28. Nos vêtements

Listen to three of the young people in this photo describing what they are wearing.
Who is left out?

29. Des mini-prix!

Listen to an advertisement on local radio for the clothes shop Textifusion.
What is mentioned . . .

for children aged 4–14?
made of cotton and polyester?
for women?

30. Une bonne affaire

A customer is in the middle of buying some shoes. Listen to extracts from his conversation with the shop assistant, all through first, then divided into parts **a–d**.

a. What's wrong with the shoes he looks at first? (The size? the style? the colour?)
b. The next pair he looks at cost 80F. What does the assistant say about this price?
c. When she brings the size 41s, what does the customer want to do?
d. What are the shoes made of?

> *Useful phrases:*
> **Asseyez-vous** sit down
> **Est-ce que vous avez quelque chose d'un peu plus sportif?**
> **Ça me plaît.** I like that
> **Je peux les essayer?**
> **Je prends cette paire-là.**

31. La confection

Which of these would you go to for

a. tights?
b. a blouse?
c. a man's jumper?
d. men's underwear?
e. women's trousers?

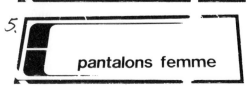

1. jupes - chemisiers
   tricotage femme

2. sousvêtements
   chaussettes homme

3. collants
   sousvêtements
   lingerie femme

4. pantalons - blousons
   tricotage homme

5. pantalons femme

≈ 32. Dossier: Mes vêtements

Practise saying what you are wearing in case you need to
describe yourself on the phone to a French-speaking person
meeting you.

Je porte	une cravate	orange
	une veste	jaune
	une jupe	rouge
	une chemise	noir (noire)
	une robe	bleu (bleue)
	un pantalon	blanc (blanche)
	un manteau	vert (verte)
	un blouson	brun (brune)
	un chemisier	gris (grise)
	un pull	violet (violette)
	un jean	multicolore

des chaussures
des bottes
des sandales
des lunettes *glasses*

---

32. colours

The spelling in brackets must be
used after **une**, eg:
  une robe bleu**e**

---

32. Clothes: singular or plural?

This may sound odd, but it's
true: clothing with leg holes is
usually singular in French but
plural in English.
  un pantalon trousers
  un jean jeans
  un slip pants, knickers
  un pyjama pyjamas
  un short shorts
  un collant tights

≈ 33. Interview

Qu'est-ce que tu portes au collège?

≈ 34. Apprends: On achète des vêtements

Je voudrais essayer / acheter		Je prends	
	un t-shirt		ce t-shirt
	un maillot de bain		ce maillot de bain
	un costume		ce costume
	un anorak		cet anorak
	un imperméable		cet imperméable
	une bague *ring*		cette bague
	une paire de sandales		cette paire
	des chaussettes		ces chaussettes
	des lunettes de soleil		ces lunettes de soleil

---

34. this/these

	a/the	*this/these*
masculine:	**un/le** t-shirt	→ **ce** t-shirt
masculine beginning with a vowel:	**un/l'**anorak	→ **cet** anorak
feminine:	**une/la** paire	→ **cette** paire
plural:	**des/les** sandales	→ **ces** sandales

a. Say what you'd like to buy:

1.    *2.*    *3.*

b. Say what you'd like to try on:

1.    *2.*    *3.*

c. Say you'll have these ones:

1.    *2.*    *3.*

≈ 35. Apprends: Ça ne me plaît pas

C'est trop	cher. grand. petit. long. court. *short* étroit. *tight* large. *wide*	Qu'est-ce que vous avez Vous avez quelque chose	d'autre? de plus petit? de plus grand? de plus court? de plus long? de plus large? de plus étroit?

35. quelque chose d'intéressant

Notice the use of **de** in phrases like this:

Vous avez quelque chose **de** plus sport?
Have you anything more casual?

Qu'est-ce que vous avez **d'**autre?
What else have you got?

Qu'est-ce qu'il y a **d'**intéressant?
What is there of interest?

Say what's wrong with these items, and ask for something more suitable:

a.   *b.*   *c.*   *d.*

MODULE 7

E. LA POSTE ET LA BANQUE

[i] 36. Les PTT (1)

○ **la poste = le bureau de poste = PTT (Postes, Télécommunications, Télédiffusion) = P et T (Postes et Télécommunications). Un timbre poste = un timbre. Je mets une lettre à la poste = je poste une lettre (dans une boîte aux lettres)**

To receive mail when you have no address, ask the writer to send it **poste restante** to the town; you collect it from the main post office

○ [!] <u>un</u> poste **de** . . . (eg **un poste de police**) has nothing to do with the post office

○ **le courrier: recevoir du courrier** to get mail; **courrier départ = une levée** collection from post box

○ **téléphoner = donner un coup de téléphone; une cabine téléphonique** phone box

○ **un guichet** part of the counter

○ **envoyer: envoyer un colis = envoyer un paquet** to send a parcel. **Par avion** air mail. **Télégraphier = envoyer un télégramme**

○ **numéro: numéro de code = code postale; des chiffres = des numéros; un numéro de téléphone:** the numbers are spoken in groups, eg **027.85.20: zéro ving-sept, quatre-vingt-cinq, vingt.** In a post office, an **employé** may dial your number for you

○ **un correspondant** [!] person you are talking to on the phone

○ **appeler** to call → **rappeler** to call back; **Je t'appelle** I'll call you; **tu me rappelles** you ring me back

○ **remplir un formulaire/une déclaration de douane** to fill in a form/a customs slip (for parcels to be sent **à l'étranger** abroad)

□ 37. A la poste

a. Which three of the signs on this page are *not* for post offices?

b. What does this sign on a post office at St-Malo tell you?

☐ 38. Infos PTT

Vous désirez téléphoner...

Utilisez, en vous munissant préalablement de pièces de monnaie (page 15), une des 172 000 cabines placées dans les lieux publics* ou adressez-vous au guichet téléphone d'un de nos 17 000 bureaux de poste .

Cabine téléphonique.

• **La télécarte** : elle vous permettra de téléphoner sans souci et sans monnaie à partir d'une cabine équipée d'un publiphone à cartes.

... télégraphier

Vous pouvez déposer votre texte au guichet d'un bureau de poste, ou le téléphoner depuis votre hôtel.

... recevoir votre courrier

• Votre adresse en France comporte un numéro de code à 5 chiffres ; n'oubliez pas de le communiquer à vos correspondants.

• Pour toute opération de retrait de courrier ou d'argent au guichet, on vous demandera votre passeport ou une pièce d'identité.

TELECARTE

Boîte aux lettres.

... expédier vos envois

• **Les timbres-poste** : vous pouvez vous les procurer dans les bureaux de poste (où on vend également des aérogrammes), les bureaux de tabac ou les distributeurs automatiques.

• **Paquets** : les paquets adressés à d'autres pays   doivent porter extérieurement une étiquette verte de douane.

• **Colis postaux** : ils sont acceptés au bureau de poste principal de chaque localité :
– "Avion" jusqu'à 10 ou 20 kg
– "Voie de surface" jusqu'à 5 kg

Use this PTT leaflet to decide what to do in situations **a–g** .
The extract on the left is from a guide to postal services for foreign visitors; the one on the right is about keeping in touch when you're away on holiday.

You want to . . .

a.	*buy a phone card*	What's the French for 'phone card'?
b.	*send a telegram*	What are two ways of sending it?
c.	*receive mail at your holiday address*	What mustn't you forget to tell people who might write to you?
d.	*collect your **poste restante** mail*	What will you be asked for?
e.	*buy some stamps*	What are three ways of obtaining some?
f.	*send a parcel home*	What will the post office give you to stick on the outside?
g.	*send a parcel by air mail*	What is the maximum weight which will be accepted?

⒤ 39. Les PTT (2)

- ○ *Look alike, sound different:* **une carte postale**; **un télégramme**; **urgent**; **le paiement** payment; **compter** to count

- ○ **un mot** word: **payer au mot** to pay by the word

- ○ **le combiné** receiver; **décrocher (le combiné)** to lift the receiver; **raccrocher** to hang up

- ○ **un appareil** any kind of apparatus, but usually 'phone'. **Allô, qui est à l'appareil?** hello, who's speaking?

- ○ *To learn:* **un annuaire** directory; **peser** to weigh; **et avec ça?** anything else?

∞ 40. Je voudrais envoyer . . .

A customer is talking to a post office **employée**. Listen to their conversation all through first, then divided into parts **a–d**.

a. The customer wants to send a –––.
The **employée** must –––.
They must fill in a customs form because –––.

b. The customer wants –––.

c. The customer wants to –––.
The **employée** gives her –––.
The **employée** will work out the cost by –––.

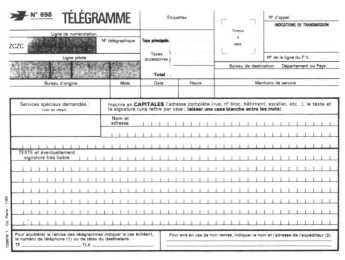

d. Before she makes her phone call the customer wants to look at –––.
The number she wants in Troyes is ––.––.––.––.
She is told to go to booth No. 1 and –––.
She is told to pay –––.

□ 41. Le savoir-vivre téléphonique

Read this information about phoning in France, then match these French phrases to the English equivalent.

composer
faire une erreur
ici
ne quittez pas
occupé
la tonalité

a. dialling tone
b. to dial
c. to dial a wrong number
d. engaged
e. hold on
f. this is ... speaking

le savoir-vivre téléphonique

— Je m'assure que le numéro que je vais former est le bon.
— Je le compose avec soin après avoir entendu la tonalité.
— Ça sonne occupé : je rappellerai plus tard.
— J'ai fait une erreur, je m'excuse poliment.
— On décroche, je m'assure que cette fois il s'agit bien de mon correspondant : « *Allo, je suis bien chez le Docteur... ?... » ou « C'est toi Sylvie ?... ».*
— A moins que lui-même ait dit tout de suite, comme le conseillent les P et T : « *027 85 20, j'écoute* » ou encore : « *Docteur Prieur à l'appareil* ».
— De toute façon, je me présente « *Ici, Paul Perrin votre patient. J'aurais voulu un rendez-vous aujourd'hui, ma dent me fait très mal* » ou « *Tu serais libre, Sylvie, pour un week-end à Fontainebleau ?* »

Ne quittez pas, restez à l'appareil, on va vous passer quelqu'un.

≈ 42. Apprends: À la poste et à la banque

Est-ce qu'il y a	une banque	près d'ici?
	un bureau de change	ici?
	un annuaire	
	un bureau de poste	
	un téléphone	
	un tabac	

Je voudrais	envoyer	une lettre	en Grande-Bretagne
		une carte postale	en Irlande
C'est combien pour		un télégramme	à Paris
		un colis	à New York
Est-ce que je peux	téléphoner d'ici		à Bruxelles
Can I ...?	parler à ...		
	changer	des livres	
Je dois *I must*		un chèque de voyage	

Je voudrais	un timbre	à	un franc
	deux timbres		deux francs
	trois timbres		deux francs vingt
	quatre timbres		un franc quatre-vingts

a. You're looking for these. How do you ask for them?

1.

2.

3.

4.

5.

b. Say you'd like . . .

1.

2.

François

3.

Ask how much it is to . . .

1.

2.

3.

Ask if you can . . .

1.

2.

3.

Say that you must . . .

1.

2.

3.

c. Ask for these in French:

1.

2.

3.

4.

≈ 43. À toi de jouer

You're in a shop on a camp site.

COMMERÇANT: Vous désirez?

a. Ask if they sell can-openers. `--- ?`

COMMERÇANT: Oui, à 10 francs, et à 35 francs.

b. Say you'll have the cheapest. `---`

COMMERÇANT: Voilà. Et avec ça?

c. Ask for three two-franc stamps and a box of tissues. `--- et ---`

COMMERÇANT: Je n'ai pas de timbres; il faut aller au tabac.

d. Ask if there's a tobacconist's near here. `--- ?`

COMMERÇANT: Oui, dans le village.

Revision: Sections 26, 42

≈ 44. À toi de jouer

You're in a department store, looking for a new watch battery.

VENDEUR: Puis-je vous aider?

a. Ask where the jewellery department is. `--- ?`

VENDEUR: Au sous-sol.

b. Ask the salesman if he sells batteries. `--- ?`

VENDEUR: Oui. Comme ça?

c. Say that the one he shows you is too big. Ask what smaller ones he has. `Non, --- ?`

VENDEUR: Nous en avons de toutes les tailles.

Revision: Sections 20, 26, 35

≈ 45. À toi de jouer

Now you're in the shoe department.

VENDEUR: Vous désirez?

a. Say you want to try on a pair of sandals. `---`

VENDEUR: Je vous recommande cette paire-ci en promotion à 150 francs.

b. Say that it's too dear, but you'll have this pair. `---, mais ---`

VENDEUR: Très bien.

c. Explain that you must change some pounds, and ask if there's a bureau de change here. `--- ---?`

VENDEUR: Oui, au troisième étage.

Revision: Sections 34, 35, 42

MODULE 7

F. À TON STYLO!

☐ 46. Une liste

You're camping in France, and there are various things you need to buy apart from food. Make a list of 6 items to ask for, and if necessary, decide how much of it to ask for too. Include at least one of each of these:

> something nice for yourself
> hygiene necessities
> camping necessities
> new clothes

Revision: Sections 8, 14, 26, 34

☐ 47. Des magasins britanniques

The names of British shops usually give no clue to their contents. To help French visitors to your locality, choose five different sorts of local shops and explain what they are.

Revision: Section 15

EXEMPLES:

C'est une pharmacie.

C'est une librairie.

☐ 48. Cher Jean-Pierre

Jean-Pierre is coming to stay with you soon. Here is part of his last letter to you:

> J'économise le moitié de mon argent, mais je vais toucher à mes économies pour venir chez toi. Est-ce que tu fais des économies toi aussi, ou est-ce que tu dépenses ton argent? Qu'est-ce que tu en fais? Je suppose que je vais t'accompagner au collège. Qu'est-ce que tu portes comme uniforme scolaire?

Write a letter in reply:

a. Answer Jean-Pierre's three questions.
b. Ask him whether his parents give him money, or whether he earns it.
c. Ask him what he wears at school.
d. When you sign off, look forward to seeing him soon.

How to write letters: page 13.

Revision: Sections 8, 12, 32 to write about yourself; Sections 13 and 33 to ask Jean-Pierre about himself.

✤ MODULE 8 BONNE CHANCE!

A. AU COLLÈGE

1. Décrire un collège

○ **un collège** secondary school = **un CES, Collège d'Enseignement Secondaire.**
(**L'enseignement** education ← **enseigner** to teach.) At 15+, pupils transfer to **un lycée**,
sometimes called **un institut**, or to **un lycée d'enseignement professionnel (LEP)**,
a technical college

○ *Teacher:* secondary: **un(e) professeur = prof;** primary: **un instituteur/une institutrice;**
head: **un directeur/une directrice**

○ *Guessable:* **un uniforme; privé** private; **suffisant** sufficient, big enough; **sévère** strict;
une classe; corriger to correct; **surveiller** to keep an eye on ↔ surveillance; **comprendre**
to understand ↔ comprehension; **expliquer** to explain; **les installations sportives** sports
facilities

○ *To learn:* **dur** hard; **dur à supporter** hard to bear; **un(e) élève** pupil; **s'habiller** to dress;
sympathique [!] nice, kind; **des devoirs** homework; **s'entendre bien avec . . .** to get on
well with . . .; **se débrouiller** to cope; **bonne chance!** good luck!

feminines (1)
Some occupations ending in **-teur** for males end in **-trice** for women: institu**trice** ← institu**teur** direc**trice** ← direc**teur** ac**trice** ← ac**teur** dessina**trice** ← dessina**teur** *designer* conduc**trice** ← conduc**teur** *driver* éduca**trice** ← éduca**teur**

2. Je suis à l'école Saint-Michel

Listen to three young people on an exchange in Winchester
talking about their school in Avranches. For the benefit of the
English pupils who will be going back to Avranches, make notes
on what they say about their school, the Collège Saint-Michel; for
instance,
    its size
    how many pupils there are, roughly
    what the teachers are like there
    what surprised the visitors to the Winchester school
and anything else you heard.

à peu près roughly, approximately **l'état** the state, government **entièrement** entirely **étonner** to surprise

☐ 3. C'est dur d'être enfant de prof!

Read Caroline's problem – what is it? – and four readers' replies to it printed in a magazine. Who advises Caroline . . .

a. to laugh it off and join in the fun?
b. to ask to be treated as strictly as other pupils?
c. to explain that she's an ordinary pupil like everyone else?
d. to explain that teacher–parents don't want to teach at home as well, and can't know every subject?

Guessable: **rejeté** rejected; **ils sont favorisés** they are teachers' pets; **fatigué** tired; **au sérieux** seriously; **participer à** to join in

To learn: **depuis** since; **vrai** true; **meilleur** best; **pareil** the same; **pire** worse; **rire** to laugh

C'EST DUR D'ÊTRE ENFANT DE PROF!

❝ CAROLINE ❞

Je suis dans un collège où les enfants de professeurs sont rejetés par les autres, qui disent qu'ils sont favorisés. J'en suis une. Comment faire pour qu'ils comprennent que ce n'est pas vrai, et pour me faire des amis ?

❝ XAVIER ❞

Moi, je suis fils du directeur de mon école, et mes copains me considèrent comme un élève normal. Je pense qu'il faut que tu expliques que tu es comme n'importe qui...

❝ GUILLAUME ❞

Un de mes meilleurs amis était dans le même cas. Il a demandé à son père d'être aussi sévère qu'avec les autres élèves. Son père a accepté de faire ce travail au sérieux. Depuis, il s'entend très bien avec ses autres amis. Bonne chance, Caroline.

❝ PHILIPPE ❞

Ma mère est professeur, et mes amis ne disent rien. Maman corrige des devoirs, en invente, surveille des élèves ; elle ne va pas recommencer quand elle rentre fatiguée, le soir. Je me débrouille seul. Explique à tes amis que tes parents n'enseignent pas ce qu'ils croient. Comment résoudre un problème de maths avec des parents professeurs d'histoire, ou une interrogation de français avec des parents professeurs de physique ? C'est impossible !

❝ SÉGOLENE ❞

Tu sais, dans ma classe, il y a une fille pareille que toi, mais en pire, car sa mère est prof, mais en plus, sa tante est directrice ! Mais elle ne se laisse pas intimider, elle rit et elle participe à tous les jeux...

[i] 4. La journée scolaire

○ **une école → un écolier/une écolière** schoolboy/girl ↔ **scolaire: un établissement scolaire = une école; la journée scolaire** school day

○ **des cours** lessons: **il y a cours le samedi matin**

○ **le travail** work → **des travaux** tasks

○ *Look alike, sound different:* **la récréation; long, longue**

○ *Guessable:* **durer** to last ↔ endure, durable; **un quart d'heure** a quarter of an hour; **mixte** mixed; **un horaire** timetable ← **heure; la cantine** dining hall

○ *To learn:* **un(e) interne** boarder; **se réunir** to meet; **un trimestre** term; **des notes** [!] marks

feminines (2)
Some occupations ending in **-ier** for males often end in **-ière** for women:

écol**ière**	← écolier	
cuisin**ière**	←cuisinier	*cook*
infirm**ière**	← infirmier	*nurse*
ferm**ière**	← fermier	*farmer*
ouvr**ière**	← ouvrier	*worker*
caiss**ière**	← caissier	*cashier*

☐☐ 5. C'est un collège mixte

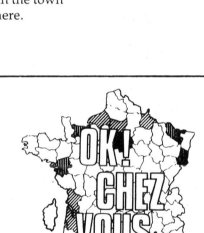

a. A headmaster is talking about his school day.
Listen out for differences between his school
and your own.

b. What is the headmaster's opinion of the
school work his pupils have to do?

c. What is Xavier's opinion of lesson times?

☐ 6. Au lycée de Belfort

The magazine *O.K!* interviewed some girls about life in the town
of Belfort. Here is what they said about their school there.

a. According to Catherine, is school life easy or
tough?
What two reasons does she give?

b. According to Marie-Anne, what sort of students,
mostly, belong to the club Grand-Mère?
What are the only two reasons to go to school?
When do they meet at the bowling alley?

c. According to Véronick, they haven't time to go
out on weekday evenings. When does this get
even worse?

**OK ! : Comment se passe votre vie de
tous les jours à Belfort ?**

Catherine :
Au lycée, c'est assez sévère ; on habite toutes
à plusieurs kilomètres du lycée, on y vient à
vélo ou en car. Et on a beaucoup de travail à
faire !

Véronique ajoute :
Il y a quelques clubs au lycée : théâtre, échecs,
philatélie, guitare, le « Grand-Mère ».

Marie-Anne :
Au Club « Grand-Mère », on s'occupe des personnes âgées que l'on va voir, à qui on tient
compagnie le mercredi après-midi... C'est surtout les internes qui sont au club « Grand-
Mère ».
En fait, on ne va au lycée que pour y prendre
des cours ou pour y voir des amis.
Après la cantine, on se réunit au bowling.

Véronick regrette un peu leur vie mono-
tone :
Mais le soir, en semaine, on n'a pas le temps
de sortir parce qu'on a beaucoup de travail à
faire à la maison. En fin de trimestre, c'est pire
puisqu'il faut des notes, des devoirs...

≈ 7. Dossier: Mon collège

a. Mon collège est

assez	grand
trop	petit
très	vieux
	moderne

une cour playground, yard
un cours lesson
une course race
des courses shopping

b. Il y a

cent	élèves
trois cents	
mille	
douze cents	

c. C'est un collège

mixte
de garçons
de filles

d. Il est situé

au centre de la ville
à la campagne
près de la campagne
en banlieue *in the suburbs*

e. Il y a

un	bâtiments *buildings*
deux	laboratoire(s) = labo(s)
trois	terrain(s) de sport
beaucoup de	terrain(s) de tennis
une	bibliothèque(s) *library*
deux	salle(s) de gym
trois	cour(s) *playground*
beaucoup de	piscine(s) *swimming pool*

≈ 8. Interview

a. Comment est ton collège?
b. Il y a combien d'élèves?
c. C'est un collège mixte?
d. Où est-il situé?
e. Qu'est-ce qu'il y a à ton collège?

≈ 9. Dossier: La vie au collège

a. Les cours commencent
finissent

à une heure	. . .
. . . heures	et . . .
midi	moins . . .

Telling the time: page 41

b.

Chaque cours	dure	. . . minutes
L'heure du déjeuner		une heure
La récréation		un quart d'heure

c. Il y a un club

de théâtre
d'échecs
de philatélie
de guitare
d'informatique *computers*
de gymnastique
de danse

d.

J'aime bien	l'école	les clubs
Je déteste	l'uniforme	les devoirs
	les professeurs	la cantine
	les cours	

Il n'y a pas de clubs

≈ 10. Interview

a. Quels sont les horaires à ton collège?
b. Chaque cours dure combien de temps? Et l'heure du déjeuner? Et la récréation?
c. Qu'est-ce qu'il y a comme clubs?
d. Tu aimes l'école?

MODULE 8

B. LES MATIÈRES

ⓘ 11. Les cours

Les opinions	*Les matières*
j'aime	**les mathématiques; le français**
j'aime bien	**les langues vivantes; l'anglais,**
j'aime moins *less*	**l'allemand** *German*; **l'Espagnol**
je n'aime pas	**les langues mortes: le latin; le grec**
tellement *much*	**les sciences physiques = la physique**
je n'aime pas du tout	**les sciences naturelles = la biologie**
at all	**l'EMT, Éducation Manuelle et**
je déteste	**Technique: la cuisine; la couture**
ma matière préférée	*needlework*; **le travail du bois** *woodwork*;
(*favourite*) est ...	**le travail des métaux** *metalwork*
mes matières	**l'histoire; la géographie**
préférées sont ...	**le dessin** *art*
	la dactylographie *typing*
	l'informatique *computer studies*

○ **c'est/ce n'est pas intéressant; facile** easy; **moyen** fair, average;
mon point faible my weak point

○ **les classes: au collège: 6e (la sixième) (11–12 ans) → 5e → 4e →
3e; → au lycée: seconde (15–16 ans) → première → terminale**

○ **étudier** to study (◊ **ét-**/st-) → **un(e) étudiant(e)** student; **faire
des études** to continue one's education

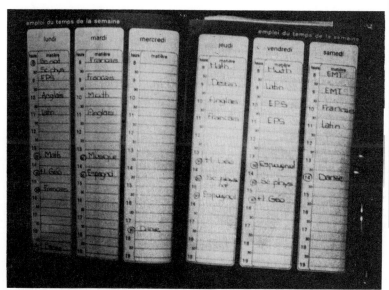

---

feminines (3)

Many words for occupations add
-e to form the feminine:

une	*un*
étudiante	← étudiant
employée	← employé
représentante	← représentant
apprentie	← apprenti
marchande	← marchand
	seller

Similarly:

cousine	← cousin
voisine	← voisin
	neighbour
cliente	← client
	customer
une Française	← un Français

□ 12. J'étudie les mathématiques

En 6ᵉ, tous les enfants suivent le même programme.

Disciplines enseignées : français (5 h), mathématiques (3 h), langue vivante (3 h), histoire, géographie, économie éducation civique (3 h), sciences expérimentales (3 h), éducation artistique (2 h), éducation manuelle et technique (2 h), éducation physique et sportive (3 h).

En 5e tous les élèves bénéficient d'une initiation au latin. En 4e, ils peuvent choisir d'étudier une langue ancienne (latin ou grec) à titre d'option

---

12. les matières

Notice that **le, la, l'** or **les** are used before names of subjects:
j'étudie **le** français
il y a **la** biologie
j'aime bien **l'**espagnol
je n'aime pas du tout **les** langues mortes

---

a. Armelle, Ahmed, and Fatima, who are all **en troisième**, are listing some of the subjects they study. Notice the pronunciation of any which *you* study too.
Their lists are similar, although they go to different French schools, because the syllabus is fixed by central government. There is one language option, which Armelle and Ahmed have chosen and Fatima hasn't. Can you spot it?

b. Isabelle, Xavier, and Armelle are answering the question "Quelle est ta matière préférée?" Below are parts of their answers. Fill in the gaps either with the subjects they mentioned, or with others to make sentences which are true for you.

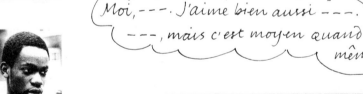

c. Armelle goes on to talk of the options she can choose from next year when she transfers to the **lycée**, the Institut Notre-Dame. She mentions five possibilities; which of them would *you* choose?

INFORMATIQUE A L'INSTITUT NOTRE-DAME

Animé par MM. BONDIGUEL et RENAULT, professeurs de mathématiques, le club informatique fonctionne maintenant depuis la rentrée 83-84, tous les mercredis après-midi. Apprendre à ne pas avoir peur de l'ordinateur qui est devenu usage courant à l'heure actuelle, tel est le but

□ 13. Portes ouvertes au CES

While staying in a French town, you see this item in the local paper.

a. What is having an open day during National Education week?
b. What four subjects will organise displays or visits?
c. What else will be unusual on that day?

> **portes ouvertes au CES**
>
> Dans le cadre de la semaine de l'Education Nationale, une "portes ouvertes" se déroulera au CES, le vendredi 19 avril prochain. Vous pourrez visiter le collège de 14 h à 17 h. Vous seront proposés : expositions franco-anglaise et franco-allemande ; présentation du matériel informatique ; visite des labos de sciences.
> Certains professeurs accueilleront des parents dans leurs cours.
> A noter que les cours auront lieu normalement selon l'horaire habituel, toute la journée du 19 avril.

≈ 14. Dossier: Mes matières

> Learn whether the subjects *you* study are **le**, **la**, **l'** or **les**.

a. Au collège j'étudie

l'allemand	le français
l'anglais	l'histoire
l'art dramatique	la géographie
la biologie	l'instruction religieuse *RE*
la chimie *chemistry*	la littérature
la couture	les mathématiques
la cuisine	la musique
la dactylographie	la physique
le dessin	les sciences
le dessin industriel *TD*	le sport
l'économie	la technologie
l'espagnol	le travail du bois
	le travail des métaux

b. Ma matière préférée est

c. C'est

important
nécessaire
amusant
facile
intéressant
utile
useful

et j'aime

le professeur
dessiner *drawing*
parler *talking*
jouer *acting, playing*
écrire *writing*
les expériences *experiments*
les travaux pratiques *practicals*

d. Je suis en

sixième	*age 11–12*
cinquième	*age 12–13*
quatrième	*age 13–14*
troisième	*age 14–15*
seconde	*age 15–16*
première	*age 16–17*
terminale	*age 17–18*

≈ 15. Interview

a. Quelles matières est-ce que tu étudies au collège?
b. Quelle est ta matière préférée?
c. Pourquoi?
d. Tu es en quelle classe?

MODULE 8

C. EXAMENS ET APRÈS

☐ **16.** Projets d'avenir

- ○ **venir** to come → **l'avenir** the future (ie things to come), and **devenir** to become
- ○ **le bac** = **le baccalauréat** exam taken at 18+, with compulsory subjects, including PE + specialist options
- ○ [!] **passer un bac** = **faire un bac**. To *pass* an exam: **être reçu** or **réussir**
- ○ **jusqu'à** up to, as far as: **jusqu'au bac; jusqu'au plus haut niveau** up to the highest level
- ○ **marcher: si ça marche** if it works out well; **ça ne marche pas trop mal** it's not going too badly
- ○ **continuer: je continue mes études** = **je continue à l'école** = **je reste à l'école**. Opposite: **quitter l'école**
- ○ **la formation** training for **un métier** (occupation, career) or **un emploi** (employment, a job)
- ○ **peut-être** perhaps, maybe ← **peut** (can) + **être** (to be)
- ○ **l'apprentissage, un apprenti** apprenticeship, apprentice ← **apprendre** to learn

☐ **17.** Guide pratique de la scolarité (1)

This extract is from a booklet issued by the Ministère de l'Éducation Nationale.

● ***En fin de classe de 3e,*** les élèves quittent le collège pour aller vers un lycée, un lycée d'enseignement professionnel, un apprentissage, une autre formation ou un emploi.

Les lycées

Le lycée est un établissement mixte d'enseignement secondaire qui prépare en trois ans (classes de seconde, première, terminale) aux diplômes suivants : baccalauréat du second degré, baccalauréat de technicien.

● A l'exception des élèves de quelques sections particulières ('), les élèves de la **classe de seconde** des lycées suivent un enseignement dispensé dans les disciplines suivantes :
français, histoire, géographie et instruction civique, première langue vivante, mathématiques, sciences physiques, éducation physique et sportive.

Il existe six séries de baccalauréats

● **La série A :**
  * baccalauréat A 1 « lettres-mathématiques »
  * baccalauréat A 2 « lettres - langues »
  * baccalauréat A 3 « lettres-arts »
● **Le baccalauréat B économique**
● **Le baccalauréat C mathématiques et sciences physiques**
● **Le baccalauréat D mathématiques et sciences de la nature**
● **Le baccalauréat E mathématiques et technique**
● *Les baccalauréats de technicien*

What are the five possibilities for young people when they leave their **collège** after the **classe de troisième**?

If you are planning to take A levels, do you think your own combination of subjects fits any one of the **bac** courses? (**lettres** = literature; **arts** includes music)

18. L'année prochaine

Listen to the answers Emmanuelle, Sylvia, Cyril and Ahmed gave to the question 'Qu'est-ce que tu vas faire après la classe de troisième?' Summarise their plans by noting down the words missing below.

aller to go
Je **vais** (I'm going): Je **vais** essayer d'**aller** le plus loin possible. I'm **going** to try to **go** as far as possible. J'**irai** (I will go): J'**irai** à l'Institut.

a. Alors, l'année prochaine je vais dans un autre collège, l'Institut Notre-Dame à Avranches, et je pense y rester jusqu'au – – –. J'aimerais bien passer un bac dans les – – –, et ensuite continuer mes études pour plus tard travailler dans les maths, mais je n'ai pas un métier vraiment déterminé.

b. Eh ben, moi, normalement, dans deux ans, si ça marche, j'irai à l'Institut Notre-Dame également, et j'espère réussir jusqu'au – – –, et là, je ne sais pas, j'aimerais bien devenir – – – ou quelque chose comme ça, mais je sais pas quoi . . .

c. Je sais pas. Après la troisième, je vais faire mes secondes, puis peut-être faire un – – – B, c'est un bac – – –, ou alors un bac de – – –.

d. Pour l'instant je continue à l'école: ça marche pas trop mal. Je – – – jusqu'au plus haut niveau, parce que je vais essayer d'aller le plus loin possible.

[i] 19. La formation

○ **un certificat** = **un diplôme** = **un brevet**. **Le certificat d'aptitude professionnelle, CAP**, taken at about age 18, is a vocational qualification. **Le brevet d'études professionnelles, BEP**, covers much the same range of jobs but is harder

○ **un stage** a course; **une entreprise** a firm; **un stage en entreprise** work experience

○ **des métiers**: **employé de bureau/de banque**; **maçon** (**la maçonnerie** = **construction de bâtiments** buildings); **vendeur** salesman (**la vente** sales); **mécanicien**; **électricien**; **cuisinier** cook; **comptable** accountant; **secrétaire**

◇	
-aire/-ary	**-oire/-ory**
un salaire	un laboratoire
secrétaire	la gloire
vétérinaire	une victoire
secondaire	
nécessaire	
-at/-ate	**-eur/**er, -or
un certificat	un employeur
un candidat	un travailleur
le chocolat	une horreur
le climat	un inspecteur
	un mineur

COURS MÉCANOGRAPHIE
COURS PRIVÉ — PARIS-13ᵉ
83, rue Pascal — PARIS-13ᵉ
Tél. : 336-43-33
...ENT ASSURÉ
JOUR - SOIR
FACTURATION
COMPTABILITÉ
PERFORATION
PROGRAMMATION

STAGES en ANGLAIS
• Initiation mercredi, vendredi 18h à 19h
• Faible, le matin ou le soir 4h semaine
mercredi, 18h à 19h
• Entre... 4h le matin, 21 au 30 avril
colaire, 6 au 10

STAGES
INFORMATIQUE
SECRETARIAT
et
INFORMATIQUE
COMPTABILITE
7, rue Grusse - 14000 CAEN
Tél. (31) 86.25.18

le centre
de formation aux
méthodes de
soins
esthétiques
Ecole Privée, agréée
par l'Enseignement Technique.

Si vous désirez apprendre la coiffure, garçon ou fille, de 14-16 ans, et si vous habitez Paris ou la banlieue, écrire à Mme Jeanne Dierre, 111, rue Marcadet, 75018 Paris.

[oo] 20. La formation professionnelle

Listen to four young people following vocational courses.

What qualification are they each working for? (bac? CAP? BEP?) What job will they then be qualified for?

22. future plans	
To talk about future plans, use
je vais	I'm going
j'espère	I'm hoping
je pense	I'm thinking of
je voudrais	I'd like
j'aimerais bien	I'd like

followed by an infinitive.

Infinitives usually end in **-er** (eg **rester**), or sometimes in **-ir** or **-re** (eg **faire**).

22. verb + **de** + infinitive

essayer (to try) is followed by **de** + infinitive: j'essaie **d'**aller.

Other useful verbs followed by **de** + infinitive:
I decided: j'ai décidé **de** rester
  I forgot: j'ai oublié **d'**aller
I refused: j'ai refusé **de** continuer

Useful phrases using **avoir . . .** + **de** + infinitive:
I intend:
J'ai l'intention **de** chercher un emploi.
I need:
J'ai besoin **de** travailler.
I'm afraid:
J'ai peur **de** rester ici.
I've a right:
J'ai le droit **d'**être payé.

□ 21. Guide pratique de la scolarité (2)

Here is another extract from the government booklet.

a. Give two examples of jobs which a CAP can lead to.

b. Give two examples of jobs which a BEP can lead to.

Les lycées d'enseignement professionnel

Le lycée d'enseignement professionnel est un établissement mixte d'enseignement secondaire qui prépare aux diplômes suivants : certificat d'aptitude professionnelle (C.A.P.), brevet d'études professionnelles (B.E.P.)

Les spécialités de C.A.P. sont très nombreuses :

- **Dans le secteur industriel :** mécanicien électricien
- **Dans le secteur du commerce et des services :** employé de bureau, vendeur, cuisinier...

Les spécialités de B.E.P. sont très nombreuses :

- **Dans le secteur industriel :** régleur de machine, mécanicien monteur, électrotechnicien, constructeur de bâtiments
- **Dans le secteur commercial et des services :** comptable, employé de banque,

Qu'est-ce que l'apprentissage ?

- une formation **pratique** assurée dans l'entreprise
- une formation **théorique** obligatoire assurée au **centre de formation d'apprentis** (C.F.A.)

Dans un C.F.A., l'apprenti suivra obligatoirement des enseignements généraux (français mathématiques...) et des enseignements professionnels et pratiques.

≈ 22. Dossier: Ma formation

Give as many details as possible of your plans for education and training after age 16.

L'année prochaine *next year*	je vais	rester continuer aller	au collège au lycée à l'université dans un LEP	jusqu'au bac au plus haut niveau à l'âge de . . . ans
Dans deux ans *in 2 years' time* Pour l'instant *for the moment*	je pense	continuer mes études		
	j'espère	passer préparer	des examens un certificat un diplôme	
Plus tard *later on*	je voudrais			
Et puis *and then*	j'aimerais	faire un bac un apprentissage des stages		
Ensuite *next*	j'aimerais bien	essayer d'aller le plus loin possible chercher un emploi		
Si ça marche				

≈ 23. Interview

Qu'est-ce que tu vas faire comme formation ou comme études?

MODULE 8

D. QUEL MÉTIER?

ⓘ 24. Petits jobs

o **se procurer un job** to get a job; **être payé** to be paid; **les impôts** tax

o **garder** to look after: **garder un enfant = faire le** or **la baby sitter**. Also, to keep: **on garde l'argent**

o **repasser** to iron → **le repassage** ironing; **un repasseur** person who does the ironing

o **le ménage** household; **une femme de ménage** cleaning lady; **les travaux ménagers** housework; **faire du ménage** to do housework; **une ménagère** housewife

o **d'autres jobs: faire du jardinage = travailler au jardin; nourrir des animaux = donner à manger aux animaux; sortir un chien**

Elle est vendeuse.

⌒ 25. Petits jobs

Listen to some 15-year-old **collégiens** reacting to the information that their British penfriends can earn money delivering papers and so on.

What two jobs do they mention as possibilities for themselves? What are they arguing about?

♭ The meanings of many words ending **-age** can be guessed if you recognise the beginnings:

le repassage	repasser
le jardinage	le jardin
le chômage	un chômeur
Also:	
le chauffage	chaud
un sac de couchage	se coucher
le nettoyage	nettoyer
le maquillage	se maquiller
le lavage	laver
l'espionnage	un espion *spy*
un collage	coller *to glue*
un garage	garer *to put a car away*

---

feminines (4)

Some occupations ending in **-eur** for men end in **-euse** for women:

repass**euse**	← repass**eur**
vend**euse**	← vend**eur**
dans**euse**	← dans**eur**
chant**euse**	← chant**eur** *singer*
coiff**euse**	← coiff**eur** *hairdresser*
chôm**euse**	← chôm**eur** *unemployed*
serv**euse**	← serv**eur** *waiter/waitress*
chauff**euse**	← chauff**eur** *driver*

---

si

si = 'if':
On peut aider les gens **si** on veut.
You can help people **if** you want.
Si, par exemple, on . . .
  If, for instance, you . . .

sinon = 'otherwise', 'apart from that' (literally , 'if not').

si also = 'yes' when contradicting someone:
— On n'a pas le droit d'être payé.
— **Si!**

26. Opération Jeunes

The town of St-Malo has a scheme called Opération Jeunes, run by a local association with the help of Radio Saint-Malo.
Listen to a spokeswoman from Radio Saint-Malo explaining how the scheme works.

She mentions four or five sorts of jobs which the young people can do. Can you name two of them?

How do the young people find out what jobs are available?

un but aim, goal
procurer to obtain, procure
un propriétaire owner
une annonce advertisement, announcement

Radio-Saint Malo
FM-91.4-STEREO

aide au marché
repassage
taille-haie
les courses
près des enfants le soir
au jardin
nett. voitures
devoirs-de-vacances
soins-animaux-plantes
tonte-gazon

OPÉRATION-JEUNES

BABY-SITTER ou AUTRES..
tél. 81-31-51

des jeunes vous aident, vous dépannent

27. Petits jobs

These small-ads offer part-time or temporary jobs. Below are the kinds of people who are needed.
Match them to one of the jobs, and say what kind of work they are wanted for.

a. Someone for two evenings a month.
b. A girl for Sundays.
c. A young girl during the Easter holidays.
d. A male or female during the Easter holidays.
e. A woman for three hours a day.
f. Someone for 2 hours twice a week.
g. Students aged 16–18.

JF = jeune fille
JH = jeune homme
pr = pour
rech = **ch** = je cherche

PETITS JOBS

1. ● Cherche **JF sérieuse** pour garder enfant 2 ans le dimanche Tél. 32.20.39 h. repas.

2. ● Cherche **repasseuse** 2 fois 2 heures par semaine. Tél. 32.70.80.

3. ● Cherche **femme ménage 3h par jour**, Sevrier, tél. après 18h 46.43.70

4. Cherche **PERSONNE** pr donner cours de maths, élève de 3è, vacances de Pâques T. (33) 48.06.76.

5. Recherche **JEUNE FILLE**, 16-17 ans, aux vacances de Pâques pr faire quelques petits travaux ménagers. — T. (99) 98. 01.68.

6. **Rech. lycéens pour travail facile.** Si intéressé (e), renseignements complémentaires contre une enveloppe timbrée. Régis Taton, L'Echelle, 08150 Rimogne.

7. **Ch. baby sitter** 2 soirs/mois, centre Thann. Tél. 89.37.96.21.

⌐i⌐ **28.** Des métiers

- ○ *Look alike, sound different:* **un reporter**; **du journalisme**; **responsable**; **handicapé**; **le tourisme**; **l'armée** army; **hôtesse de l'air**; **une carrière** career

- ○ **photographe** [!] photographer. (**Une photo = une photographie**.) **Être photographe = faire de la photo**

- ○ **chef** (**cuisinier**) chef; **chef de rayon** head of department ↔ chief

- ○ *Guessable:* **s'occuper de personnes âgées** to look after old people; **une agence de voyages** travel agency; **une place = un emploi**; **en plein air** in the open air; **gagner beaucoup d'argent** to earn a lot of money; **inquiet** worried; **un paysagiste** landscape gardener ← **paysage** countryside ← **pays** country; **routier** lorry driver ← **route**; **expérimenté** experienced; **la mécanique** mechanics

- ○ *To learn:* **maraîcher** market gardener; **sténo-dactylo** shorthand typist; **menuisier** carpenter

◯◯ **29.** C'est leur métier

What do these four **collégiens** want to be or do? And what jobs are members of their families doing? Supply the missing words, in French or English.

I'd like to be a . . .
un or **une** are not used before words for jobs and professions in phrases like these: Je voudrais devenir professeur. (I'd like to become **a** teacher.) Je voudrais travailler comme hôtesse de l'air. Je voudrais être reporter. Mon père est maraîcher. Ma sœur apprend à être secrétaire. Mon frère est routier.

a. Moi, *je sais pas exactement ce que je veux faire. Pas encore.* On verra après l'école.

Je vais passer en seconde, aller jusqu'au bac, et puis *on verra.* J'aime bien les enfants; je voudrais faire – – –, *peut-être.* Mais je ne sais pas.

Ma mère est – – – à Leclerc, à la boulangerie.

Mon père, il est – – –, il cultive des légumes et puis les vend dans d'autres magasins, mais il va changer de métier. Il ne sait pas encore ce qu'il va faire.

ne is often left out in everyday speech: je sais pas = je ne sais pas j'ai aucune idée = je n'ai aucune idée

b. Pour *plus tard*, je voudrais faire du journalisme. Du journalisme ou de la photo.

Je fais pas mal de photos. Oui, je voudrais être – – –, ou quelque chose comme ça. Ça serait bien.

Mon père, comme profession, il est – – –, c'est-à-dire qu'il est responsable de la décoration de la ville, et ma mère, elle s'occupe de – – –. Handicapées.

Elle les lève, elle leur prépare à manger, elle les lave, elle leur fait les courses, elle s'occupe d'eux, quoi.

c. Je vais continuer mes études en langues vivantes: anglais, italien. *Je voudrais être* – – – de langues, ou bien travailler dans le tourisme. Dans une agence de voyages, ou comme – – –. Enfin, je sais pas.

J'ai deux frères et une sœur. Ma sœur a 21 ans, et elle apprend à être – – –, et mon frère il est – – –.

Et puis ma mère est – – –, et elle garde mon petit frère aussi.

d. Ce que je vais faire dans la vie? Moi, *j'ai aucune idée*.

L'année prochaine *je vais chercher une place*, un emploi. Mes parents sont inquiets pour moi, à cause du chômage, mais moi j'y pense pas trop pour le moment.

Je voudrais travailler en plein air, voyager peut-être, gagner beaucoup d'argent, c'est sûr. Je voudrais faire ma carrière dans – – –.

Extra

Match the phrases *in italics* in Section 29 to these English phrases:

a. I'd like to be a . . .
b. I'd like to work . . .
c. I don't exactly know what I want to do.
d. I'm going to look for a job.
e. I've no idea.
f. Later.
g. Not yet.
h. Perhaps.
i. We shall see.
j. My mother is a . . .

◌◌ 30. Jean-Pierre, cuisinier

Listen to Mlle Blouin talking about her brother Jean-Pierre.

How did he learn to be a cook: by studying at an **école hôtelière**, or through an apprenticeship in a restaurant?
Where is he working now?

| soit . . . soit . . . either . . . or . . . |

□ 31. Offres d'emploi – demandes d'emploi

Advertisements **1–10** have been placed in newspapers by
employers. Say briefly what the employee will have to do or be,
and find the best person for the job from ads **a–j**, which were
placed by people looking for work.

Offres Emploi

1. Cherche apprenti boucher Rennes. Tél. 50.63.56.

2. CHERCHE secrétaire, anglais courant exigé, minimum 20 ans. — Envoyer C.V. bureau du journal,

3. Demande vendeuse boulangerie-pâtisserie, proximité Rennes. Tél. 59.47.26.

4. ● Dem. coiffeuse messieurs ou mixte rég. Cherbourg - Tél. h. rep. 43.36.26.

5. ENTREPRISE H. ROBIN embauche **MAÇONS O.H.Q. - O.Q. 3** se présenter ; 37, quai Valin

6. Hôtel Annick, Saint-Malo, recherche apprenti(e) cuisine, présenté(e) par parents. Tél. Rendez-vous 40.88.57.

7. HOTEL DE LA POSTE, Mortain recherche **SERVEUR ou SERVEUSE** restaurant, expérience.

8. Importante société agro alimentaire recherche **1 mécanicien P.L.** Permis C1 Adresser lettre + c.v. à S.V.A., BP 84, 35502 VITRÉ CEDEX **SVA**

9. **INTERMARCHÉ MORTAIN** Tél. 59.29.03 ENGAGE pour remplacement longue durée **Comptable** confirmée expérience entreprise et informatique

10. **URGENT** recherche **Secrétaire sténodactylo** expérimentée, 30 ans environ Ecr. n° 91848 HAVA LA ROCHELLE

Demandes Emploi

a. ARTISAN ferait tous travaux de maçonnerie pour entreprises ou particuliers. Téléphone 85.25.94

b. ● Homme 36 ans rech. de toute urgence poste stable comptable aide comptable réponses à ttes prop. merci tél. 37.74.33.

c. JEUNE FEMME, 26 ans, bonne réf ch. emploi secrétaire stédonactylo ou stand.-récept. Ecr. **Mme GUIRARD** Guyenne, 275, av. Guiton, La Rochelle

d. Jeune fille, CAP vendeuse, recherche emploi boulangerie, pâtisserie, commerce ou autres. Tél. (99) 72.00.59

e. Jeune fille, 20 ans, ayant CAP coiffure mixte recherche emploi. disponible de suite. Tél. 60.84.55.

f. J.F. 22 ans Bilingue alien, bonnes notions anglais rech. emploi mi-temps **SECRÉTAIRE Tél. 304.33.74**

g. JEUNE HOMME 15 ans cherche place apprenti cuisinier. — T. 33 49.33.61.

h. Jeune homme 21 ans, cherche place serveur dans restaurant gastronomique en Bretagne ou Normandie, sérieuses références. Tél. après 18 h 30, Philippe Gervis (33) 29.30.39.

i. J.H. 16 ans, cherche place apprentissage en boucherie. — T. 59.85.58.

j. JEUNE HOMME 25 ans, ayant permis C, CAP mécanique, ch. emploi, étudierait ttes propositions. — T. 33 38.71.07.

$\boxed{i}$ 32. Des rêves

○ **rêver** to dream; **je rêve d'être** ... = **mon rêve, c'est d'être** ... my dream is to be a ...

○ *Guessable:* **riche**; **imaginer**; **me marier** get married; **faire des dons** make gifts ↔ donation, **donner**; **le bonheur** happiness ↔ **heureux** happy; **un(e) champion(ne)**; **une bataille** battle; **une défaite** defeat; **profond** deep

○ *To learn:* **pauvre** poor; **soigner** to care for; **commissaire** superintendent; **une époque** era, age, time, epoch

32. feminines (5)
Many occupations ending in **-n** for males, end in **-nne** for females:
championne ← champion
lycéenne ← lycéen
patronne ← patron
boss
pharmacienne ← pharmacien
chemist
électricienne ← électricien
mécanicienne ← mécanicien
musicienne ← musicien
technicienne ← technicien

◎◯ 33. C'est mon rêve

Listen to Armelle, Fatima and Xavier talking about their dreams.

a.

Why is Armelle saving up?

33. Je ...rais I would ...	
je voud**rais** ⎫ j' aime**rais** ⎭	I'd like
je voyage**rais**	I'd travel
je fe**rais**	I'd do
je m'achète**rais**	I'd buy
je traverse**rais**	I'd cross
je choisi**rais**	I'd choose
j' habite**rais**	I'd live

b.

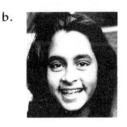

Fatima would like to travel. What else would she like to do?

c.

What would Xavier do if he were rich?

☐ 34. Mon rêve

The magazine *Okapi* asked readers to write about their dream future. Here are some of the replies.

Whose letter comes closest to your own ideals? What appeals to you about it?

EDITO

Je vous avais demandé, dans l'édito du 1er juillet, de nous faire rêver, cet été, en nous racontant vos rêves... Merci d'avoir répondu à cette invitation.

● *Mon rêve, c'est d'être actrice de cinéma ; j'en parle à mes parents, à mes amis... mais ils ne m'approuvent pas.*

Chrystèle, L'Isle-sur-le-Doubs

Moi aussi, j'ai voulu être actrice. Après, danseuse. Après, journaliste, après championne de natation. Et maintenant je rêve d'être commissaire de police. Tu sais, les idées peuvent changer en grandissant !

Hélène, Domblans

● **UNE ÉPOQUE DE PAIX**

J'aimerais avoir une machine à remonter le temps, alors je traverserais toutes les epoques, et je choisirais celle où l'on est le plus heureux, celle où il n'y a ni guerres ni batailles, ni victoires ni défaites.

Isabelle, Toulouse

● **SUR LE QUI-VIVE**

Moi, je rêve de me marier avec un homme génial qui me donnera beaucoup de bonheur... et beaucoup d'enfants. J'habiterais avec lui dans une super maison avec piscine (une piscine très profonde). J'aimerais être une femme très active, toujours sur le qui-vive, et surtout, très sportive.

Virginie, Ballainvilliers

↻ **sous-, sou-** / under-,sub-
sous-développé
le sous-sol
sous-marin
souterrain
un sous-titre

↻ **ga-, gu-**/w
la guerre *war*
une guêpe *wasp*
Guillaume *William*
gallois *Welsh*
un gardien *warden*
gagner *to win or earn*
une gaufre *waffle*

● *Plus tard, je voudrais être médecin sans frontières, aller dans les pays sous-développés pour les aider à mieux vivre.*

Christophe, Chambéry

● **BUS-MINI-HOPITAL...**

Moi, mon rêve serait d'acheter un bus, de le transformer en mini-hôpital (roulant)... Puis d'aller en Afrique pour soigner les enfants. Et avec mon bus, je pourrais me déplacer.

Mathieu, Paris 8e

≈ 35. Dossier: Mon job

Give details of any part-time job you do.

Je travaille pour papa et maman.	Je distribue des journaux.
pour des voisins.	Je suis baby sitter.
dans un magasin.	Je fais du jardinage.
dans un garage.	Je fais du ménage.
dans un hôtel.	
dans un bar.	

≈ 36. Interview

Est-ce que tu as un job?

≈ 37. Dossier: Nos métiers

Give details of your work plans, and of jobs in your family.

Je voudrais être	acteur (actrice)	électricien(nne)	ouvrier(ère) agricole *farm worker*
	agent de police (femme-agent)	étudiant(e)	ouvrier(ière) *worker*
Mon père est	apprenti(e)	employé(e) de banque	pêcheur(euse) fisher
Ma mère est	architecte	employé(e) de bureau	patron(ne)
Mon frère est	assistant(e) social(e) *social worker*	facteur *postman/woman*	peintre-décorateur
Ma sœur est	auteur *author*	femme de ménage	pharmacien(ne)
	avocat(e) *solicitor*	fermier(ière)	photographe
	bibliothécaire *librarian*	fonctionnaire *civil servant*	pilote
	caissier(ière)	footballeur	pilote de course *racing driver*
	chômeur(euse)	garagiste	plombier(ière) *plumber*
	chanteur(euse)	hôtelier(ière)	pompier *fireman*
	chauffeur(euse) de taxi	hôtesse de l'air	professeur
	coiffeur(euse)	infirmier(ière)	programmeur(euse) *computer programmer*
	comptable	ingénieur	réceptionniste
	concierge *caretaker*	inspecteur	reporter
	conducteur(trice)	instituteur(trice)	représentant(e)
	cuisinier(ière)	journaliste	retraité(e)
	détective	mécanicien(ne)	routier(ière)
	dactylo *typist*	médecin	secrétaire
	danseur(euse)	ménagère	serveur(euse)
	dentiste	maçon	sténo-dactylo
	dessinateur(trice)	mannequin *model*	standardiste *telephonist*
	directeur(trice) *director, head*	menuisier(ière)	technicien(ne)
		militaire *soldier*	vétérinaire
	docker	mineur *miner*	vendeur(euse)
	douanier *customs official*	musicien(ne)	
	écolier(ère)	opticien(ne)	
		ouvreuse *usherette*	

Je voudrais travailler	dans une banque	dans les PTT	en plein air
	dans un hôpital	*post office*	en ville
	dans un bureau	dans l'armée	près d'ici
Mon père travaille	dans un café	dans la marine	avec le public
Ma mère travaille	dans un restaurant	*navy*	avec des animaux
Mon frère travaille	dans une cantine	dans le tourisme	avec des chevaux
Ma sœur travaille	dans une école	à une ferme	avec des enfants
	dans un collège	à la campagne	avec des personnes
	dans une université	à la maison	âgées
	dans une entreprise	à l'hôtel de ville	avec les handicapés
	dans une usine	*town hall*	avec des ordinateurs
	factory	à Paris	*computers*
	dans un bateau	à l'étranger	pour le gouvernement
	dans un aéroport	*abroad*	pour un journal
	dans un atelier	au palais de justice	seul *alone*
	workshop	*law courts*	
	dans une agence de	aux chemins de fer	
	voyages	*railways*	

Je ne sais pas encore ce que je veux faire.

≈ 38. Interview

Qu'est-ce que tu veux faire dans la vie?
Parle-moi des métiers dans ta famille.

MODULE 8

E. À TON STYLO!

39. Demande d'emploi

You're living in a French-speaking country for the summer months, you need to earn some money, so you put a small-ad in the paper. Use these ads for ideas, but don't copy a whole one. Include: your sex

> your age
> what work you are looking for
> when you are available
> a phone number similar to those in the ads

Try to stick to words and abbreviations which you have seen used – don't invent your own.

Revision: Sections 24, 27, 31

demandes d'emploi vacances

J.H. cherche place apprenti boucher .— T. 33. 60.40.03.

J.f. ch. emploi, logée et nourrie, en France. Fatima Benâouisse, Filroc B.P. 15, Salé, Maroc.

OUVRIER agricole tous travaux, ch. pl. de suite. — T. 59.54.28., Barenton.

Recherche place **CHAUFFEUR routier** international ou national avec expérience. — T. (33) 48. 24.58.   15-22

Ch. emploi de dactylo ou d'employée de bureau à Paris. J'ai 20 ans. Marie-Odile Greinhofer, 54, rue du Gros-Arbre, 54780 Giraumont.

● J. H. 18 ans, ch. emploi juillet-août, étud. ttes propos. (sauf commerce). - TéL. 45.45.86.

JEUNE FILLE 18 ans, cherche place employée de maison ou garder personne âgée sauf région Parisienne. — T. 49.27.23.

Jeune FILLE 19 ans, cherche emploi saison d'été. — T. (33) 59.13.39.

J.H. 22 ans cherche place dans l'agriculture tps partiel ou complet. — T. 33. 59.53.00.

JEUNE FILLE étudiante cherche travail pour vacances Pâques, aime les enfants, étudie toutes propositions. Téléphone 32.21.67

J. FILLE 16 ans cherche place pour garder enfants ou tte autre proposition. — T. 33 49.22. 91.

J.H. cherche jardin à bêcher, haies à tailler, place d'entretien ou vendeur en magasin. — T. 33. 49.35.76.

40. Mon emploi du temps

Danielle will be coming to school with you for a few days. Write out your timetable for her, in French.

Revision: Section 14

41. Chère Danielle

Here is part of Danielle's reply:

Letter writing

Guidance on beginning, ending and writing letters is on page 13.

Revision: Sections 14, 7, 9, 22, 37 to write about yourself; Sections 10, 15, 38 to ask Danielle about herself.

> Je te remercie pour ton emploi du temps. Dis moi quelle est ta matière préférée, et pourquoi. Comment est ton collège ? Tu l'aimes ou tu le détestes?
>
> Est-ce que tu vas continuer au collège l'année prochaine?
>
> Qu'est-ce que tu vas faire après avoir quitté le collège ?
>
> Tu as décidé ce que tu veux faire dans la vie ?

Write a reply in French.

a. Answer all her questions. Note that **Dis-moi**, tell me, indicates a point to be answered.
b. Ask her what subjects she studies, and how long her lessons last.
c. Ask what she wants to do for a living.
d. When you sign off, look forward to seeing her soon.

VOCABULAIRE

a has
à (au, à l', aux) to; at; in; until
une abbaye abbey
d'abord first; at first
un abri shelter
un abricot apricot
l'accès m access
accompagner to accompany, go with
d'accord okay; all right; agreed
accrocher to hang up
l'accueil m reception
accueillant welcoming
accueillir to welcome
un achat purchase
acheter to buy
actif, active active, lively
une activité activity
une actrice actress
les actualités f current events
actuellement at present
l'addition f restaurant bill
un adhérent member;
l'adhésion f membership
une adresse address
s'adresser à to apply to
un aéroglisseur hovercraft
l'aéroport m airport
une affaire bargain
des affaires things, possessions,
affectueux, affectueuse affectionate
une affiche poster
affluence: l'heure d'affluence f rush hour
affreux, affreuse dreadful, awful
l'âge m age; âgé old
une agence de voyages travel agency
un agent (de police) policeman
une agglomération built-up area
il s'agit de it's concerned with, it's about
un agneau lamb
agrandir to enlarge
agréable nice, pleasant
agréer: veuillez agréer l'expression de mes sentiments distingués yours sincerely
agricole: un ouvrier agricole farm worker

j'ai I have, I've got; j'ai 16 ans I'm 16
l'aide f help; aider to help
l'ail m garlic
ailleurs somewhere else
aimable friendly
aimer to like, to love
aîné elder
ainsi so, thus
un air: il a l'air ... he (or it) looks ...; en plein air in the open air
ajouter to add
l'alarme f alarm
l'alimentation f food; (the sign you see above a food shop)
une allée avenue; path
l'Allemagne f Germany
allemand German
aller to go; s'en aller to go away; aller mieux to feel better; un aller-retour return ticket; un aller simple one-way ticket; je suis allé I went, I've been
allô hello (on phone)
s'allonger to stretch out
une allumette match;
allumer to light
alors so, then, well
l'alpinisme m mountain climbing
un amateur de ... person who likes ...
une ambiance atmosphere
une amélioration improvement
aménagé equipped
une amende fine
amener to bring
américain American
l'ameublement m furnishing ← meuble
un(e) ami(e) friend; amicalement best wishes;
l'amitié f friendship; amitiés best wishes
l'amour m love
amoureux, amoureuse in love
amusant fun, funny
s'amuser to have fun
un an, une année year; j'ai 16 ans I'm 16
un ananas pineapple
ancien old; ex-; ancient
anglais English
l'Angleterre f England

un animal, des animaux animal(s); un animal domestique pet
animé lively
une année year; bonne année happy new year
un anniversaire birthday
une annonce advertisement, announcement; petites annonces small-ads
un annuaire phone book
annuler to cancel ← nul
août August
un apéritif before-dinner drink
un appareil gadget; phone; à l'appareil speaking, on the phone; un appareil photo camera
un appartement flat
appartenir to belong
un appel call, appeal
appeler to call
s'appeler to be called
bon appétit! enjoy your meal!
apporter to bring
apprécier to appreciate
apprendre to learn
un(e) apprenti(e) apprentice
l'apprentissage m apprenticeship
s'approcher de to approach
approuver to approve of
appuyer to lean, press
après after(wards); après-demain the day after tomorrow; l'après-midi m afternoon, in the afternoon(s)
une aquarelle water-colour painting
un arbre tree
l'argent m money; silver
l'argent de poche pocket money
l'armée f army
une armoire wardrobe
l'arrêt (d'autobus) (bus) stop; arrêter, s'arrêter to stop
les arrhes m deposit
l'arrière back (of a car)
une arrivée arrival; arriver to arrive; to happen
un artichaut artichoke
un ascenseur lift
un aspirateur vacuum cleaner
une aspirine aspirin

s'asseoir to sit down
asseyez-vous sit down
assez enough; fairly, quite
une **assiette** plate
assis sitting down
assister à to be present at
un(e) **assistant(e) social(e)**
    social worker
l'**assurance** *f* insurance;
    un **assuré** insured
    person; **assurer** to
    insure; to assure
un **atelier** workshop
l'**athlétisme** *m* athletics
attacher to fix, attach
attaquer to attack
attendre to wait (for); **une**
    salle d'attente waiting
    room
attention! watch out!
atterrir to land (plane)
attraper to catch
l'**aube** *f* dawn
l'**Aube** name of a
    département of
    France
une **auberge de jeunesse**
    youth hostel; **un père**
    (une mère) aubergiste
    youth hostel warden
aucun no
au-dessous underneath
au-dessus above
une **augmentation** increase,
    rise
aujourd'hui today
au revoir goodbye
aussi also, as well, too
australien Australian
l'**Australie** *f* Australia
un **auteur** author
une **auto** car; **un autobus**
    bus; **un autocar** coach
un **autocollant** sticker
l'**automne** *m* autumn
un **automobiliste** motorist
autorisé permitted
une **autoroute** motorway
l'**autostop** *m* hitch-hiking
autour around
autre other; **autre chose**
    something else;
    autrefois formerly, once;
    autrement otherwise
il **y avait** there was, there were
à l'**avance** in advance
    avant before; **avant-hier**
    the day before
    yesterday

un **avantage** advantage
avec with
l'**avenir** *m* future
une **aventure** adventure
une **averse** rain shower
un **avion** plane
l'**avis** *m* opinion; **à mon**
    avis in my opinion
un(e) **avocat(e)** solicitor
avoir to have; **avoir**
    16 ans/soif to be
    16/thirsty
avril April

le **babyfoot** bar football
un **bac** sink, basin
le **bac, le baccalauréat**
    exams taken at about
    age 18
des **bagages** *m* luggage
une **bague** ring
une **baguette** French loaf
une **baie** bay
se **baigner** to bathe; **une**
    baignoire bathtub; **un**
    bain bath; **un bain de**
    soleil sunbathing
    baisser to lower ← **bas**
un **bal** dance
une **balade** walk, excursion
    balayer to sweep
un **balcon** balcony
un **ballon** ball, football
    balnéaire: une station
    balnéaire seaside resort
une **bande dessinée** strip-cartoon
une **bande magnétique** audio
    tape
la **banlieue** suburbs
une **banque** bank
un **bar** bar; **un bar-tabac** bar
    and tobacconist's
    bas low; **le bas** bottom
une **basilique** church
le **basket** basket-ball
une **bataille** battle
un **bateau** boat
un **bâtiment** building
une **batterie** car battery;
    percussion
    battre to beat
    bavarder to chat
    beau, belle fine,
    beautiful; **il fait beau**
    the weather's fine;
    beau-, belle- step-
    beaucoup a lot, very
    much; **beaucoup de** many

un **bébé** baby
belge Belgian
la **Belgique** Belgium
belle: *see* **beau**
le **BEP:** *see* **brevet**
un **besoin** need
    bête stupid; **des bêtises**
    f silly behaviour
une **betterave** beetroot
le **beurre** butter
un(e) **bibliothécaire** librarian
une **bibliothèque** library
une **bicyclette** bicycle
    bien well, good; **bien**
    entendu of course;
    bien sûr of course
    bientôt soon; **à bientôt**
    see you soon
la **bienvenue** welcome
la **bière** beer
le **biftek** steak
un **bijou** jewel
une **bijouterie** jeweller's
un **bilan** total
le **billard** billiards
un **billet** ticket; note; **un**
    billet de banque
    banknote
la **biologie** biology
un **biscuit** biscuit
    bizarre strange, odd
    blanc, blanche white
    blessé injured
    bleu blue
un **bloc sanitaire** washrooms
un **blouson** jacket
le **bœuf** beef
    bof! oh!
    boire to drink
un **bois** wood
une **boisson** drink
une **boîte** box, tin; **une boîte**
    aux lettres letter box
un **bol** bowl
    bon, bonne good; have a
    good . . .; **bon appétit!**
    enjoy your meal! **de bon**
    marché cheap; **de bonne**
    heure early
un **bonbon** sweet
le **bonheur** happiness
un **bonhomme** little man
    bonjour hello, good
    morning
    bonne nuit good night
    bonsoir good evening
le **bord** edge, side; **au bord de**
    la mer at the seaside; **en**
    bordure de at the side of

une **botte** boot
une **bottine** ankle boot
une **bouche** mouth
un **boucher** butcher
une **boucherie** butcher's
une **boucle d'oreille** earring
bouger to move
une **bougie** candle
un **boulanger** baker
une **boulangerie** baker's
un **boulevard** avenue
une **boum** party
un **bourg** little town
au **bout** at the end
une **bouteille** bottle
un **bouton** button
la **boxe** boxing
brancher to plug in
un **bras** arm
une **brasserie** large café
bravo! well done!
la **Bretagne** Brittany; **breton**
Breton; from Brittany
un **brevet** certificate; **le
brevet d'études
professionnelles
(BEP)** exam taken at
about age 18
le **bricolage** handicrafts, DIY
briller to shine
britannique British
une **brochure** brochure
bronzer to get suntanned
une **brosse à dents** toothbrush; **se brosser les
dents** to brush one's
teeth
le **brouillard** fog
un **bruit** noise
se **brûler** to get burnt; **une
brûlure** burn
une **brume** sea-mist
brumeux misty
brun brown
bruyant noisy ← **bruit**
un **buffet** snack bar
un **bureau** office; **un
bureau de poste** post
office; **un bureau de
renseignements**
information desk; **un
bureau de tabac**
tobacconist's; **un
bureau de/du tourisme**
tourist office; **un
bureau des objets
trouvés** lost property
office
un **bus** bus

un **but** aim; goal
buvons, buvez *from*
boire

c' it
ça that, this; **ça va** all right
une **cabine** cabin; **la cabine
d'essayage** fitting
room; **une cabine
téléphonique** phone
booth
un **cabinet** office, surgery
cacher to hide
un **cadeau** present
cadet, cadette younger,
youngest
un **café** café; coffee; **un café
au lait** milky coffee;
un café crème white
coffee; **un café-tabac**
café and tobacconist's
un **cafétaria/caféteria** cafe
un **cahier** notebook, exercise
book
la **caisse** cash desk; checkout;
un caissier, une caissière
cashier; check-out
assistant
une **calculatrice** calculator
calculer to calculate
le **calme** quiet
un(e) **camarade** friend
cambrioler to burgle
un **cambrioleur** burglar
une **caméra** movie camera
un **camion** lorry
la **campagne** country
camper to camp; **un
campeur** camper; **un
camping** camp site
un **camping-car** motor
caravan
canadien Canadian
un **canapé** settee
un **canard** duck
un **candidat** candidate,
applicant
un **canoë** canoe; **du
canoë-kayak** canoeing
une **cantine** canteen
le **CAP:** *see* **certificat**
car because, for
un **car** coach
un **caractère** character
une **carafe** jug
une **caravane** caravan
le **carburant** fuel, petrol
le **carnaval** period before Lent

un **carnet** 10-pack of
tickets; notebook; **un
carnet de chèques**
cheque book
une **carotte** carrot
carré square
un **carrefour** crossroads
une **carrière** career
une **carte** card; menu; ticket;
map; **une carte
bancaire** cheque card;
une carte de crédit
credit card; **une carte
postale** post card; **une
carte routière** road map
un **cas** case, situation
casser to break
une **casserole** saucepan
le **cassis** blackcurrant
une **catégorie** category
à **cause de** because of
une **cave** cellar
une **caverne** cave
ce (cet, cette) this, that
c'est-à-dire that is
céder to give way
une **ceinture** belt; **une
ceinture de sécurité**
safety belt
célèbre famous
le **céleri** celery
célibataire unmarried
cent hundred; **une
centaine** about 100;
un centime
hundredth of a franc;
un centimètre
centimetre,
hundredth of a
metre
un **centre** centre; **un centre
commercial** shopping
centre; **un centre
sportif** sports centre;
le centre-ville town
centre
cependant however
une **céréale** cereal
une **cerise** cherry
un **cerisier** cherry-tree
un **certificat** certificate;
**certificat d'aptitude
professionnelle
(CAP)** exam taken at
about age 18
ces these, those
un **CES:** *see* **collège**
cesser to stop
chacun each one

une **chaîne** chain; TV channel
une **chaîne-stéréo** stereo system
une **chaise** chair
la **chaleur** heat
une **chambre** bedroom
un **champ** field
un **champignon** mushroom
un **championnat** championship
la **chance** luck; **bonne chance!** good luck!
un **changement** a change
une **chanson** song; **chanter** to sing; **un chanteur, une chanteuse** singer
un **chapeau** hat
chaque each, every
la **charcuterie** cooked cold meat, usually pork; pork butcher's shop
un **chariot** supermarket trolley
charmant charming
chasser to chase, to hunt
un **chat** cat
châtain auburn
un **château** castle
chaud hot; **le chauffage** heating; **le chauffage au gaz** gas heating; **le chauffage central** central heating
un **chauffeur** driver
la **chaussée** roadway
une **chaussette** sock
une **chaussure** shoe
un **chef** boss, chief; cook
un **chemin** way; **le chemin de fer** railway
une **cheminée** chimney; fireplace
une **chemise** shirt; **un chemisier** blouse
un **chèque** cheque
un **chèque de voyage** traveller's cheque
cher, chère dear
chercher to look for
un **cheval, des chevaux** horse(s)
les **cheveux** hair
chez . . . at . . .'s home
chic smart
un **chien** dog
un **chiffre** figure
la **chimie** chemistry
chinois Chinese
des **chips** m crisps
un **choc** shock
du **chocolat** chocolate
choisir to choose

un **choix** choice
le **chômage** unemployment; **un chômeur, une chômeuse** unemployed person
une **chorale** choir
une **chose** thing; **autre chose** something else; **quelque chose** something
un **chou** cabbage
chouette smart; great
un **chou-fleur** cauliflower
le **cidre** cider
le **ciel** sky
le **cinéma** cinema
cinq five; **cinquante** fifty
la **circulation** traffic
circuler to be on the move
le **cirque** circus
une **cité** city
un **citron** lemon
clair light: **bleu clair** light blue
la **clarinette** clarinet
une **classe** class
une **clé, une clef** key
un(e) **client(e)** customer
clignoter to signal
le **climat** climate
une **cloche** bell
clouté: un passage clouté a studded pedestrian crossing ← **un clou** nail
un **club**, club; **un club de voile** sailing club; **un club des jeunes** youth club
un **cochon**, pig; **un cochon d'Inde** guinea pig
le **code de la route** highway code
le **code postal** post code
un **cœur** heart
un **coffre** car boot
un **coiffeur, une coiffeuse** hairdresser; **la coiffure** hairstyle; hairdressing salon
un **coin** corner
en **colère** angry
un **colis** parcel
un **collage** artistic work using glue ← **coller**
un **collant** pair of tights
collectionner to collect
un **collège, un Collège d'Enseignement Secondaire, un CES** secondary school

un(e) **collègue** colleague
coller to glue
un **collier** necklace; dog's collar
une **colline** hill
une **colonie de vacances (colo)** young people's holiday camp
combien (de)? how much? how many?
combien de temps? how long?
le **combiné** receiver
une **comédie** comedy
une **commande** an order
commander to order
comme like, as
commencer to begin, to start
comment? how? what?
comment est . . .? what is . . . like?
un **commerçant** shop-keeper; **un commerce** shop, business
un **commissaire** police superintendent; **un commissariat** police station
commode convenient
la **compagnie** company
un **compagnon** companion
un **compartiment** compart-ment
complet full, no vacancies
mes **compliments** congratu-lations
composer to dial; compose
composter un billet to get a ticket punched; **un composteur** ticket-punching machine
comprendre to understand
un **comprimé** tablet
compris included; understood
un(e) **comptable** accountant
un **compte (en banque)** bank account
compter to count
un(e) **concierge** caretaker
un **concours** competition
un **conducteur, une conductrice** driver
conduire to drive
la **confection** fashions; clothing
une **confiserie** sweetshop
la **confiture** jam

le **confort** comfort
confortable comfortable
congé: un jour de congé
a day off
un **congélateur** freezer ← **geler**
la **connaissance**
acquaintance;
connaître to know,
get to know; **connu**
well-known
conseiller to advise
conserver to keep,
preserve
la **consigne** left-luggage
la **consommation** drink;
consumption
un **constat** statement
constipé constipated
la **construction** building
(trade); **construit** built
un **conte (de fées)** (fairy)
story
content pleased
le **contraire** opposite
contre against
un **contrôleur** inspector
un **copain, une copine**
friend
copieux plentiful
coquet smart, stylish
un **corps** body
la **correspondance** letter
writing; place to change
trains or buses; **un(e)**
correspondant(e)
penfriend
corriger to correct
un **costume** suit
la **côte** coast
le **côté** side; **à côté** beside,
next door; **de l'autre**
côté on the other side
le **coton** cotton
un **cou** neck
se **coucher** to go to bed;
une couchette bunk
(in train); **un sac de**
couchage sleeping
bag; **couché** in bed
coudre to sew
la **couleur** colour
un **couloir** corridor
un **coup** blow, action; **un**
coup de main helping
hand; **un coup de**
téléphone phone call;
un coup d'œil glance;
un coup de pied kick
coupable guilty

la **coupe (du monde)**
(world) cup
couper to cut
une **cour** yard, playground
courageux, courageuse
brave
couramment fluently
une **courbe** curve
courir to run
le **courrier** mail, post
au cours de in the course of
un **cours** lesson, class
une **course** race
des **courses** f shopping
court short
un **couteau, des couteaux**
knife, knives
coûter to cost
la **couture** needlework
couvert overcast
le **couvert** place-setting at
table
une **couverture** blanket
une **cravate** tie
un **crayon** pencil
un **crème** white coffee; **la**
crème cream; **une**
crémerie dairy
une **crêpe** pancake
une **crêperie** pancake restaurant
crevé burst
une **crise** crisis; attack
croire to think, believe
un **croisement** crossing
croiser to cross ← **croix**
une **croisière** cruise
une **croix** cross
un **croque-monsieur**
toasted cheese and ham
des **crudités** f raw vegetables
une **cuiller** spoon
cueillir to pick, gather
le **cuir** leather
la **cuisine** kitchen;
cookery; **cuisiné**
ready cooked; **un(e)**
cuisinier(ère) cook;
une cuisinière cooker;
cuit cooked
cultiver to grow
le **cyclisme** cycling

d'abord first, at first
d'accord okay, all right
une **dactylo** typist
la **dactylographie** typing
une **dame** lady
dans in

la **danse** dancing; **danser**
to dance; **un danseur,**
une danseuse dancer
la **date** date
de of, from, any
un **dé** dice
débarquer to disembark
débarrasser to clear
débile crazy
debout standing
se **débrouiller** to cope
le **début** beginning
décembre December
décider (de) to decide (to)
décoller to take off, to
become airborne
une **découverte** discovery
découvrir to discover,
explore
décrire to describe
décrocher to pick up the
receiver
déçu disappointed
dedans inside
une **défaite** defeat
un **défaut** fault
défendre to defend;
forbid; **défense de ...**
... forbidden
un **défilé** procession
les **dégâts** m damage
dégoûtant disgusting
un **degré** degree
déguster to taste, eat
dehors outside
déjà already
le **déjeuner** midday meal;
le petit déjeuner
breakfast
demain tomorrow; **à**
demain see you
tomorrow
demander to ask for
se **demander** to wonder
demeurer to stay, live
demi half; **la demi-pension**
half-board; demi-tarif
half-price; **une demi-**
heure half-hour
une **dent** tooth; **du**
dentifrice toothpaste
un **dépannage** breakdown
repair ← **panne**
un **départ** departure
un **département** administra-
trative division of
France; **une route**
départementale local
road; B road

se dépêcher to hurry
ça dépend that depends
dépenser to spend
un dépliant brochure, leaflet
déposer to put down
depuis since, for
déranger to disturb
dernier, dernière last
derrière behind
des some, of the, from the
désagréable unpleasant
désapprouver to
    disapprove of
descendre to go down;
    get off
la descente going down;
    getting off
se déshabiller to get undressed
désirer to want
désobéir à to disobey
désolé sorry
un dessert dessert, 'afters'
le dessin drawing, art;
    un dessin animé
    cartoon; le dessin
    industriel technical
    drawing
un dessinateur designer
dessiner to draw
dessous under; en
    dessous underneath
dessus over; au-dessus
    above
un détail detail
se détendre to relax
détester to hate
détruire to destroy
deux two; deux-temps
    two-stroke; deuxième
    second
devant in front (of)
devenir to become
une déviation diversion
dévier to divert
devoir to have to, must
les devoirs m homework
d'habitude usually
une diapositive slide
difficile difficult
dimanche Sunday
une dinde turkey
le dîner evening meal
un diplôme diploma,
    certificate
dire to say
direct through route (no
    need to change)
un directeur, une directrice
    director; headteacher

la direction direction;
    station at the end of the
    tube line
une disco(thèque) disco
disparaître to disappear
disponible available
se disputer to argue
un disque record
la distance distance
distingués: see agréer
une distraction entertainment
distribuer to deliver,
    distribute
divorcé divorced
dix ten; une dizaine
    about ten
M. le docteur doctor
un documentaire documen-
    tary programme
un doigt finger
dois, doit, doivent must
un domicile home, address
c'est dommage what a pity
donc so, therefore
un don gift; donner to give
dont whose
doré golden
dormir to sleep; un
    dortoir dormitory
le dos back
un dossier file of personal
    information
la douane Customs
un douanier customs official
doubler to overtake
une douche shower
sans doute no doubt
Douvres Dover
doux, douce soft, mild
douze twelve; une
    douzaine dozen
un drap sheet; un drap-
    housse fitted sheet
un drapeau flag
une droguerie shop selling
    household products
le droit right; tout droit
    straight on; à droite on
    the right
drôle funny
du of the, from the, some
dur hard
la durée duration; durer to last

de l'eau f water; de l'eau
    minérale mineral
    water; de l'eau potable
    drinking water; l'eau
    de toilette toilet water

un échange exchange
échanger to exchange
les échecs m chess
un éclair lightning; cream
    cake
une éclaircie sunny period
une école school; un écolier,
    une écolière schoolchild
l'économie f economy,
    economics; faire des
    économies, économiser
    to save
écossais Scots
l'Écosse f Scotland
écouter to listen (to)
écraser to crush
écrire to write
effroyable dreadful
égal equal; ça m'est égal
    I don't mind
également too
une église church
eh bien well
un électricien electrician
l'électricité f electricity
un électrophone record player
élégant smart
un éléphant elephant
un(e) élève pupil
elle she, it; elles they
emballer to wrap
embarquer to get on
    board, embark
un embouteillage traffic jam
embrasser to kiss
l'embrayage m clutch
une émission broadcast,
    programme
emmener to take
empêcher to prevent
un emplacement place at a
    camp site ← place
un emploi job
un emploi du temps timetable
un(e) employé(e) employee,
    worker; un(e) employé(e)
    de bureau office
    worker; un(e)
    employé(e) de banque
    bank employee
un employeur employer
emporter to take away
emprunter to borrow
EMT = Éducation
    Manuelle et Technique
    Craft, Design &
    Technology
en in; made of; by; of
encaisser to cash ← caisse

enchanté pleased to meet you

encore again, more; **pas encore** not yet

endormi asleep

s'endormir to fall asleep

un endroit place

l'énergie *f* energy

l'enfance *f* childhood

un enfant child

enfin at last; anyway

enlever to remove

s'ennuyer to get bored

ennuyeux boring

énorme enormous

enregistrer to register

je suis enrhumé I've got a cold

l'enseignement education

enseigner to teach

ensemble together

ensoleillé sunny ← **soleil**

ensuite next, then

entendre to hear

s'entendre bien avec to get on well with

bien entendu of course

l'entente *f* understanding

entier, entière entire, whole

une entorse sprain

entouré de surrounded by

un entracte interval

l'entraînement *m* training

entre between

une entrée entrance way; starter, first course; ticket to get in

une entreprise business, firm

entrer to go in

l'entretien *m* maintenance; interview

une enveloppe envelope

j'ai envie de I want

environ about

envoyer to send

épais, épaisse thick

une épaule shoulder

épeler to spell

une épicerie food shop

un épicier grocer

une époque time, era

un époux, une épouse spouse (husband, wife)

épouvantable horrific; **un film d'épouvante** horror film

une épreuve test

équipé equipped

une équipe team

l'équitation *f* horse-riding

une erreur mistake, error

un escalier staircase

un escargot snail

l'Espagne *f* Spain

espagnol Spanish

une espèce de a sort of

espérer to hope

l'espionnage spying

essayer to try; to try on →
une cabine d'essayage fitting room

l'essence *f* petrol

essentiel essential

essuyer to wipe

est is; **Est-ce que . . . ?** *makes a question*

l'est east

un estomac stomach

un établissement establishment

un étage floor, storey

était was

un état state, condition

les États-Unis *m* United States

été has been

l'été *m* summer

éteindre to extinguish

l'étoffe *f* stuff, material

une étoile star

étonnant astonishing, surprising; **étonner** to surprise

étrange strange; foreign; **un étranger** stranger; foreigner; **à l'étranger** abroad

être to be

étroit narrow

études: faire des études to study; **un(e) étudiant(e)** student; **étudier** to study

européen European

eux them

s'évanouir to faint; **un évanouissement** fainting fit

un évènement event

évidemment evidently, obviously

un évier sink

exactement exactly

exagérer to exaggerate

un examen exam

je m'excuse I apologise

un exemple example

un exercise exercise

exister to exist

une expérience experiment; experience; **experimenté** experienced

expliquer to explain

une exposition exhibition

l'extérieur *m* outside

extra! great!

en face opposite

facile easy

une façon way

un facteur postman

facultatif optional

faible weak

la faim hunger

faire to do (eg **je fais mes devoirs**); to make (eg **j'ai fait une erreur;**) to go (eg **j'aime faire de l'équitation**); also used in some weather phrases (eg **il fait beau** it's fine)

ça fait 10F that comes to 10 francs

en fait in fact

un fait divers news item

une falaise cliff

une famille family

une fanfare brass band

fatiguant tiring; **fatigué** tired

il faut it is necessary

une faute fault, mistake

un fauteuil easy chair

faux, fausse false

favori, favorite favourite; **il est favorisé** he's the teacher's pet

félicitations congratulations; **féliciter** to congratulate

une femme woman; wife; **une femme de ménage** cleaning lady; **une femme-agent** policewoman

une fenêtre window

une fente slot

le fer iron

férié: un jour férié public holiday

une ferme farm

un fermier farmer

fermer to close; **fermé** closed; **une fermeture** closure

une fête public holiday; name-day; celebration

un feu fire; traffic light; **un feu d'artifice** firework display
une feuille leaf
un feuilleton serial, soap opera
une fève bean; token
février February
des fiançailles *f* engagement
un(e) fiancé(e) engaged (person)
une fiche form
fier proud
une fièvre fever, temperature
une file traffic lane
un filet net; luggage rack
une fille girl; daughter
un fils son
fin fine
la fin end; **finir** to finish
fixe: menu à prix fixe fixed price menu
des fléchettes darts
une fleur flower
un fleuve river
une flûte flute
le foie liver
la foire fair
une fois time, occasion; **des fois** sometimes
foncé dark
un(e) fonctionnaire civil servant
fonctionner to work, to function
le foot, le football football
un footballeur footballer
un footing a jog
une forêt forest
la formation training
la forme shape
formidable great
un formulaire form
fort strong; good at something
se fouler la cheville to twist one's ankle
un four oven
une fourchette fork
frais, fraîche fresh
une fraise strawberry
une framboise raspberry
français French
la France France
franchement frankly
franchir to cross
frapper to knock; to hit
un frein brake; **freiner** to brake
un frère brother
une friandise sweet food

un frigo fridge
des frites chips
froid cold
le fromage cheese
une frontière frontier, border
un fruit fruit; **une fruiterie** fruit shop; **des fruits de mer** sea food
une fuite escape, flight
fumer to smoke;
(non-) fumeur (non-)smoking (compartment)
furieux, furieuse furious
un fusil gun

gagner to win; to earn
Galles: le pays de Galles, Wales; **gallois** Welsh
au galop at the gallop
un gant glove; **un gant de toilette** flannel
un garage garage
un(e) garagiste garage worker
garantir to guarantee
un garçon boy; waiter
de garde on duty; **garder** to look after; to keep;
un gardien warden, caretaker
la gare (SNCF) (railway) station; **une gare routière** bus or coach station
garer to park
le gas-oil, le gasole diesel
un gâteau cake
gauche left; **à gauche** on the left
une gaufre waffle
le gaz gas; **le gazole** diesel
geler to freeze; **il gèle** it's freezing
gênant awkward
un gendarme policeman
une gendarmerie police station
en général, généralement usually
généreux, généreuse generous; **la générosité** generosity
génial great, fantastic
un genou knee
des gens *m* people
gentil, gentille nice, kind; **gentiment** nicely, kindly
la géographie geography
un gîte holiday home for hire

la glace ice; ice-cream
glissant slippery
glisser to slip
la gloire glory
une gomme rubber
gonfler to inflate
la gorge throat
gourmand greedy
le goût taste
le goûter afternoon snack
le gouvernement government
grâce à thanks to
un gramme gram
grand big
la Grande-Bretagne Great Britain
une grand-mère grandmother; **un grand-père** grandfather
gratuit free; **la gratuité** nothing to pay
grave serious
grec Greek
la Grèce Greece
un grenier attic
une grenouille frog
une grève strike
grimper to climb
la grippe flu
gris grey
gros, grosse big, fat
un groupe group
une guêpe wasp
la guerre war
un guichet ticket office; section of counter
un guide guide; guide book
une guitare guitar
la gymnastique gymnastics

s'habiller to get dressed
un habitant inhabitant
habiter to live
d'habitude usually
habituel usual
le hand handball
handicapé handicapped
les haricots verts *m* green beans
haut high; tall
hebdomadaire weekly
l'hébergement *m* accommodation
hein eh
hélas! alas!
l'herbe *f* grass; **herbeux** grassy
hésiter to hesitate

l'heure *f* hour; time;
à l'heure on time;
à tout à l'heure see you soon; de bonne heure early
heureusement luckily
heureux, heureuse lucky, happy
heurter to bump into, knock against someone or something
hier yesterday
l'histoire *f* story; history
historique historical
l'hiver *m* winter
un HLM council house or flat
hollandais Dutch
la Hollande Holland
un homme man
un hôpital hospital
un horaire time-table ↔heure
une horloge clock ↔ heure
j'ai horreur de I hate
hors out
un hors-d'œuvre starter
hospitaliser to send to hospital
l'hospitalité *f* hospitality
un hôtel hotel; l'hôtel de ville town hall; un hôtelier, une hôtelière hotel owner
une hôtesse de l'air air hostess
de l'huile *f* oil
huit eight
une huître oyster
de bonne humeur in a good mood
humide wet, damp
l'hygiène *f* hygiene
un hypermarché hypermarket

ici here
idéal ideal
une idée idea; bonne idée! good idea!
identité: une carte d'identité identity card
il he, it
il y a there is, there are
il y a 2 ans, two years ago
une île island
un illustré magazine, comic
un îlot little island ← île
ils they
une image picture
imaginer to imagine

immédiatement immediately, at once
un immeuble block of flats
un imper, un imperméable raincoat
impoli impolite
n'importe où anywhere
n'importe qui anybody
les impôts *m* taxes
impressionnant impressive
un incendie fire
un inconvénient disadvantage
indiquer to indicate, point out
une industrie industry
industriel industrial
un infirmier, une infirmière nurse
l'informatique *f* computer science
un ingénieur engineer
inquiet worried;
s'inquiéter to worry
s'inscrire to enrol
un insecte insect
un inspecteur inspector
s'installer to settle in
un instituteur, une institutrice primary school teacher
l'instruction religieuse R.E.
insupportable unbearable ← supporter
interdit forbidden
intéressant interesting
s'intéresser à to be interested in
un intérêt interest
l'intérieur *m* inside
un internat boarding school
un interne boarder
une interview interview
introduire to insert
inutile useless ← utile
en sens inverse in the opposite direction
un(e) invité(e) guest
irlandais Irish; l'Irlande *f* (du Nord) (Northern) Ireland
l'Italie *f* italy; italien Italian
ivre drunk

jamais never; ever
une jambe leg
le jambon ham
janvier January

le Japon Japan
un jardin garden
le jardinage gardening
jaune yellow
un jean pair of jeans
jeter to throw
un jeton token
un jeu, des jeux game(s); jeux d'intérieur indoor games; jeux de société board games
jeudi Thursday
jeune young
joli pretty
une jonction junction, join
jouer to play; to act
un jouet toy; un joueur player
un jour day; le jour de l'an new year's day; un jour férié holiday
un journal newspaper; news; le journalisme journalism
la journée day
joyeux Noël happy Christmas
juillet July
juin June
un jumeau, une jumelle twin; jumelé twinned; le jumelage twinned, twinning
une jupe skirt
un jus (de fruit) (fruit) juice
jusqu'à up to; until; as far as
juste correct; short; tight

un kilo kilogram
un kilomètre kilometre

la the; it
là there; là-bas over there
un labo, un laboratoire lab, laboratory
un lac lake
laid ugly
la laine wool
laisser to let, to leave
le lait milk
une laitue lettuce
une lampe lamp, light
lancer to throw
une langue tongue; language
un lapin rabbit
large wide
le latin Latin

laver to wash; **se laver** to get washed; **un lavabo** washbasin; **le lavage** washing; **un lave-vaisselle** dish-washer; **une laverie** laundry room; **une laverie automatique** launderette

le the; it

le lèche-vitrine window-shopping

une leçon lesson

la lecture reading

léger light, slight

des légumes *m* vegetables

le lendemain the next day

lent slow; **lentement** slowly

des lentilles *f* lentils

un LEP: *see* **lycée**

lequel, laquelle which

les the; them

lessive: faire la lessive to do the laundry

une lettre letter

leur, leurs their

une levée mail collection

se lever to get up

la liberté freedom

une librairie bookshop

libre free

libre service self-service

un lieu place; **au lieu de** instead of, in place of; **a lieu** takes place

une ligne line, route

la limonade lemonade

le linge washing, laundry

lire to read

une liste list

un lit bed

un litre de a litre of

la littérature literature

un livre book

une livre pound

livrer to deliver

une livraison delivery

un livret booklet; book

la location hire

loin far

les loisirs *m* leisure

long, longue long; **le long de** all along; **longtemps** for a long time

lorrain from Lorraine

le loto bingo

louer to hire

lourd heavy

le loyer rent

lui him; **avec lui** with him

la luge toboggan

une lumière light

lundi Monday

la lune moon

des lunettes *f* glasses

la lutte wrestling

le luxe luxury; **luxueux** luxurious

un lycée school for 15 to 18-year-olds; **un Lycée d'Enseignement Professionnel (LEP)** technical college; **un(e) lycéen(ne)** student at a lycée

ma my

une machine à écrire typewriter; **une machine à laver** washing machine

un maçon builder; **la maçonnerie** building construction

un magasin shop; **un grand magasin** department store

un magazine magazine

un magnétophone tape recorder; **un magnétoscope** video recorder

magnifique magnificent

mai May

un maillot de bain swimming costume

une main hand

maintenant now

un maire mayor; **la mairie** town hall

mais but

une maison house; home-made; **à la maison** at home; **un(e) maître(sse) de maison** host(ess)

mal bad, badly; **pas mal** not bad; quite a lot; **j'ai mal à . . .** I've got a bad . . .; **malade** ill, **une maladie** illness

malgré in spite of

malheureux unhappy

malheureusement unfortunately

maman mum

une manche sleeve

La Manche English Channel

un manège riding stables

manger to eat

une manière manner, way

un mannequin model

manquer to miss

un manteau coat

le maquillage make-up

un maraîcher market gardener

un marchand seller; **un marchand de journaux** newsagent; **des marchandises** goods; **un marché** market

une marche step

marcher to walk; to work properly; to function

mardi Tuesday; **mardi gras** Shrove Tuesday

une marée tide

un mari husband; **marié** married; **se marier** to get married

la marine the navy

la maroquinerie leather goods

une marque make, brand

marqué marked

marrant funny

marron (*doesn't change form*) brown

mars March

masqué masked

un matelas (pneumatique) (inflatable) mattress

du matériel equipment

une maternelle nursery school

les mathématiques maths

une matière school subject

un matin, une matinée morning

mauvais bad

un mécanicien mechanic

méchant badly behaved

un médecin doctor; **la médicine** (study of) medicine; **un médicament** medicine

meilleur better, best

mélangé mixed together

un membre member

même even, same, -self; **quand même** all the same, anyway

un ménage household; **une ménagère** housewife; **une femme de ménage** cleaning lady

un menuisier carpenter

la mer sea

merci thank you

mercredi Wednesday

la **mère** mother
merveilleux marvellous
mes my
mesdames ladies
un **message** message
messieurs gentlemen
mesurer to measure
un **métal, des métaux** metal(s)
la **météo(rologie), un bulletin météorologique** weather forecast
un **métier** trade, job
un **mètre** metre
le **métro** underground railway
mettre to put (on); **mettre le couvert** lay the table
se **mettre en colère** to get angry
des **meubles** _m_ furniture
meublé furnished
un **micro-ordinateur** micro-computer
midi midday, noon
le **Midi** south of France
le **miel** honey
mieux better, best
mignon cute, sweet
le **milieu** middle; **au milieu** in the middle
un **militaire** soldier
mille a thousand
mince thin
un **mineur** miner; minor
minuit midnight
une **minute** minute
un **miroir** mirror
mixte mixed
moche stupid
à la **mode** in fashion
moi me
moins less; not as; to (time); **au moins** at least
un **mois** month
la **moitié** half
mon my
le **monde** world; **tout le monde** everybody
un **moniteur, une monitrice** instructor, supervisor
la **monnaie** small change; currency
monsieur Mr; sir; (gentle)man
un **mont** mount
une **montagne** mountain
la **montée** entrance to vehicle; **monter** to go up, get on, get in
une **montre** watch
montrer to show

un **monument** sight, place to visit
se **moquer de** to make fun of
un **morceau** piece
mordre to bite
mort dead ← **mourir**
un **mot** word; **des mots croisés** crosswords
un **moteur** engine
une **moto** motorbike
un **mouchoir** handkerchief
mouillé wet
mourir to die
la **moutarde** mustard
un **mouton** sheep
mouvoir to move
le **moyen** means; **moyen** average, medium
multicolore many-coloured
un **mur** well
un **musée** museum
un(e) **musicien(ne)** musician
mystérieux, mystérieuse mysterious

nager to swim
la **naissance** birth
naître to be born
une **nappe** table cloth
la **natation** swimming
la **nationalité** nationality
le ski **nautique** water skiing
naviguer to sail
ne . . . pas not; **ne . . . plus** no longer, no more;
ne . . . que only;
ne. . .rien nothing
ne quittez pas hold the line
né born
nécessaire necessary
la **neige** snow; **neigeux** snowy; **il neige** it's snowing
n'est-ce pas? isn't that so? don't you? _etc._
le **nettoyage (à sec)** (dry) cleaning; **nettoyer** to clean
neuf nine
neuf, neuve new
un **neveu** nephew
un **nez** nose
une **nièce** niece
ni . . . ni neither . . . nor
n'importe où anywhere
n'importe qui anybody

un **niveau** level
Noël Christmas
noir black
noisette hazel
la **noix (de coco)** (coco)nut
un **nom** name, surname
un **nombre** number
nombreux, nombreuse numerous, large
non plus either, neither
le **nord** north
nos our
la **note** hotel bill; mark
notre our
des **nouilles** _f_ noodles
nourrir to feed
la **nourriture** food
nous we, us
nouveau, nouvelle new
des **nouvelles** news
novembre November
se **noyer** to drown
un **nuage** cloud; **nuageux** cloudy
la **nuit** night
nul no; nil; no good
un **numéro** number
en **nylon** made of nylon

des **objets trouvés** lost property
obligatoire compulsory
obligé forced
obtenir to obtain, get
une **occasion** opportunity
occupé engaged (phone); busy; **s'occuper de** to look after
octobre October
une **odeur** smell
un **œil, des yeux** eye(s)
un **œuf** egg
un **office de/du tourisme** tourist information office
une **offre** offer
offrir to offer, give
un **oignon** onion
un **oiseau, des oiseaux** bird(s)
l'**ombre** _m_ shade
un **omnibus** train which stops at all stations
on one, you, we
un **oncle** uncle
onze eleven
un **opéra** opera; opera house
en **or** made of gold
un **orage** storm
orageux stormy
une **orange** orange

un **orangina** fizzy orange
un **orchestre** seat in the stalls
de l'**ordinaire** 2-star petrol
un **ordinateur** computer
une **ordonnance** prescription
une **oreille** ear; un **oreiller**
  pillow
    originel original
    oser to dare
    ou or
    où where; **d'où** where from
    oublier to forget
    l'**ouest** west
un **outil** tool
    ouvert open; une
      ouverture opening; un
      ouvre-boîte tin opener;
      un **ouvre-bouteille**
      bottle-opener
une **ouvreuse** usherette
un **ouvrier, une ouvrière**
    worker; un **ouvrier**
    agricole farm worker
    ouvrir to open

une **page** page
  en **paille** made of straw
  le **pain** bread
une **paire** pair
  un **palais** palace; **le Palais de**
    Justice law courts
  un **pamplemousse** grapefruit
  un **panier** basket
  en **panne** broken down
  un **panneau** sign
  un **pansement** bandage
  un **pantalon** pair of trousers
    papa dad
une **papeterie** stationer's
  du **papier** paper
    Pâques Easter
  un **paquet** parcel
    par by; a; **10F par**
      semaine 10 francs a
      week; **par terre** on the
      ground
    paraître to appear
  un **parapluie** umbrella
  un **parc** park
    parce que because
    pardonner to excuse
  un **pare-brise** windscreen
    pareil same
    paresseux lazy
    parfait perfect
  un **parfum** flavour; **du**
    parfum perfume; **une**
    parfumerie beauty shop

un **parking** car park
  parler to speak
je **pars, il/elle part** leave,
  leaves
de la **part de** on behalf of
nulle part nowhere; **quelque**
  part somewhere
  partager to share
  participer to join in
  particulier particular
une **partie** part: **temps partiel**
  part-time
  partir to depart, leave, go
    away; **à partir de** from
  partout everywhere
  pas not; **pas de . . . no . . . ;**
    pas du tout not at all;
    pas encore not yet; **pas**
    mal not bad; quite a lot;
    pas tellement not very
    much
un **passage** passage; un
    passage à niveau level
    crossing; **un passage**
    clouté pedestrian
    crossing; **un passage**
    souterrain subway
un **passager** passenger
un(e) **passant(e)** passer-by
  le **passé** past
un **passeport** passport
un **passe-temps** pastime, hobby
  passer to pass by; to
    spend (time); to take
    (exam); **passer**
    l'aspirateur to 'hoover';
    qu'est-ce qui se passe?
    what's happening?
  passionnant fascinating
une **pastille** cough sweet
  le **pâté** paté; meat or fish paste
  le **patinage** skating; **patiner**
    to skate; **une patinoire**
    skating rink
une **pâtisserie** cake; cake shop
  un **patron** boss
    pauvre poor
  un **pavillon** detached house
    payant paying; **payer** to pay
  un **pays** country; **le pays de**
    Galles Wales; **le**
    paysage countryside,
    landscape; **un paysa-**
    giste landscape gardener
  le **péage** toll
  la **peau** skin
une **pêche** peach
  la **pêche** fishing; un
    pêcheur fisherman

peine: c'est pas la peine
    it's not worth the bother
un **peintre** painter
  la **peinture** painting
une **pellicule** film
une **pelouse** lawn
    pendant during, for
une **pendule** clock
    penser to think
un(e) **pensionnaire** boarder;
    la pension complète
    full board and lodging;
    la demi-pension half
    board; **un(e) demi-**
    pensionnaire pupil
    who takes school dinner
    percuter to hit
    perdre to lose; **perdu** lost
un **père** father
    permettre to allow; **il est**
    permis de . . . . . . is
    allowed; **un permis (de**
    conduire) (driving)
    licence
une **personne (âgée)** (old)
    person
    peser to weigh
    petit small; **le petit**
    déjeuner breakfast;
    une petite annonce
    small-ad
un **petit-fils** grandson; **une**
    petite-fille granddaughter
des **petits pois** *m* peas
un **peu** a little; **peu de** not
    much of; **à peu près**
    approximately
  la **peur** fear
    peut, peux can, may
    peut-être maybe, perhaps
un **phare** light house; headlamp
une **pharmacie** chemist's
un(e) **pharmacien(ne)** chemist
  la **philatélie** stamp-collecting
une **photo** photograph; **la**
    photographie photo-
    graphy; **un(e) photo-**
    graphe photographer
une **phrase** sentence
  la **physique** physics
  un **piano** piano
une **pièce** coin; play; room;
    each; **une pièce**
    d'identité proof of
    identity
un **pied** foot; **à pied** on foot
un **piéton** pedestrian
    piétonnier pedestrian
une **pile** battery

un **pilote** pilot; un **pilote de course** racing driver
une **pilule** pill
un **pique-nique** picnic
pique-niquer to have a picnic
piquer to sting
une **piqûre** sting
pire worse, worst; **tant pis** too bad
une **piscine** swimming pool
une **piste** track
pittoresque picturesque
une **pizzeria** pizza house
un **placard** cupboard
une **place** seat; place; square; job
placer to place
un **plafond** ceiling
la **plage** beach
se **plaindre** to complain
une **plainte** legal action
plaire to please; **s'il vous plaît** please
plaisance: un port de plaisance yacht harbour, marina
un **plaisir** pleasure
un **plan (de métro/de la ville)** (underground/ street) map
la **planche à voile** sailboard(ing), wind-surfing
le **plancher** floor
une **plante** plant
un **plat** dish, course; **le plat du jour** today's special
plâtrer to put in plaster
plein full; **faire le plein** to fill up with petrol; **en plein air** in the open air; **plein centre** right in the centre
pleurer to cry
il **pleut** it's raining
un **plombier** plumber
la **plongée (sous-marine)** (deep-sea) diving
plonger to dive
la **pluie** rain
la **plupart** the majority, most
plus more; -er, -est; no more; no longer; **plus tard** later; **en plus** in addition
plusieurs several
plutôt rather
pluvieux rainy ← **pluie**
un **pneu** tyre

une **poche** pocket; **dans la poche** safe and sound, sure of success, a cinch; **l'argent de poche** pocket money
un **poème** poem
la **poésie** poetry
un **poids lourd** lorry
un **point** point
la **pointure** (shoe) size
une **poire** pear
un **poirier** pear tree
un **poisson** fish; **un poisson rouge** goldfish; **une poissonnerie** fishmonger's
la **poitrine** chest
du **poivre** pepper
poli polite
une **police d'assurance** insurance policy
la **police** police; **police-secours** police emergency service; **un policier** policeman
(la) politique politics; political
une **pomme** apple
une **pomme de terre, des pommes de terre** potato(es)
une **pompe** pump; **un pompier** fireman; **un pompiste** petrol pump attendant
un **pont** bridge
le **porc** pork
un **port** port; **un port de plaisance** yacht harbour
une **porte** door; (town) gate
un **porte-monnaie** purse; **un portefeuille** wallet; **porter** to wear; to carry; **un porteur** porter
une **portière** door (of vehicle)
poser to put, place; **poser une question** to ask a question
posséder to possess
la **possibilité** possibility
la **Poste** post office; **poste restante** mail collected from a post office; **poster** to post
le **poste** station; **un poste de police** police station
un **pot**, jar, pot
potable: de l'eau (non-)potable (not) drinking water

du **potage** soup
une **poubelle** bin
une **poule** hen; **du poulet** chicken
une **poupée** doll
pour for, in order to
pour cent per cent
un **pourboire** tip
pourquoi? why?
pourtant however
pousser to push
pouvoir to be able to
pratique practical; **une pratique** practice; **pratiquer** to take part in (sport)
la **précipitation** fall of rain or snow
préféré favourite
préférer to prefer
je **préfère** I prefer
premier, première first
en première in the sixth form
prendre to take
un **prénom** first name ← **nom**
préparer to prepare
près (de) near (to)
présenter to introduce
presque almost
Presse: une Maison de la Presse newsagent's
la **pression (des pneus)** (tyre) pressure
prêt ready
un **prêt** loan; **prêter** to lend
la **prévision** forecast
prie: je vous en prie don't mention it; you're welcome
prière de please
principal main
le **printemps** spring
prioritaire having right of way; **la priorité** right of way
une **prise de courant** electric socket
privé private
le **prix** price
un **problème** problem
prochain next
proche near
se **procurer** to obtain
un(e) **prof, professeur** teacher
professionnel professional
profond deep
un **programme** programme; program
un **programmeur,**

une **programmeuse**
programmer
des **progrès** *m* progress
un **projecteur** projector
un **projet** plan
une **promenade** walk, outing
se **promener** to go for a walk
promettre to promise
en **promotion** on special offer
offer
ça se **prononce** . . . that's
pronounced . . .
proposer to suggest
propre clean
un(e) **propriétaire** owner
prouver to prove
en **provenance de** coming
from
des **provisions** *f* shopping,
food
à **proximité** near, nearby
une **prune** plum
les **PTT** post office
la **publicité** advertisements
puis then, next
puisque since
un **pull(over)** pullover
punir to punish
un **pyjama** pair of pyjamas
les **Pyrénées** *f* Pyrenees
(mountains)

un **quai** platform
quand when; **quand**
même all the same,
anyway
un **quart** quarter
un **quartier** district, part of
town
quatorze fourteen
quatre four
que what; than; as; that; only
quel? which? what?
quelque some; **quelque**
chose something;
quelque part some-
where; **quelqu'un**
someone; **quelquefois**
sometimes
qu'est-ce que? what?
qui(?) who(?) which(?)
une **quiche (lorraine)** egg and
bacon flan
une **quincaillerie** hardware store
quinze fifteen; une
quinzaine about 15;
a fortnight; **quinze**
jours a fortnight

quitter to leave
quoi what
quotidien daily

faire **raccommoder** to get
something mended
raccrocher to hang up
(phone)
raconter to tell
un **radiateur** radiator
une **radio** radio; **à la radio**
on the radio
du **raisin** grapes
avoir **raison** to be right
ralentir to slow down
une **randonnée** walk
ranger to clear away
rapide fast
rappeler to call back
par **rapport** in comparison
se **raser** to shave
un **rasoir** razor
ravi delighted
ravissant delightful
un **rayon** department
récemment recently
la **réception** reception
un(e) **réceptionniste** receptionist
une **recette** recipe
recevoir to receive
rechercher to look for
un **récit** story
réclamer to claim
recommander to recommend
une **récompense** reward
reconnaître to recognise
la **récréation** break
reçu received; successful
un **reçu** receipt
reculer to go backwards
une **réduction** reduction
réduit reduced
un **réfrigérateur** refrigerator
refroidir to cool ← **froid**
regarder to look at
une **régate** regatta, boat race
une **règle** rule; ruler
un **règlement** rule
regretter to be sorry
la **reine** queen
rejeté rejected
rejoindre to join
une **religieuse** sort of cream
cake; nun; **religieux,**
religieuse religious
remarquable remarkable,
noteworthy; **remarquer**
to notice

un **remboursement** refund
un **remède** remedy, cure
remercier to thank
remonter to go back up
un **rempart** rampart, town walls
remplir to fill
rencontrer to meet
un **rendez-vous** meeting,
appointment
rendre to give back
des **renseignements** *m* information; **se renseigner**
to obtain information
la **rentrée** back to school,
beginning of term
rentrer to go back in
renverser to knock over
une **réparation** repair
réparer to repair
repartir to set off again
un **repas** meal
le **repassage** ironing
repasser to iron
répéter to repeat
répondre to answer
une **réponse** answer
le **repos** rest
se **reposer** to rest
un(e) **représentant(e)** repre-
sentative
une **réservation** reservation
réserver to reserve
respecter to obey
responsable in charge
ressembler à to resemble,
look like
le **reste** rest
rester to stay
le **résultat** result
un **retard** delay ← **tard;**
en retard late
un **retour** return
retourner to return
un(e) **retraité(e)** retired person
retrouver to find
une **réunion** meeting
se **réunir** to meet
réussir to succeed
un **rêve** dream
rêver to dream
se **réveiller** to wake up
revenir to come back
au **revoir** goodbye
une **revue** magazine
au **rez-de-chaussée** on the
ground floor
un **rhume** cold
un **rideau** curtain
ridicule ridiculous

rien nothing; **de rien** you're welcome; it's nothing
rigolo funny
rire to laugh
un risque risk
une rivière river
le riz rice
une robe dress
un robinet tap
un rocher rock
rocheux rocky
le rock rock music
un roi king
un roman novel
rond round; **un rond-point** traffic roundabout
rose pink
rôti roast
une roue (de secours) (spare) wheel
rouge red; **le rouge à lèvres** lipstick
rouler to drive, go, move
une route road, route; **une route nationale** equivalent to A road; **une route départementale** equivalent to B road; **routier, routière** road; **un routier** long-distance driver
roux red (hair)
le Royaume-Uni United Kingdom
une rue street

sa his, her, its
le sable sand
un sac bag; **un sac à dos** rucksack; **un sac à main** handbag; **un sac de couchage** sleeping bag
un sachet bag
sage well-behaved
sais, sait know(s) ← **savoir**
une saison season
une salade lettuce; salad
un salaire salary
une salle room, hall, auditorium; **une salle à manger** dining room; **une salle d'attente** waiting room; **une salle de bains** bathroom; **une salle de classe** classroom; **une salle de gym** gymnasium; **une salle de jeux** games room **une salle de séjour** living room
un salon living room; **un salon de thé** tea-rooms
saluer to greet; **salut!** hello!
samedi Saturday
une sandale sandal
un sandwich sandwich
le sang blood
sans without
santé! cheers!
un sapin fir tree
un sapeur-pompier fireman; ambulanceman
satisfait satisfied
le saucisson sausage
sauf except
sauter to jump
se sauver to run away
savoir to know; to know how
le savon soap
la science science
scolaire school
le scoutisme Scouting and Guiding
une séance performance
sec, sèche dry; **sécher** to dry
secondaire secondary
en seconde in a class for pupils aged 15–16
le secourisme first aid
le secours help
un(e) secrétaire secretary
la sécurité sociale social security
seize sixteen
un séjour stay; living-room
le sel salt
selon according to
une semaine week
sembler to seem
un sens direction; **sens unique** one-way; **en sens inverse** in the opposite direction
je me sens I feel
sensas! great!
un sentier path
séparé separated
sept seven
une série series
sérieux, sérieuse serious
serrer la main to shake hands
un serveur waiter; **une serveuse** waitress; **servez-vous** help yourself; **servi** served; **service (non-)compris** service (not) included; **libre service** self-service; **à votre service** at your service
une serviette towel; serviette
ses his, her, its
seul alone; **seulement** only
sévère strict
le shampooing shampoo
un short pair of shorts
si if; yes; so
S.I. *see* **Syndicat d'Initiative**
un siècle century
un siège seat
la signalisation traffic signals
signer to sign
simple: un aller simple one-way ticket
sinon otherwise, apart from that
situé situated
sixième sixth; **en sixième** in a class for pupils aged 11–12
un slip pair of pants
la SNCF French railways
une sœur sister
la soif thirst
soigner to take care of
le soin care
un soir, une soirée evening
soit either
le sol ground
des soldes sale
le soleil sun
le sommet summit
son his, her, its
un son sound
sonner to ring
une sorte sort
une sortie way out; **sortir** to go out, to take out
un souci worry
une soucoupe saucer
soudain suddenly
souffler to blow
souffrant suffering
souhaiter to wish
soûl, saoul drunk
la soupe soup
sourire to smile ← **rire**
une souris mouse

sous under, sub-; **le sous-sol** basement; **sous-titré** subtitled; **des sous-vêtements** underclothes; **un souterrain** subway
se souvenir de to remember
un souvenir memento, souvenir
souvent often
spacieux spacious
le sparadrap sticking plaster
spécial special
une spécialité speciality
un spectacle show
le sport sport; **sportif, sportive** sporting; **les sports d'hiver** winter sports
un stade stadium
un stage course
un(e) standardiste telephonist
une station stopping place; resort; underground station; taxi rank; **une station-service** petrol station; **le stationnement** parking; **stationner** to park
une sténo-dactylo shorthand typist
un stylo pen
un succès success
le sucre sugar
le sud south
suffisamment sufficiently; **suffisant** sufficient; **ça suffit** that's enough
suggérer to suggest
suisse Swiss
la Suisse Switzerland
suivre to follow
au sujet de on the subject of
super great; **du super** 4-star petrol
un supermarché supermarket
un supplément extra cost
supplémentaire additional
supporter to bear
sur on
sûr sure
surprenant surprising
une surprise surprise; **une surprise-partie** party
surtout especially
surveiller to supervise
un sweatshirt sweatshirt
sympa(thique) nice
le Syndicat d'Initiative tourist office

ta your
le tabac tobacconist's; tobacco
un tableau board; picture
une tablette bar
la taille size
tais-toi! taisez-vous! be quiet
tant mieux! that's good!
tant pis too bad
une tante aunt
tard late
le tarif price
une tarte tart, pie
une tartine bread and butter
une tasse cup
un(e) technicien(ne) technician
technique technical
un télégramme telegram
un téléphone phone
téléphoner to phone; **une cabine téléphonique** phone booth
la télé(vision) television
tellement so; **pas tellement** not very much
un témoin witness
la température temperature
une tempête storm
temporaire temporary
le temps time; weather; **de temps en temps** from time to time; **du temps libre** free time
tenir to hold; **se tenir debout** to stand
une tente tent
la terminale final class at **lycée**
terminer to finish
un terrain ground ← **terre**
la terrasse (de café) outside seating
la terre land
tes your
la tête head
le thé tea
un théâtre theatre
une théière teapot
un ticket ticket
tiens! look! (expression of surprise)
un timbre(-poste) stamp
timide shy
le tir shooting; **le tir à l'arc** archery
un tire-bouchon corkscrew
tirer to pull
un titre title

toi you
les toilettes f loo(s)
un toit roof
une tomate tomato
tomber to fall
ton your
la tonalité dialing tone
le tonnerre thunder
avoir tort to be wrong
tôt soon, early
toucher to cash; to touch
toujours always
une tour tower
un tour tour; **le tourisme** tourism; **un(e) touriste** tourist; **touristique** tourist
tourner to turn
un tournoi tournament
tous les . . . every . . .; **la Toussaint** All Saints Day (1 November)
tousser to cough
tout all; **tout à coup** all of a sudden; **tout à fait** completely; **tout à l'heure** soon; just now; **tout de suite** at once; **tout le monde** everyone; **tout droit** straight on
traditionnel traditional
traduire to translate
par le train by train; **en train de** in the middle of
un trajet journey
une tranche slice
tranquille calm
un transistor transistor radio
le travail work; **travailler** to work; **un travailleur** worker; **des travaux** roadworks; **les travaux manuels** practical work
traverser to cross
treize thirteen
très very
un tricot jumper; **le tricotage** knitwear
un trimestre term
triste sad
se tromper to be mistaken
une trompette trumpet
trop too much, too many
un trottoir pavement
un trou hole
se trouve is situated
trouver to find; to think
un truc thing, what's-it

une **truite** trout
un **T-shirt** T-shirt
un **tube** tube
tué killed
typique typical

un, une a, an; one
un **uniforme** uniform
unique only
une **université** university
un cas d'**urgence** emergency
usé worn out
une **usine** factory
utile useful; **utiliser** to use; **utilitaire** utility

va goes, is going
les **vacances** f holidays
une **vache** cow
je **vais** I go, I'm going
la **vaisselle** washing up
valable valid
une **valise** case
une **vallée** valley
la **vanille** vanilla
la **vapeur** steam; **pommes de terre vapeur** boiled potatoes
varié varied
les **variétés** variety show
il **vaut mieux** it's better
le **veau** veal; calf
une **vedette** boat; celebrity
un **véhicule** vehicle
la **veille** the day before
une **veillée** evening get-together
un **vélo** bike; un **vélomoteur** moped
en **velours** made of velvet, velours
un **vendeur**, une **vendeuse** salesperson
vendre to sell

vendredi Friday
venir to come
le **vent** wind
la **vente** sale; selling ← **vendre**
le **ventre** stomach
vérifier to check
un **verre** glass
vers towards; about
en **version originale** in the original language
vert green
une **veste** jacket
un **vestibule** hall
des **vêtements** m clothes
un(e) **vétérinaire** vet
un **veuf** widower; une **veuve** widow
veut, veux want(s)
la **viande** meat
une **victoire** victory
vide empty; **sous vide** vacuum-packed; **vider** to empty
la **vie** life
je **viens de** I've just; I come from
vieux, vieille old
vieux-jeu old fashioned
un **village** village
une **ville** town
le **vin** wine
le **vinaigre** vinegar
vingt twenty; une **vingtaine** about twenty
un **violon** violin
un **virage** bend
le **visage** face
une **visite** visit; une **visite guidée** guided tour; un **visiteur** visitor
vite quick(ly); la **vitesse** speed; gear
une **vitrine** shop window
vivant living; alive; **vivre** to live; **vive . . . !** long live . . . !

meilleurs vœux best wishes
voici here is, here are
une **voie** way, track
voilà here you are; there is; there are
la **voile** sail; sailing
voir to see
un(e) **voisin(e)** neighbour
une **voiture** car; carriage; une **voiture-lit** sleeping car
une **voix** voice
un **vol** theft; flight ← **voler**
au **volant** at the wheel, driving
voler to steal; to fly
un **volet** shutter
un **voleur** thief ← **voler**
le **volley** volleyball
à **volonté** as much as desired; **volontiers** willingly
vomir to vomit
vos, votre your
vouloir to want
vous you
un **voyage** journey; **voyager** to travel; un **voyageur** traveller
vrai true; **vraiment** really
vu seen; la **vue** view

les **WC** loo
le **week-end** weekend
un **western** western film

y there
du **yaourt** yoghurt
les **yeux** m eyes

zéro zero
une **zone piétonne** pedestrian precinct
le **zoo** zoo
zut! bother!

ACKNOWLEDGEMENTS

Author and publisher gratefully record the assistance of the following:

BAYARD PRESSE for extracts from their magazine *Okapi* (Sections 1.15, 1.38, 2.18, 2.23, 4.47, 4.71, 5.14, 8.3, 8.34)

L'EST ECLAIR for small adverts from their newspaper (1.30)

FEDERATION UNIE DES AUBERGES DE JEUNESSE for extracts from brochures 'Vacances Actives' and 'Auberges de Jeunesse' (5.6, 5.29, 5.55)

FEMME ACTUELLE for the following extracts: 'Un médecin parle de rythmes scolaires'; 'Toussaint, Noël, Février: les dates des prochaines vacances' (5.41)

LE FIGARO for the 'Sommaire' of 21 March 1981 (2.14)

LA GAZETTE for extracts from the issue of 5 April 1985 (2.6, 3.18)

HACHETTE GUIDES BLEUS for extract from *La France en jeans* (6.10, 6.13)

HACHETTE PRATIQUE for extract from *Savoir-Faire en France* (1.37)

LE JOURNAL DE MICKEY for items from issue no. 1087: Club de correspondance; (2.18, 4.37)

LA MANCHE LIBRE for the following items: 2 adverts dated 14 April 1985; 'Où aller ce week-end?'; 'Portes ouvertes au CES' (2.8, 2.36, 8.13)

MICHELIN for the extract 'Cancale', reproduced with the permission of Michelin from their tourist guide *Bretagne*, 2nd edition © Michelin et Cie (6.28)

OFFICE DE TOURISME DE PARIS for extracts from their magazine *Paris-Sélection*: one advert; 'Paris le 14 Juillet'; 'Compris, pas compris'

OK MAGAZINE for the extract 'Au lycée de Belfort' (8.6)

OUEST-FRANCE for the following items: 'Pirates' (15 April 1985); 'La météo'; 'Vitesse maximale' (2 July 1985) and 2 adverts (24, 25 August 1985) (4.38, 4.62, 5.44)

PARISCOPE for 5 adverts (August 1985) (3.10); Films de la semaine (January 1985) (2.31)

P.T.T. for the following items: Infos PTT; telegramme form; stamps (7.38, 7.40, 7.42)

LA PRESSE DE LA MANCHE, quotidien d'informations, 14 rue Gambetta, Cherbourg, for extracts: 'Mariages' (1.6); 'Ventes' (1.27); 'En cas d'urgence' (4.60)

R.A.T.P. for items from their brochures (4.17)

DAVID RUNNACLES for photographing the French teenagers.

SOCIETE FRANÇAISE DU CHEQUE DE VOYAGE for extracts from their brochure 'Le Chèque de voyage' (7.3)

S.N.C.F. for extracts from their various leaflets (4.4–4.7, 4.9, 4.11, 4.12, 4.13, 4.17, 4.21, 5.4, 5.55)

Every effort has been made to reach copyright holders but it has not been possible to trace all sources. Where such sources should be acknowledged, the author and publisher would be glad to hear from copyright owners.